"十四五"职业教育国家规划教材

U0646258

市场营销实务

（第4版）

主　编◎孙国忠　陆　婷

副主编◎夷香萍　吴江云

SHICHANG YINGXIAO SHIWU

北京师范大学出版集团
BEIJING NORMAL UNIVERSITY PUBLISHING GROUP
北京师范大学出版社

图书在版编目(CIP)数据

市场营销实务/孙国忠,陆婷主编. —4 版. —北京:北京师范大学
出版社,2022.1(2025.7 重印)
("十四五"职业教育国家规划教材)
ISBN 978-7-303-27651-6

Ⅰ.①市… Ⅱ.①孙… ②陆… Ⅲ.①市场营销学—职业教育—
教材 Ⅳ.①F713.50

中国版本图书馆 CIP 数据核字(2021)第 279868 号

出版发行:北京师范大学出版社 https://www.bnupg.com
        北京市西城区新街口外大街 12-3 号
        邮政编码:100088
印   刷:北京溢漾印刷有限公司
经   销:全国新华书店
开   本:787 mm×1092 mm   1/16
印   张:14.75
字   数:332 千字
版   次:2022 年 1 月第 4 版
印   次:2025 年 7 月第 19 次印刷
定   价:45.00 元

策划编辑:包 彤   责任编辑:包 彤
美术编辑:焦 丽   装帧设计:焦 丽
责任校对:陈 民   责任印制:赵 龙

前 言

2011年《市场营销实务》首次出版，2015年《市场营销实务》(第2版)被评为"十二五"职业教育国家规划教材，2020年与2023年第3版、第4版先后被评为"十三五"和"十四五"职业教育国家规划教材。《市场营销实务》(第4版)是国家"双高"建设项目电子商务专业群新形态一体化教材，也是江苏省高等学校在线开放课程"市场营销实务"的配套教材。

我国的职业教育已经由"规模扩张"阶段转入"质量提升"阶段。随着慕课、微课的兴起，以及翻转课堂等教学改革的深入，大家对教材和各种教学资源也提出了更高的要求。自本教材第3版出版以来，营销环境已经发生了很大变化。新型冠状病毒在全球肆虐，多数国家经济举步维艰，中国经济步入转型发展期，新经济方兴未艾。本次修订重点突出以下特点。

(1)以就业为导向，突出培养学生的职业能力。基于高职人才培养定位，结合企业、行业培养技能型人才的特点，以就业岗位对知识、技能与素质的需求，基于菲利普·科特勒的市场营销管理理论，设计任务驱动型教材，将市场营销分为4个情境和11个任务，符合高职学生的认知规律，具有启发性。注重将知识内容与职业能力培养紧密联系，教学内容与职业岗位紧密结合。遵循"做中学、学中做"的理实一体化原则，仿真任务具有可实践性，体现了"教、学、做"一体化的高职教材特点，培养学生在营销活动中发现问题、分析问题、解决问题、归纳问题的能力，提高工作岗位所需的职业技能，更能适应现阶段企业营销人员培养的需求。

(2)全面融入课程思政元素。依据2019年6月发布的《教育部关于职业院校专业人才培养方案制订与实施工作的指导意见》中强化课程思政的要求，党的二十大报告提出的"全面贯彻党的教育方针，落实立德树人根本任务"，本书通过知识目标、能力目标、素质目标三维学习目标的构建和"思政案例"栏目的开发，系统地体现课程思政理念，实现企业文化进教材，在引入企业真实案例的同时，增加我国知名企业案例，保证案例具有较强的时代性及指导性，弘扬正能量，培养学生的家国情怀、公民素养和职业素养。

(3)体现市场营销专业领域的新趋势和新变化。进入营销4.0后，营销新思维蓬勃发展，新零售与大数据挖掘日新月异，以互联网和移动互联网为平台的新型营销方式层出不穷。本次修订，以线上和线下结合的新零售模式，介绍营销的整个流程，体现"互联网＋"的时代特色，选取具有时代特色的产教融合的营销案例，更新课程内容、案例资料、实践活动，满足现阶段高职院校营销教学的需求，满足高职院校"三教改革"的需要。

(4)进行新形态一体化教材的开发与建设。以本教材为基础的"市场营销实务"课程建成校级在线开放课程，于2019年获得江苏省高等学校在线开放课程立项。新型冠状病毒感染疫情防控期间，开展线上教学，得到很好的应用。在课程建设中，开发了大量与教材相配套的数字化资源，如电子教案、电子课件、微课视频、案例库、动画库、习题库、在线测试等，便于学生在网络上学习。

在教材编者的选择上，注重行业专家与教师的结合，从而保证教材理论与实际紧密结合，使教材体现实用性、先进性、及时性。本书由孙国忠、陆婷担任主编，由夷香萍、吴江云担任副主编。本教材的具体编写分工如下：孙卫东编写任务 1，孙国忠编写任务 2 和任务 5，江苏蓝火翼网络科技有限公司易豪编写任务 3，吴江云编写任务 4 和任务 11，陆婷编写任务 6 和任务 9，夷香萍编写任务 7 和任务 8，万帮新能源投资集团副总裁郑隽一编写任务 10，最后由孙国忠负责全书的统稿、定稿工作。

本教材结合当前营销环境的变化及新时代对营销人员的新要求，吸收高职高专市场营销课程教学改革的成果，更新课程内容，贴近营销工作者的实际需求，可以作为高职高专、高职本科财经大类各专业教材，也可以作为企业员工的培训教材及自学用书。

为了达到理想的教学效果，教材另配有课程标准与整体设计、情境设计、多媒体课件、习题集等材料，选用本教材的学校请与北京师范大学出版社责任编辑或本教材编者联系。

本教材在编写过程中得到了学校领导的高度重视和北京师范大学出版社有关领导的支持与帮助，在此表示衷心的感谢。同时，本教材的编写也得益于众多的市场营销专家、学者的著作，在此一并致以谢意。

由于时间仓促，书中不妥之处在所难免，恳请批评指正。

编　者
2023 年 6 月

目　录

情境 1　感悟市场营销

任务 1　树立现代营销理念

●●●●● **思维导图**

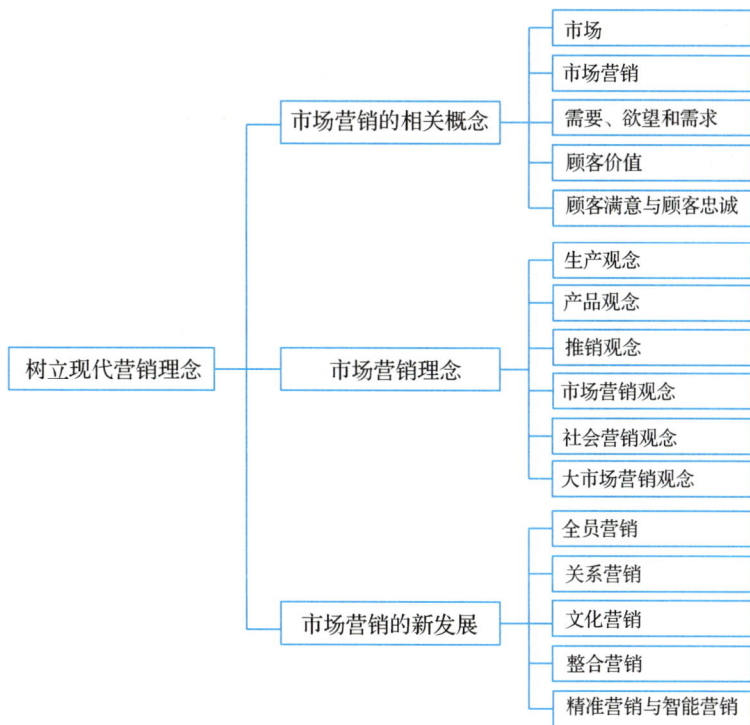

●●●●● **知识目标**

1. 掌握市场营销的相关概念；
2. 了解市场营销理念的演变过程。

●●●●● **能力目标**

1. 能分析不同企业营销理念的优劣；
2. 能以现代市场营销理念为指导开展营销工作。

●●●●● **素质目标**

1. 保持积极向上的阳光心态；
2. 树立终身学习的意识，提高自主学习的能力，做好专业课程的学习规划。

▶ 1.1　任务描述与分析

1.1.1　任务描述

江苏天一信息股份有限公司(以下简称"天一公司")位于江苏省江阴市，自 2003 年成立以来，一直致力于国产手机的研发和生产。该公司以"科技、创新、健康"为宗旨，在产品研发上不断创新，为消费者提供有价值的产品和真诚的服务。2021 年 7 月，沈建龙从江苏某高等职业技术学院毕业后，进入天一公司工作。当时，与沈建龙一起进入天一公司的还有其他高职院校的毕业生小王、小杨和小顾三人。

天一公司张总经理把这些新入职的毕业生都安排到市场部工作。市场部冯部长安排他们先熟悉公司业务，要求沈建龙等人在短期内了解公司的营销理念，向他汇报他们对公司营销理念的理解，然后再分配具体业务给他们。

1.1.2　任务分析

营销无所不在，生活中处处存在营销，时时存在营销。随着世界政治、经济、文化的发展变化，市场营销的应用领域已从生产领域进入航空、银行、保险等服务领域，进而又扩大到非营利性组织，应用于大学、医院、博物馆等社会领域中。

做好市场营销工作，必须用现代市场营销理念作指导，要先熟悉和了解市场营销管理哲学。市场营销理念是企业经营活动的指导思想，是企业处理自己与顾客、社会、自然之间关系的依据和行为准则。

市场营销理念随着社会的进步不断发展，不同的营销理念会产生截然不同的营销结果。所以，刚开始从事营销工作的人员，必须对公司的营销理念有一个清晰的认识。

▶ 1.2　相关知识

1.2.1　市场营销的相关概念

20 世纪初，市场营销学在美国形成，50 年代后开始传播到其他西方国家。我国在改革开放以后才引入市场营销学。深刻理解市场营销学的核心概念，对于学好市场营销、开展市场营销工作具有重要的指导意义。

扫描二维码，获取市场营销产生与发展的微课视频。

微课视频	学习笔记

1. 市场

市场(market)有狭义和广义之分。狭义的市场是指买卖双方进行商品交换的场所，如服装市场、小商品市场等。广义的市场是指有特定需求或欲望，并且愿意和可能通过交换，使需求、欲望得到满足的全部现实顾客与潜在顾客的集合。

市场营销学中的"市场"研究的是如何采取有效措施来满足消费者需求，其中包括现实的需求和潜在的需求。市场营销学中的"市场"由人口、购买力和购买欲望三个要素构成，缺一不可。

市场＝人口＋购买力＋购买欲望

其中，人口是决定市场规模与容量大小最活跃的因素。一般来说，人口越多，市场的规模和容量就越大；反之则越小。如果仅有人口，但人们的购买力水平不高，也不能构成理想的市场。同样，虽然人口多，购买力也强，但消费者将货币储蓄起来，或者因商品不能满足消费者的需求，不能激发他们的购买欲望，对卖方来说，也不能形成理想的市场。

扫描二维码，获取市场概述的微课视频。

微课视频	学习笔记

2. 市场营销

(1)市场营销的定义。市场营销(marketing)包含两层含义：第一层是指市场营销，是企业的具体营销活动或行为；第二层是指市场营销学，是研究企业的市场营销活动或行为的科学。

市场营销的定义有多种。菲利普·科特勒(Philip Kotler)于1984年对市场营销进行了定义，即市场营销是指企业的这种职能：认识目前未满足的需要和欲望，估量和确定需求量大小，选择和决定企业能最好地为其服务的目标市场，并决定适当的产品、劳务和计划，以便为目标市场服务。1997年，他重新对其进行了定义：市场营销是一种满足需要的过程，即个人和群体通过创造并同他人交换产品与价值，以满足需求和欲望的一种社会与管理过程。

扫描二维码，获取市场营销概念的微课视频。

微课视频	学习笔记
	_____
	_____
	_____

2004 年，美国市场营销协会(American Marketing Association，AMA)公布了营销的定义："营销是采用企业与利益相关者都可获利的方式，为顾客创造、沟通和传递价值，并管理顾客关系的组织功能和一系列过程。"2007 年，该协会又公布了最新的营销定义："营销是创造、沟通、传递、交换对顾客、客户、合作伙伴和整个社会具有价值的提供物的一系列活动、组织、制度和过程。"这一定义可以从以下几个方面理解。

首先，营销是"一系列活动、组织、制度和过程"。营销组织以顾客需要为出发点，有计划地开展市场环境分析、调研相关市场信息、细分市场并确定目标市场，通过协调一致的产品策略、价格策略、渠道策略和促销策略，为顾客提供满意的产品或服务，从而实现企业目标的活动；组织是指一些从事营销活动的组织，如制造商、批发商、零售商、广告公司等；制度是指一些与营销有关的正式或非正式规范与准则，用于指导、规范企业的营销活动，如禁止虚假广告、过度促销、不公平竞争、虚假有奖销售等。

其次，营销是"创造、沟通、传递、交换……提供物"的一系列过程。创造是指开发市场提供物，创造的前提是了解消费者的需要、欲望、口味和偏好；沟通是指通过广告、人员销售、销售促进等向潜在消费者传递信息，告知目标消费者提供物的属性和适应性；传递是指提供物从生产者到消费者的转移过程；交换是营销的实质，营销为消费者创造、与消费者沟通、向消费者传递提供物，其最终目的是实现交换。提供物可以是有形产品，也可以是无形产品；可以是客观产品，也可以是主观产品；可以是产品，也可以是服务。

最后，营销的对象是"顾客、客户、合作伙伴和整个社会"。顾客泛指个体消费者；客户可以是营利性组织，也可以是非营利性组织；合作伙伴是指通过合作，能够带来资金、技术、管理经验，推动企业技术进步和产业升级，提升企业核心竞争力和拓展市场的能力，取得双赢局面的合作方，可以是同行企业，也可以是供应商、科研院所等；而社会则将营销的范围扩大，表明营销的责任并不只是满足顾客或客户的需要，还要考虑承担企业的社会责任。

知识链接

市场营销与推销的区别

推销仅仅是市场营销诸多职能中的一个，而且往往不是最重要的那一个。

市场营销与推销有着本质区别：市场营销是企业的系统管理过程，推销只不过是市场营销中的一个环节；市场营销是以满足顾客的需要为中心，推销是以销售现有的产品为中心；市场营销采用的是整体营销方式，而推销主要采用人员推销、广告方式；市场营销是通过满足顾客的需求获得利润，推销是通过提高销量来增加利润。

想一想：有人说："成功的市场营销是使企业不再需要推销。"你怎么理解这句话？

（2）市场营销学的研究对象。市场营销学的研究对象是市场营销活动及其规律。其营销策略组合经历了从"4P"向"4C"的发展过程。

1960 年，杰罗姆·麦卡锡（E. Jerome McCarthy）提出了 4P 理论，即产品（product）策略、定价（price）策略、渠道（place）策略、促销（promotion）策略。4P 策略组合成为市场营销的重点，成为现代市场营销学的基本内容。

美国营销专家罗伯特·劳特朋（Robert F. Lauterborn）在 1990 年提出了 4C 理论。他以消费者需求为导向，重新设定了市场营销组合的四个基本要素，即顾客（customer）、成本（cost）、便利（convenience）和沟通（communication）。他强调企业首先应该把追求顾客满意放在第一位；其次是努力降低顾客的购买成本；再次是要充分注意到顾客在购买过程中的便利性，而不是从企业的角度来决定销售渠道策略；最后还应以消费者为中心，实施有效的营销沟通策略。

和 4P 理论相比，4C 理论有了很大的进步和发展。4C 理论重视顾客导向，以追求顾客满意为目标。这实际上是当今消费者在营销中越来越受重视后，市场对企业的必然要求。4P 理论与 4C 理论的对比，如图 1-1 所示。

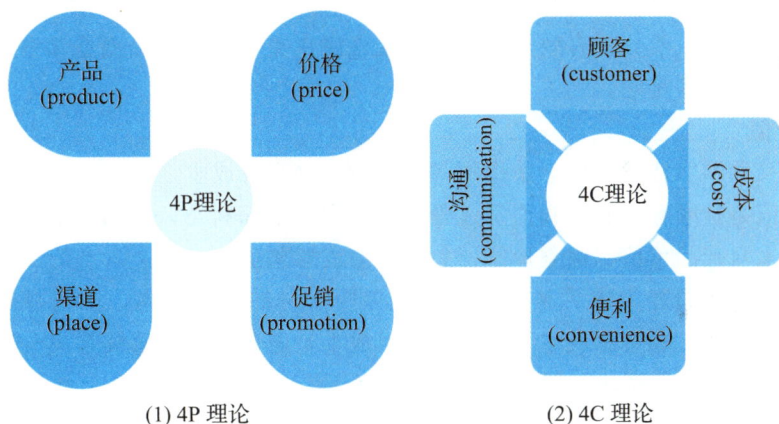

图 1-1　4P 理论和 4C 理论

扫描二维码，获取市场营销组合策略发展的微课视频。

微课视频	学习笔记

3. 需要、欲望和需求

需要（needs）是指消费者生理及心理的需要。例如人们生存，需要满足食物、衣服、房屋等生理需要，以及安全感、归属感、尊重和自我实现等心理需要。

欲望（wants）是指消费者深层次的需要。不同文化背景下的消费者的欲望不同。人的欲望受职业、团体、家庭等诸多因素影响。因而，欲望会随着社会条件的变化而变化。市场营销者能够影响消费者的欲望，如建议消费者购买某种产品。

需求(demands)是指有支付能力和愿意购买某种物品的欲望。可见，消费者的欲望在有购买力作后盾时就变成了需求。

扫描二维码，获取需要、欲望和需求的微课视频。

微课视频	学习笔记
	_____
	_____
	_____

当具有购买能力时，对已经存在的具体产品或服务的欲望就转换成需求，这种需求称为有效需求。有效需求由购买欲望、购买力和产品三个要素构成。

$$有效需求＝购买欲望＋购买力＋产品$$

当有购买力和现实的产品，但缺乏购买欲望，或者虽然有购买欲望和现实产品，但缺乏购买能力时，这种需求称为潜在需求。

市场营销人员不仅要分析有效需求，还要发现潜在需求，甚至是创造某些需求，并能够采用有效的方法去满足它。

4. 顾客价值

顾客价值又称顾客让渡价值，是指顾客总价值与顾客总成本之差。

顾客总价值是指顾客在购买和消费过程中所得到的全部利益，包括功能利益和情感利益。这些利益来自产品价值、服务价值、人员价值或形象价值。

顾客总成本是指顾客为购买某一产品或服务所支付的货币成本，以及顾客花费的时间、体力和精神成本。顾客总成本不仅包括货币成本，还包括非货币成本。

顾客总价值、顾客总成本与顾客价值之间的关系，如图 1-2 所示。

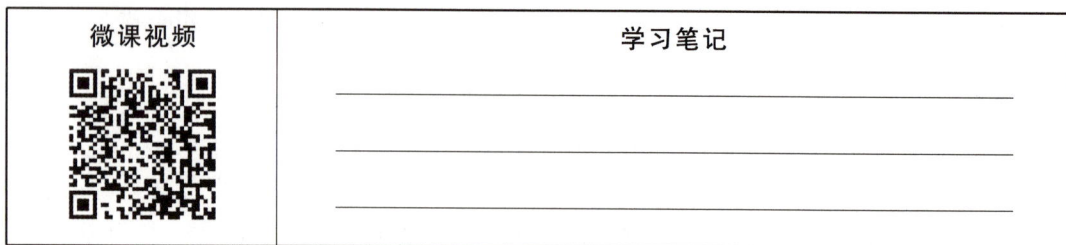

产品价值　　　　　　货币成本
服务价值　　　　　　非货币成本
人员价值
形象价值

图 1-2　顾客总价值、顾客总成本与顾客价值的关系

顾客让渡价值概念的提出为企业营销方向提供了一种全面的分析思路。企业在生产经营中创造良好的顾客价值只是企业取得竞争优势、成功经营的前提。除此之外，企业还必须关注消费者在购买产品或服务中所倾注的全部成本，减少顾客购买产品或服务的时间、体力与精神成本。

扫描二维码，获取顾客价值的微课视频。

微课视频	学习笔记
	_____
	_____
	_____

讨论

(1)生产企业如何增加顾客总价值、降低顾客总成本？

(2)高校如何增加学生(顾客)总价值、降低学生(顾客)总成本？

5. 顾客满意与顾客忠诚

顾客满意取决于顾客所理解的产品或服务的利益与其期望值的比较。有两种最基本的顾客满意度：

不满意：实际效果＜期望值

满　意：实际效果≥期望值

顾客的期望值主要来源于过去的购买经验、朋友的意见和企业广告宣传中的各种信息。互联网时代，顾客分享体验及口碑传播，能迅速地到达市场的每个角落。因此，企业客观地对自己的产品设定预期，然后再以高出预期的产品或服务提供给顾客，将会提高顾客满意度。例如，企业开通免费电话和网上24小时客户服务，最大程度地方便顾客咨询和投诉。

案例1-1

红旗品牌的顾客忠诚之路

在国人眼里，红旗早已超越了一个汽车品牌的含义，它承载着国人的重托和期望、意志和理想。截至2021年年底，红旗汽车的多款车型的顾客忠诚度升至29.56%。

红旗是如何做的呢？用产品打开市场，用营销拉近与顾客的距离，用服务让顾客成为品牌的忠实粉丝。

首先，针对市场新需求，红旗品牌不断推出热销产品。比如，红旗HS5一经推出就深受市场欢迎，并且助推红旗品牌销量取得大幅度增长。

其次，改变品牌形象。不管是更换品牌代言人，还是从"国潮"入手，与李宁、故宫等大IP进行跨界"出圈"营销，红旗品牌正在努力向外界展示一个更加开放、年轻的形象。

最后，提供贴心的服务也非常重要。对此，红旗品牌推出了一系列行业首创的服务，如"三终身一免保"，旨在为顾客带来不一样的极致服务体验。

顾客忠诚的主要表现方式：再次或大量地购买该品牌的产品或服务；主动向亲友或周围的朋友、同事推荐该品牌的产品或服务；几乎没有选择其他品牌的产品或服务的念头，能抵制其他品牌的促销诱惑；发现该品牌的产品或服务的某些缺陷，能以谅解的心情主动向企业反馈信息，而且不影响再次购买。

扫描二维码，获取顾客满意和顾客忠诚的微课视频。

微课视频	学习笔记

数据链接

与顾客忠诚度相关的一组经验数据

某咨询公司的一项调查得到一组这样的数据：①客户忠诚度如果下降5％，则企业利润下降25％；②向新客户推销产品的成功率是15％，向现有客户推销产品的成功率是50％；③若将每年的客户关系保持率增加5个百分点，则利润增长率将达到25％～85％；④向新客户进行推销的费用是向现有客户进行推销的6倍以上；⑤60％的新客户来自现有客户的推荐；⑥发展一个新客户的成本是维持一个老客户的3～5倍；⑦一个人对某种产品感到满意，他会告诉6个人，如果不满意，则会告诉22个人。

上述经验数据反映忠诚顾客群对企业的重要性，这也是企业改进产品或服务的积极推动力。现在不少优秀的大企业，每个季度都要调查顾客忠诚度，并制定提升顾客忠诚度的努力目标。

知识链接

顾客满意和顾客忠诚的关系与比较

顾客满意是顾客购买产品或服务后感到满意，但不一定会再次购买。换句话说，顾客满意一般是一次性的。

顾客忠诚是指顾客在满意的基础上，进一步对某品牌或企业作出长期购买的承诺，是顾客意识和行为的结合。如果顾客对某品牌或企业由满意发展到忠诚，那么他会再次购买同一品牌的产品。

顾客满意和顾客忠诚之间有着密切的联系。对于企业来说，达到顾客满意是基本任务，否则产品是卖不出去的，而获得顾客忠诚是其参与竞争并取胜的保证。忠诚顾客的再次购买行为和对产品的宣传推荐，使企业拥有一个稳定的顾客群，能提高企业声誉，降低销售成本，提高市场占有率。

想一想：如何既做好客户跟踪，又不至于骚扰客户引起客户反感？与客户保持怎样的联系频率比较合适？

1.2.2 市场营销理念

市场营销理念也称市场哲学，是企业开展市场营销活动的指导思想。它在市场营销实践的基础上产生，并不断发展和演进，经历了由"以生产为中心"转变为"以顾客为中心"，从"以产定销"转变为"以销定产"的过程。具体来说，市场营销理念经历了以下六个发展阶段。

1. 生产观念

生产观念是一种产生于20世纪20年代以前，以增加供给为中心的古老经营哲学。当时社会生产力相对落后，市场上产品供不应求。因而，企业经营不是从消费者需求出发，而是从企业生产出发。企业经营管理的主要任务是改善生产技术，提高劳动生产率，降低成本，增加销售量，主要表现为"我生产什么，就卖什么"。例如，美国福特汽车总裁在20世纪20年代曾经宣称："不管顾客需要什么颜色的汽车，我只生产黑色的。"

2. 产品观念

产品观念也是一种较早的企业经营哲学。这种观念认为消费者更喜欢质量优、性能好和功能多的产品。企业的任务是致力于制造优良的产品并经常加以改进。在这种观念指导下的企业认为只要产品好就会顾客盈门，对自己生产的产品过于自信，容易忽视市场需求的变化。长此以往，容易导致"市场营销近视症"，甚至导致经营的失败。

📖 案例1-2

老品牌"活力28"的兴衰

"活力28"是荆州市二八日用化工有限公司的主力产品。该品牌自1982年创立以来，以超浓缩无泡洗衣粉开创了中国洗涤业新纪元，并获得多项荣誉。其产品线覆盖洗衣液、洗衣凝珠、浴室清洗剂等多种清洁用品，以其卓越的清洁效果和温和的配方赢得了广泛好评。但该企业在生产时，只关注产品自身质量，却忽略了外部环境、市场需求和竞争格局的变化，市场渠道和占有率逐渐被其他品牌替代。

扫描二维码，获取传统市场营销理念的微课视频。

微课视频	学习笔记
	_____ _____ _____

3. 推销观念

推销观念产生于20世纪20年代末至50年代初。1929年至1933年的经济大萧条，大量产品销售不出去，迫使企业重视采用广告与推销的方法去推销产品。推销观念典型的口号是"我卖什么，顾客就买什么"。推销观念仍存在于当今的企业营销活动中。

这种观念虽然比前两种观念前进了一步，开始重视广告和推销，但其实质仍然是以生产为中心。

案例1-3

推销观念的应用领域拓展

西方国家在进行政治选举时，各党派都竭尽全力地把他们的候选人"推销"给选民。候选人四处游说，到处许诺，无数的金钱花费在对候选人的宣传上，竭力把候选人塑造成完美的人，期望换来选民的选票，从而赢得选举。

好产品自己会"说话"，互联网会放大产品所说的"话"。移动互联网时代，信息透明且传播速度非常快，垃圾产品失去生存的空间。过度营销、忽悠消费者的做法已经行不通了。企业要重新认识产品的重要性，转变以前过度重宣传、重渠道的营销模式，重新回归产品、回归消费者价值，用心做好产品。

4. 市场营销观念

市场营销观念产生于 20 世纪 50 年代。当时社会生产力迅速发展，市场趋势表现为供过于求的买方市场，同时广大居民个人收入迅速提高，开始对产品进行选择。许多企业开始认识到，必须转变经营理念，才能求得生存和发展。

市场营销观念的出现，使企业的经营理念发生了根本性变化，是市场营销学的一次革命。市场营销观念以消费者为中心，企业制定市场营销组合策略，适应外部环境，满足消费者的需求，实现企业的经营目标。市场营销观念典型的口号有"顾客需要什么，就生产什么""一切为了顾客""哪里有顾客的需要，哪里就有我的市场""顾客第一""顾客是我们的生命""热爱顾客而非产品"等。

扫描二维码，获取市场营销观念的微课视频。

微课视频	学习笔记
	_____
	_____
	_____

5. 社会营销观念

20 世纪 70 年代，经济发展的同时，也造成了环境污染，破坏了生态平衡，出现了假冒伪劣产品及欺骗性广告等，从而引起广大消费者的不满，并掀起了保护消费者权益运动及保护生态平衡运动，迫使企业必须同时考虑消费者的利益及社会的长远利益。在这种背景下，社会营销观念应运而生。

社会市场营销观念不仅要求企业满足目标消费者的需求与欲望，而且还要考虑消费者的利益及社会的长远利益，将企业利益、消费者利益与社会利益有机地结合起来，如图1-3 所示。

20 世纪 80 年代以来，伴随着各国消费者环保意识的日益增强，世界范围内掀起了一股绿色浪潮，在这股浪潮的冲击下，绿色营销应运而生。

绿色营销是指企业把消费者需求、企业利益和环保利益有机地结合起来，充分估计资源利用和环境保护问题，从产品设计、生产、销售到使用的整个营销过程都考虑资源的节

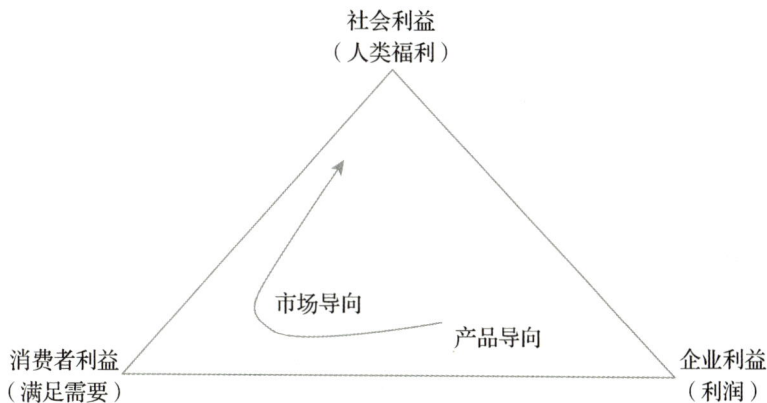

图 1-3　社会营销观念

约使用和环保利益，做到安全、卫生、无公害。

与传统的社会营销相比，绿色营销注重社会利益，定位于节能与环保，立足于可持续发展，放眼于社会经济的长远利益与全球利益。

绿色营销在传统营销的基础上增添了新的思想内容：①企业营销决策必须建立在有利于节约能源、资源和保护自然环境的基础上，促使企业市场营销的立足点发生新的转移；②在传统需求理论的基础上，企业对消费者着眼于绿色需求的研究，并且认为这种绿色需求不仅要考虑现实需求，更要放眼于潜在需求；③企业与同行竞争的焦点，在于最佳保护生态环境的营销措施，并且认为这些措施的不断建立和完善是企业实现长远经营目标的需要，能形成和创造新的目标市场，是企业在竞争中制胜的法宝。

思政园地

卖车还是植树

汽车的排气污染会使城市的绿树枯萎，直接影响城市环境。因此，很多人认为汽车是破坏城市环境的"罪魁祸首"之一。

日本本田汽车公司别出心裁地作出了一个令人拍案叫绝的，为销售汽车而绿化街道的"本田妙案"："今后每卖出一辆车，便在街上种一棵纪念树。"此后，本田汽车公司将卖车所得利润的一部分转为植树费用，以美化城市街道。销售汽车的同时绿化城市的绝妙方案，在消费者中形成了一种特有观念："同样是买汽车，何不买绿化街道的本田汽车。"这种"你买我汽车，我为你植树"的销售方法，使得本田汽车的销售量大幅度上涨。

6. 大市场营销观念

1984 年，菲利普·科特勒根据国际贸易保护主义抬头，出现封闭市场的状况，提出了大市场营销理论 6P 策略，即在原来的 4P 策略（产品、定价、渠道及促销）的基础加上政治权力（political power）及公共关系（public relation）。他提出了企业不应只是被动地适应外部环境，而应影响企业外部环境的战略思想。

扫描二维码，获取社会营销观念与大市场营销观念的微课视频。

微课视频	学习笔记

市场营销理念的演变是实践发展的自然选择。各种观念的出发点、方法和营销目标的区别，如表 1-1 所示。

表 1-1　营销理念比较一览表

营销理念	出发点	方　法	营销目标
生产观念	提高产量	降低成本，提高生产效率	在产量增长中获利
产品观念	提高质量	生产更加优质的产品	通过提高质量、扩大销量获利
推销观念	产品销售	加大推销和宣传力度	在扩大市场销售中获利
市场营销观念	顾客需求	运用整体市场营销策略	在满足顾客需求中获利
社会营销观念	社会利益	协调性市场营销策略	满足消费者需求，维护社会长远利益
大市场营销观念	市场环境	运用"4P+2P"的整体营销策略	进入特定市场，满足消费者需求

由于诸多因素的制约，并不是所有企业都采用市场营销观念和社会市场营销观念。事实上，至今还有许多企业仍然处于以推销观念为主、多种观念并存的阶段。

1.2.3　市场营销的新发展

全员营销、关系营销、文化营销、整合营销、精准营销与智能营销等市场营销学各个分支迅猛发展，得到极大的普及。

1. 全员营销

全员营销是指市场竞争进入争夺顾客资源阶段，需要企业内部各个部门协调一致，全体人员全过程、全方位地参与整个企业的营销活动，使顾客满意度最大化的一种营销。在全员营销指导下，企业要做到以下几个方面。

(1)全员参与营销。全员营销的关键是协调企业内部所有职能来满足顾客的需求，要让企业内部所有部门、全体员工都为顾客着想。全员参与营销活动并不是要求企业的全体人员都不做本职工作而去做销售，而是要求企业员工以认真负责的态度做好本职工作，清楚地知道企业目标对本职工作的要求，明白本职工作是企业整体营销活动的一部分。例如，只有充分了解产品的市场需求、开发背景、产品质量等，全体员工才能真正关注企业的产品，将相关理念转变为行动，形成全员对产品的宣传与推动作用。又如，对于价格的理解，全员都应该了解产品的目标定位、产品的消费群体及该群体的消费实力、易于接受的价格空间，这样才能让全体员工关注产品的生产成本、利润空间，极大地将"企业是制造利润的机器"这一理念变为全体员工的行为，企业才能切实推行降低成本、提高销量的具体举措。

(2)内部营销与外部营销配合一致。企业内部营销是指领导者要视员工为顾客，通过培训、激励来提高员工的满意度。只有员工满意，才能更好地为顾客服务。企业内部营销还要求树立相互服务意识，上道工序视下道工序为顾客，强化内部环节中的服务意识。全员营销要求企业由内及外实行全方位营销。只有内部营销与外部营销相互配合，才能形成全员营销的优势。

（3）职能部门配合一致。只有企业内部中的研发、采购、生产、财务、人事等各部门协调一致地配合营销部门争取顾客，才能称得上是全员营销。这种配合要求做到：协调分配资源；相互沟通，共同协作；必要的让步，取得一致。为了达到不断开拓市场的目的，有时某些部门必须牺牲本部门的短期利益。全员营销要求职能部门必须以"营销部门"为核心（以"市场"为核心）开展工作，以"营销的理念"来规划本部门的资源，最大限度地提高职能部门的工作效率，推动企业的"整体营销"，最终达到最大化地服务好目标市场的目的。

扫描二维码，获取全员营销与关系营销的教学动画。

教学动画	学习笔记

2. 关系营销

关系营销是指为了建立、发展、保持长期的和成功的交易关系而进行的市场营销活动。关系营销的核心是正确地处理企业与消费者、竞争对手、供应商、分销商、政府机构和社会组织的关系，以追求各方关系利益最大化。从追求每笔交易利润最大化转化为追求与各方关系利益最大化是关系营销的特征，也是当前市场营销发展的新趋势。

事实上，顾客的满意度将直接影响重复购买率，关系企业的长远利益。在关系营销下，企业与顾客保持广泛、密切的关系，价格不再是最主要的竞争手段，竞争者很难破坏企业与顾客的关系。亚洲是一个关系型社会，对于亚洲市场，管理和维护好可盈利性客户关系，对企业来说显得尤为重要。互联网为建立和维护客户关系提供了便利途径，也大大降低了维护成本。

3. 文化营销

在产品的深处包含着一种隐性的东西——文化。企业向消费者推销的不是单一的产品，更重要的是满足消费者精神上的需求，给消费者以文化上的享受，满足他们高品位的消费需要。

文化营销是指把文化因素渗透于企业的整个营销活动中的一种营销。文化因素包括：一是商品中蕴含着文化，商品不仅仅是有某种使用价值的商品，同时还凝聚着审美价值、知识价值、社会价值等文化价值的内容；二是经营中凝聚着文化，在营销活动中尊重人的价值、重视企业文化的建设、重视管理哲学。

文化营销是利用文化力进行营销，它所塑造出的企业和企业产品营销形象，向顾客传达了很多情感因素。企业应善于运用文化营销来实现其占领某个目标市场的营销目的。

知识链接

营销产品背后的文化

金拱门(麦当劳)卖的不仅是面包加火腿，还有快捷、时尚、个性化的饮食文化；中秋节吃月饼体现了中华民族传统文化——团圆喜庆；端午节吃粽子意味着纪念屈原；过生日吃的蛋糕蕴含着人生的希望与价值；喝百事可乐喝的是它所蕴含的阳光、活力、青春与健康；喝冰红茶喝的是它的激情、酷爽与时尚。

营销人员对顾客的文化、习俗和禁忌要保持高度的敏感性，应该尽可能地了解和学习目标顾客群的文化传统，尊重其文化上的差异。

扫描二维码，获取文化营销的教学动画。

教学动画	学习笔记
	_____
	_____
	_____

4. 整合营销

整合营销是以消费者为核心，重组企业行为和市场行为，综合、协调地使用各种形式的传播方式，以统一的目标和统一的传播形象，传递一致的产品信息，实现与消费者的双向沟通，迅速树立产品品牌在消费者心目中的地位，建立产品品牌与消费者长期密切的关系，更有效地达到广告传播和产品销售的目的。

一般来说，整合营销包含两个层次的整合：一是水平整合，二是垂直整合。

(1)水平整合。水平整合包括以下三个方面。

①信息内容的整合。企业必须对所有信息内容进行整合，根据企业所要达到的传播目标，对消费者传播一致的信息。

②传播工具的整合。企业根据不同类型顾客接收信息的途径，衡量各个传播工具的传播成本和传播效果，找出最有效的传播工具组合。

③传播要素资源的整合。企业对所有与传播有关联的资源(人力、物力、财力)进行整合。

(2)垂直整合。垂直整合包括以下四个方面。

①市场定位的整合。任何一个产品都有自己的市场定位，这种定位是在市场细分和企业的产品特征的基础上确定的。企业营销的任何活动都不能有损企业的市场定位。

②传播目标的整合。对传播目标、促销效果、知名度、传播信息等进行整合，有了确定的目标才能更好地开展后面的工作。

③4P整合。根据产品的市场定位，设计统一的产品形象。4P策略之间要协调一致，避免互相冲突、矛盾。

④品牌形象的整合。品牌形象的整合包括品牌识别的整合和传播媒体的整合。名称、标志、基本色是品牌识别的三大要素，它们是形成品牌形象与资产的中心要素。品牌识别的整合就是对品牌名称、标志和基本色的整合，以建立统一的品牌形象。传播媒体的整合

主要是对传播信息内容的整合和对传播途径的整合，以最小的成本获得最好的效果。

扫描二维码，获取整合营销的教学动画。

教学动画	学习笔记

5. 精准营销与智能营销

精准营销就是在精准定位的基础上，充分利用各种新媒体，将营销信息推送到比较准确的受众群体中。这种方式既节省营销成本，又能起到最大化的营销效果，是实现企业可度量的低成本扩张的一种营销。新媒体一般指报纸、杂志、广播、电视之外的媒体，尤其是指互联网媒体。

大数据背景下的今天，智能营销是精准营销的智慧升级。智能营销的营销 4.0 时代，是以消费者无时无刻的个性化、碎片化需求为中心，满足消费者的动态需求，是建立在工业 4.0(大数据与云计算、移动互联网、物联网)、柔性生产与数据供应链的基础上的全新营销模式；是以人为中心，以网络技术为基础，以创意为核心，以内容为依托，以营销为本质目的的消费者个性营销；是实现虚拟与现实的数字化商业创新、精准化营销传播、高效率市场交易的全新营销理念与技术。

比如，网上商城通过个性化推荐系统的推荐引擎，深度挖掘商城用户的行为偏好，打造个性化推荐栏，向用户展示符合其兴趣偏好和购买意图的商品，帮助用户更快、更容易地找到所需要的商品，让用户有更好的购物体验。另外，个性化推荐栏也可以起到辅助用户决策、提高网购效率的作用。针对每个用户的兴趣，向用户推荐其最可能喜欢的商品。这不仅是个性化营销，更是电子商务精准营销的最好体现。

扫描二维码，获取精准营销与智能营销的教学动画。

教学动画	学习笔记

▶ 1.3　任务实施与心得

1.3.1　任务实施

天一公司正确认识到市场营销在企业发展中的地位，把握市场营销的实质，从而树立了现代市场营销观念，确立了"消费者至上"的理念。对上到总经理下到保洁员的全体员工进行宣传和教育，确保这种理念能够深入到每个人的内心深处，体现在每个人的行动之中，而不仅仅是一句口号。

1.3.2　实施心得

从近年各地人才市场招聘信息大数据可以发现，市场营销人才需求量一直都很大。一方面，企业发展壮大需要一支优秀的市场营销团队；另一方面，由于工作压力大或者追求更高的薪酬，营销人员流动性高，这无形中增加了企业对营销类人才的招聘频率。

高职院校市场营销专业培养适应制造、流通、服务等企业营销业务一线需要，具有良好的职业道德，掌握现代营销管理知识，具备市场调研与预测、谈判与推销、营销策划与执行等能力的技能型人才。从就业岗位来看，初始岗位主要是销售员、电话营销员、采购员、市场调研员、促销员、谈判助理、商务助理、公共关系助理、策划助理等基层岗位。随着自身素质和业务能力的提升，3年至5年后，可晋升的更高职位有销售主管、客户关系经理、谈判代表、市场部经理、公关经理、企划经理，甚至可能成为企业高级管理人员。

高职院校学生在学习市场营销时，主要把握以下几点。

1. 理论联系实际

市场营销学是对市场营销活动规律的概括，是一门实践性很强的应用学科。市场营销的一切理论都来源于实践，并在实践中得到补充和发展。同时，市场营销学的基本原理、方法和策略对企业的营销实践具有指导意义，实用价值大。

市场营销学既是一门科学，又是一门艺术。我们重视营销的科学性、艺术性的结合和平衡，平时可以利用课余时间到超市、公司等参观或实习，体会不同企业的营销思想和营销实践，重视营销知识的应用。

2. 注重案例分析和实训

本教材是按任务驱动编写的，每项任务都包括任务描述与分析、相关知识、任务实施与心得、知识拓展、思政案例和业务技能训练。在学完每项任务后，要重视案例分析和课后的实训操作练习，注重培养和提高动手能力和岗位技能。

3. 注重营销知识的综合性和边缘性，加强与其他课程知识的整合

市场营销是在经济学、心理学、行为科学、运筹学、社会学、统计学和管理学等学科基础上建立起来的，通过不断充实和完善，从而发展成为一门多学科交叉、应用性较强的综合性学科。在学习过程中，应该将各学科的知识综合运用。比如，学到市场调查，就应去了解统计学知识；学到营销战略，就应去了解经济学、管理学知识；学到消费者市场，就应去了解消费心理学知识；等等。互联网时代，应通过网络学习，提高自身知识的积累。

4. 关心国家的政策变化，增强对形势变化的敏感性

"国事、家事、天下事，事事关心。"从事实际的市场营销工作，必须养成关注我国经济贸易政策的良好习惯，及时掌握相关政策的变化。

天一公司要求市场部员工每天坚持看《新闻联播》或财经新闻，经常登录相关财经网站和市场营销网站，学习和使用各种新的营销工具与营销方法，及时学习新的营销理论，把握市场营销的新趋势。

▶ 1.4　知识拓展：市场营销的任务

市场营销的主要任务是刺激消费者对产品的需求，同时帮助企业在实现其营销目标的过程中，影响需求水平、需求时间和需求构成。任何市场均可能存在不同的需求状况，市场营销的任务是通过不同的市场营销策略来满足不同的需求，表 1-2 对市场不同类型需求的营销任务进行了总结。

表 1-2　市场营销的任务

需求类型	含　义	营销策略	营销任务	举　例
负需求	众多顾客不喜欢某种产品或服务	针对目标顾客的需求重新设计产品、定价，做更积极的促销，或改变顾客对某些产品或服务的认识	改变市场营销：把负需求转变为正需求	怕冒险而不敢乘坐飞机，怕化纤纺织品含有毒物质损害身体而不敢购买化纤服装
无需求	目标市场顾客对某种产品从来不感兴趣或漠不关心	通过有效的促销手段，把产品利益同人们的自然需求及兴趣结合起来	创造需求：把无需求转变为有需求	某些地区居民从不穿鞋子，对鞋子无需求
潜在需求	现有的产品或服务不能满足消费者的需求	开发有效的产品或服务，满足潜在需求	把潜在需求转化为现实需求	老年人需要高植物蛋白、低胆固醇的保健食品
下降需求	目标市场顾客对某些产品或服务的需求出现了下降趋势	通过改变产品的特色，采用更有效的沟通方法刺激需求，或寻求新的目标市场	重振市场营销：扭转需求下降的局面	随着智能手机普及率的提高，我国手机市场趋于饱和状态，手机需求量开始下降
不规则需求	因时间差异对产品或服务需求的变化，造成生产能力和商品的闲置或过度使用	通过灵活的定价、促销及其他激励因素来改变需求时间模式	协调市场营销	旅游旺季时旅馆紧张和短缺，旅游淡季时旅馆空闲
充分需求	产品或服务目前的需求水平和时间等于期望的需求水平和时间	改进产品质量并不断估计消费者的满足程度，维持现时需求	维持市场营销	纸张、电饭煲等传统产品作为必需品，供需基本平衡
过度需求	顾客对某些产品的需求超过了企业的供应能力，产品供不应求	通过提高价格、减少促销和服务等方式使需求减少	减缓市场营销：采取措施降低某些需求	电力供应部门通过提高夏季用电高峰时段的电价，鼓励消费者错峰用电
有害需求	对消费者身心健康有害的产品或服务	通过提价、发布有害商品的信息及减少可购买的机会，或通过立法禁止销售	反市场营销：采取相应措施来消灭某些有害需求	香烟等

▶ 1.5　思政案例

讲好中国故事，传播好中国声音

党的十八大以来，我们大力推动国际传播守正创新，理顺内宣外宣体制，打造具有国际影响力的媒体集群，积极推动中华文化走出去，有效开展国际舆论引导和舆论斗争，初步构建起多主体、立体式的大外宣格局。我国国际话语权和影响力显著提升，同时也面临着新的形势和任务。必须加强顶层设计和研究布局，构建具有鲜明中国特色的战略传播体系，着力提高国际传播影响力、中华文化感召力、中国形象亲和力、中国话语说服力、国际舆论引导力。

党的二十大报告提出："坚守中华文化立场，提炼展示中华文明的精神标识和文化精髓，加快构建中国话语和中国叙事体系，讲好中国故事、传播好中国声音，展现可信、可爱、可敬的中国形象。"

我国日益走近世界舞台中央，有能力也有责任在全球事务中发挥更大作用，同各国一道为解决全人类问题作出更大贡献。要深入开展各种形式的人文交流活动，通过多种途径推动我国同各国的人文交流和民心相通。要创新体制机制，把我们的制度优势、组织优势、人力优势转化为传播优势。要更好发挥高层次专家作用，利用重要国际会议论坛、外国主流媒体等平台和渠道发声。各地区各部门要发挥各自特色和优势开展工作，展示丰富多彩、生动立体的中国形象。

要全面提升国际传播效能，壮大适应新时代国际传播需要的专门人才队伍。要加强国际传播的理论研究，掌握国际传播的规律，构建对外话语体系，提高传播艺术。要采用贴近不同区域、不同国家、不同群体受众的精准传播方式，推进中国故事和中国声音的全球化表达、区域化表达、分众化表达，增强国际传播的亲和力和实效性。

讲好中国故事，传播好中国声音，展示真实、立体、全面的中国，是加强我国国际传播能力建设的重要任务。要深刻认识新形势下加强和改进国际传播工作的重要性和必要性，下大气力加强国际传播能力建设，形成同我国综合国力和国际地位相匹配的国际话语权，为我国改革发展稳定营造有利外部舆论环境，为推动构建人类命运共同体作出积极贡献。

试分析：

(1)新的历史时期，"讲好中国故事，传播好中国声音"有什么重要意义？

(2)从哪些方面进行"讲好中国故事，传播好中国声音"？

▶ 1.6　业务技能训练

1.6.1　自测习题

1. 单选题

(1)将各种市场营销因素归纳为 4P 的是美国学者（　　）。

　　A. 菲利普·科特勒　　　　　　　　B. 杰罗姆·麦卡锡

　　C. 迈克尔·彼特　　　　　　　　　D. 彼得·德鲁克

(2)易引发企业"市场营销近视症"的观念是( )。

    A. 生产观念　　　B. 产品观念　　　C. 推销观念　　　D. 营销观念

(3)从营销理论的角度来看，企业市场营销的最终目标是( )。

    A. 满足消费者的需求和欲望　　　　　B. 获取利润

    C. 求得生存和发展　　　　　　　　　D. 把商品推销给消费者

(4)市场营销理论的中心是( )。

    A. 需求　　　　　B. 交换　　　　　C. 消费　　　　　D. 生产

(5)绿色营销观念的产生基于人们对( )的反思。

    A. 经济环境　　　B. 政治环境　　　C. 科技环境　　　D. 自然环境

2. 判断题

(1)市场营销就是推销和广告。　　　　　　　　　　　　　　　　　( )

(2)市场营销的核心是交换。　　　　　　　　　　　　　　　　　　( )

(3)人类的需要与欲望是市场营销存在的前提与出发点。因此，营销者要善于创造和诱导需要，使其转化为现实需求。　　　　　　　　　　　　　　　　　( )

(4)市场营销活动从生产活动结束时开始，直到产品到达消费者手中为止。　( )

(5)广告和推销是市场营销观点产生以后才出现的。　　　　　　　　( )

1.6.2　课堂训练

1. 什么是市场营销？如何理解其含义？

2. 市场营销与推销有什么不同？

3. 企业如何增加顾客价值？如何降低顾客成本？

4. 市场营销理念分为几种类型？其发展过程对我们有哪些启示？

1.6.3　实训操作

1. 江苏天地木业有限公司是我国知名木地板生产企业之一。该公司生产各种档次、规格的复合地板，产品全部出口到国外，与众多国外客户建立了长期良好的合作关系。

试分析：该公司应该采用哪种营销理念来指导经营？

2. 常州国林国际旅行社(以下简称"常州国林")多次被评为全国百强旅行社，连续多年名列常州市旅行社前三强，是常州市年营收增长速度最快的旅游企业之一。该企业使用自行研发的网络系统销售旅游产品，提供"散客天天发，一人也可游天下"的便利的散客预订服务，拥有"自由行""红色之旅""亲子游""自驾游""老年游""野外拓展"等特色旅游产品。"没有最好、只有更好"是常州国林的经营宗旨和诚信服务理念。目前，常州国林已经成为当地民众出游的首选，确立了"国林旅游"在业界的地位。

试分析：由于旅游服务产品与有形产品的差异较大，该旅行社的营销理念应该如何树立？

3. 由4~5名学生组成一个"公司"，给"公司"选定经营的产品。通过开展走访调查或网络调查，请回答以下问题：本地有哪些知名企业与知名品牌？本地的支柱产业主要有哪些？本地有哪些产品在全国处于前列？制作PPT，并向班级同学汇报。

4. 谈谈你对市场营销实务课程的认识。市场营销实务课程与其他课程有什么关系？在今后的学习中，你将如何学习这门课程？

任务 2　规划企业营销战略

●●●●● **思维导图**

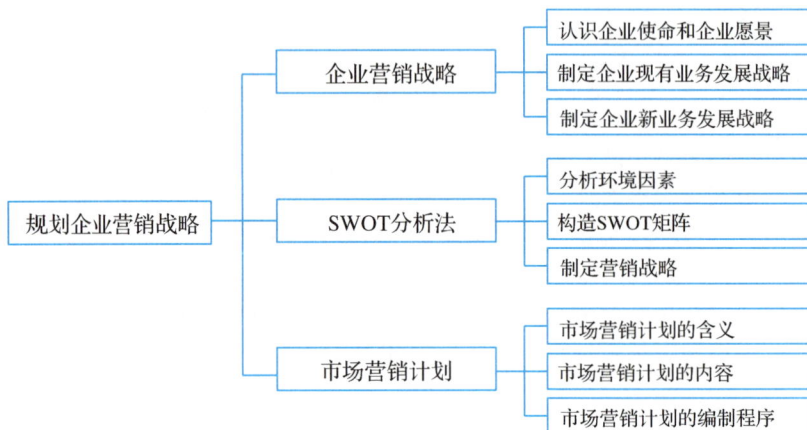

●●●● **知识目标**

1. 掌握波士顿矩阵法的基本原理；
2. 熟悉市场竞争战略的类型。

●●●● **能力目标**

1. 能用波士顿矩阵法确定企业的营销战略；
2. 能用 SWOT 分析法分析企业的营销战略环境。

●●●● **素质目标**

1. 树立全局观、大局观；
2. 树立系统意识，提高辩证思维能力；
3. 保持严谨的学习态度和一丝不苟的工作作风。

▶ 2.1　任务描述与分析

2.1.1　任务描述

2019 年 6 月，工信部向中国电信、中国移动、中国联通和中国广电发放了 5G 商用牌照，我国正式进入 5G 商用元年。

从 4G 时代迈入 5G 时代，将对生产手机的天一公司产生重大影响。在这样的环境变化下，天一公司张总经理认为企业的营销战略的规划及业务的制定应该重新加以修正。他让市场部冯部长带领沈建龙等四人进行具体研究。这对刚刚踏出大学校园的四个应届毕业生来说无疑是巨大的挑战。

2.1.2　任务分析

市场营销战略既是企业营销理念的综合体现，又是企业营销成败的关键。只有站得高、看得远，才能使企业走得稳。企业市场营销战略是市场营销决策的出发点。市场营销战略可以分为现有业务发展战略和新业务发展战略两大类。具体战略的选择又取决于各个公司的规模及其在行业中的竞争地位。

▶ 2.2　相关知识

2.2.1　企业营销战略

企业战略是指企业根据环境变化，依据自身资源和实力选择适合的经营领域和产品，形成自己的核心竞争力，并通过差异化在竞争中取胜。企业战略是一个自上而下的整体性规划过程，可以分为公司战略、职能战略、业务战略等几个层面的内容。职能战略一般可分为营销战略、人事战略、财务战略、生产战略、研究与开发战略、公关战略等。

企业营销战略是企业市场营销管理思想的综合体现，是企业市场营销决策的基础。企业营销战略对市场营销活动起到规划、指导和约束作用，增强企业营销活动的科学性、稳定性。企业营销战略规划分为三个步骤：认识企业使命和企业愿景、制定企业现有业务发展战略和制定企业新业务发展战略。

1. 认识企业使命和企业愿景

企业总体战略从企业使命的概述开始。企业使命反映企业的目的、性质和特征，回答诸如"企业的商务目的是什么""企业向客户提供什么样的价值""企业的业务应向何处发展"等问题。

扫描二维码，获取企业使命的微课视频。

微课视频	学习笔记

企业愿景是指企业长期的发展方向、目标、目的、自我设定的社会责任和义务。企业愿景体现了企业家的立场和信仰，是这些企业最高管理者对企业未来的设想，是对"我们代表什么""我们希望成为怎样的企业"的持久性回答和承诺。企业愿景也不断地激励着企业奋勇向前、拼搏向上。

企业愿景是企业未来的目标、存在的意义，也是企业之根本所在。它回答的是"企业为什么要存在""对社会有何贡献""它未来的发展是什么样"等根本性的问题。

扫描二维码，获取企业愿景的微课视频。

微课视频	学习笔记

2. 制定企业现有业务发展战略

企业在发展过程中，会产生不同的产品业务，各个产品业务的增长机会各不相同。在企业资源的约束条件下，必须对产品业务进行分析、评价，确认哪些业务应当发展、维持，哪些业务应当缩减或者淘汰，由此作出科学的投资组合计划。对现有业务进行分析、评价的方法主要有波士顿矩阵法和通用电气公司法。

知识链接

波士顿咨询公司

波士顿咨询公司(The Boston Consulting Group，BCG)成立于 1963 年，是一家全球性管理咨询公司，是世界领先的商业战略咨询机构，客户遍及很多行业和地区。BCG 与客户密切合作，帮助他们辨别最具价值的发展机会，应对至关重要的挑战，并协助他们进行业务转型。在为客户量身定制的解决方案中，融入对公司和市场态势的深刻洞察，并与客户组织的各个层面紧密协作，从而确保客户能够获得可持续的竞争优势，成长为更具竞争能力的组织，并保证成果持续有效。

(1)现有业务类型。波士顿矩阵法又称波士顿咨询集团法、四象限分析法，由美国波士顿咨询公司首创，应用极其广泛。该法运用"成长—份额"矩阵，分类评价企业现有业务单位，并由此进行战略投资分配。

扫描二维码，获取波士顿矩阵法的微课视频。

微课视频	学习笔记

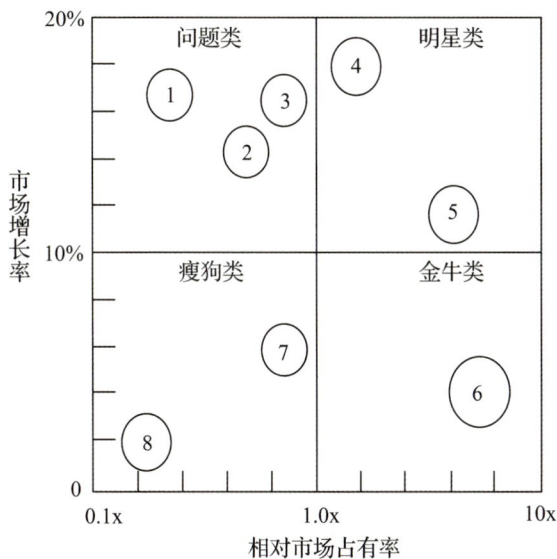

图 2-1　波士顿矩阵

在图 2-1 中，横轴表示战略业务单位的相对市场占有率，即本单位市场占有率与最大竞争者市场占有率之比，以 1.0x 为分界线，高于 1.0x 以上为高相对市场占有率，1.0x 以下为低相对市场占有率；纵轴表示市场增长率，即销售额的增长率；图中的每一个圆都代表一个战略业务单位，其面积大小代表不同的业务单位的销售额大小，其位置表示各战略单位的市场增长率和相对市场占有率的变化。由此，可将所有战略业务单位划分为四类。

金牛类：低增长、高市场份额区。处于该区域的产品占有较高的市场占有率，享有规模经济的优势，市场增长率低，企业不必大量投资。

明星类：高增长、高市场份额区。这是高速增长中的市场领先者，一方面为企业提供现金收入，另一方面企业又必须投入大量资金来维持其市场增长率并击退竞争者的进攻。明星类业务常常发展为企业未来的金牛类业务。

问题类：高增长、低市场份额区。企业大多数业务就是从问题类业务开始的。这类业务的特征是市场需求增长很快，企业过去投资少，市场份额较对手小，需要投入大量的资金，同时企业没有优势。企业必须慎重考虑自己的核心能力和产品的前途，考虑是加大投资还是放弃这类业务。

瘦狗类：低增长、低市场份额区。这类业务的市场份额低，意味着获得较少的利润，甚至亏损。低增长的市场意味着较差的投资机会，这类产品也许已进入市场衰退期，或者企业经营不成功，不具备与竞争对手竞争的实力。如果市场增长率回升，企业有可能重新成为市场领先者，瘦狗类业务转化为金牛类业务。但如果盲目持续投资，则有可能得不偿失。企业可考虑减少或者淘汰此类业务。

(2)现有业务发展战略。通过对现有业务(产品)的评估和发展前景分析，通常有以下四种调整战略可供企业选择。

发展战略：适用于问题类业务，目的是扩大市场占有率，需要追加投资，甚至不惜放弃短期利益。

维持战略：适用于金牛类业务，保持某一战略业务单位的市场份额，不缩减也不扩张。

收缩战略：既适用于处境不佳的金牛类业务，也适用于仍有利可图的问题类或瘦狗类业务。其目的是获取战略业务的短期效益，不作长远考虑。

放弃战略：常用于瘦狗类或问题类业务，意味着企业应对该业务进行清理、撤销，以减轻企业负担，把资源投放到更有利的投资领域。

📖 讨论

　　使用波士顿矩阵对企业的业务单位进行分析后，除了以上四种战略以外，是否还存在其他的战略可供选择？

　　波士顿矩阵法也存在局限性：它要求每项分析的业务对象都要达到相同的市场占有率和市场增长率，但事实上不同业务的市场占有率和市场增长率是不相同的，因为不同业务所处的市场周期不同。按此法制定的企业市场营销战略，可能使企业失去富有吸引力的营销机会。

📖 案例2-1

用波士顿矩阵分析企业营销战略决策

　　某一酒类经销公司经营 A、B、C、D、E、F、G 七个品牌的酒品，公司可用资金500万元。对前半年的市场销售进行统计分析，发现以下几个问题。

　　1. A、B品牌业务量占总业务量的70%，两个品牌的利润占到总利润的75%，在本地市场占主导地位。但这两个品牌是经营了几年的老品牌，从去年开始市场增长率已呈下降趋势，上半年甚至只能维持原有的业务量。

　　2. C、D、E三个品牌是新开辟的品牌。其中，C、D两个品牌上半年表现抢眼，C品牌销售增长了20%，D品牌增长了18%，且在本区域内是独家经营；E品牌是高档产品，利润率高，销售增长也超过了10%，但本地竞争激烈，该品牌其他两家主要竞争对手市场占有率为70%，而该公司只占10%左右。

　　3. F、G两个品牌市场销售额下降严重，有被C、D品牌代替的趋势，且在竞争中处于下风，并出现了滞销和亏损现象。

　　讨论：针对上述情况，根据波士顿矩阵原理，以上七类品牌酒品应分别采取什么样的战略对策？

3. 制定企业新业务发展战略

　　企业对现有业务进行评估分析以后，需要对未来发展、新增业务作出战略规划。企业发展战略主要有三类：密集型增长战略、一体化增长战略和多角(元)化增长战略。

　　(1)密集型增长战略。这一战略具有三种形式：市场渗透战略、市场开发战略和产品开发战略，如图 2-2 所示。

　　①市场渗透战略。即采取积极的措施，在现有市场上扩大现有产品的销量。可运用三种方法：一是设法使现有顾客多次或大量购买本企业产品，二是吸引竞争对手的顾客购买本企业的产品，三是开发潜在顾客。企业可通过提高产品质量，改善包装、服务，加大促

销力度，多方面刺激需求，以扩大销量。

	←———现有产品———→	←———新产品———→
现有市场	1. 市场渗透战略	3. 产品开发战略
新　市　场	2. 市场开发战略	（多样化战略）

图 2-2　密集型增长战略

讨论

对于刚刚进入新市场的家电产品，你认为可以采用哪种密集型增长战略？请详细说明理由。

②市场开发战略。把现有产品投放到新的市场，从而增加销量。企业可以把产品从一个地区推广到其他地区、全国市场，甚至是国际市场；也可以发现新的细分市场，扩大市场范围。

③产品开发战略。即向现有市场提供新产品或者进攻产品，满足现有顾客的潜在需求，增加销量。比如，增加产品品种、新功能和新用途等。

（2）一体化增长战略。企业发展到一定程度，如企业所属的行业发展潜力大，在供、产、销方面合并后将有更多的利益，便可考虑采用一体化增长战略，以增加新业务，提高盈利能力。其具体形式有三种：前向一体化、后向一体化和水平一体化。

①前向一体化。生产企业向前控制分销系统，如收购、兼并批发商与零售商，通过增强销售力量来谋求进一步的发展。企业也可以把生产的产品向前延伸，如造纸企业或印刷企业经营办公用品，木材公司生产实木家具等。

②后向一体化。制造商收购、兼并原材料供应商，控制市场供应系统。一方面避免出现原材料短缺，成本受制于供应商的局面；另一方面通过盈利高的供应业务，为企业争取更多收益。

前向一体化与后向一体化示意图，如图 2-3 所示。

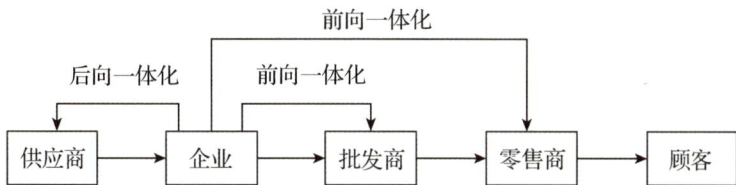

图 2-3　前向一体化与后向一体化示意图

③水平一体化。企业兼并或控制竞争者，也可以实行其他形式的联合经营。企业可以扩大经营规模，增强实力；也可以取长补短，争取共赢。

（3）多角（元）化增长战略。当企业在原有业务领域没有更好的发展机会时，可以通过创建新工厂或购买别的企业，生产和经营与企业原有业务无关或关联较小的业务。多角化增长战略有同心多角化、水平多角化和复合多角化三种形式。

①同心多角化(关联多角化)。企业利用原有技术、生产线和营销渠道开发与原有产品和服务相类似的新产品、新服务项目。

这种战略经营风险小，较易成功，能借助原有经验和特长，企业不需要进行重大技术开发或建立新的销售渠道，还在一定程度上节省运费、包装费等。比如，冰箱厂家生产空调产品等。

②水平多角化(横向多角化)。企业研究开发能满足现有市场顾客需要的新产品，而产品技术与企业原有的产品技术没有必然的联系。比如，原来生产彩电的企业，现在经营饮水机；或者大型百货公司经营美容、娱乐等业务。这标志着企业在技术和生产上进入一个新的领域，具有较大风险。

③复合多角化(集团多样化)。企业开发与原有产品技术无关，同时与原有市场毫无联系的新业务。比如，家电企业同时经营旅游、金融、房地产等业务。国际上的大型企业集团往往采取复合的经营战略。此种经营战略的优点是扩大企业经营领域，有效分散经营风险，但管理难度增加。

无论企业考虑实行哪一种多角化战略，必须具备多角化经营的核心能力，如资金实力、人力资源、市场网络和管理能力。20世纪90年代初期，春兰空调发展到一定阶段，面临"精力过剩"的局面时，才考虑投资摩托车、汽车等领域。企业规划、实行多元化战略必须慎重，财力和经营实力较弱的中小型企业不宜轻易采用该种战略。

2.2.2　SWOT分析法

SWOT分析法又称态势分析法，四个英文字母分别代表优势(strengths)、劣势(weaknesses)、机会(opportunities)、威胁(threats)。企业对自身的既定内在条件进行分析，找出企业的优势、劣势及核心竞争力，从而将企业的战略与企业内部资源、外部环境有机结合。从整体上看，SWOT可以分为两个部分：第一部分"SW"，主要用来分析内部条件；第二部分"OT"，主要用来分析外部环境。

1. 分析环境因素

企业在发展过程中存在的积极因素和消极因素，分别被称为优势因素和劣势因素，都属于主观因素；外部环境中对企业发展有直接影响的有利因素和不利因素，分别被称为机会因素和威胁因素，都属于客观因素。在调查分析这些因素时，不仅要考虑企业的历史和现状，而且要更多地考虑企业未来的发展趋势。关于企业环境因素的分析，如表2-1所示。

表2-1　环境因素分析表

环境因素	分　　　析
优势因素	技术技能优势，良好的企业形象和较高的顾客美誉度，被广泛认可的市场领导地位，成本优势，强势广告，产品创新能力，优质客户服务，优秀产品质量，战略联盟和并购
劣势因素	缺少关键技术，设备陈旧，高成本，超额负债，内部运营环境差，落后的技术，过分狭窄的产品组合，缺乏市场规划能力

续表

环境因素	分　析
机会因素	有利的金融环境，服务独特的客户群体，前向或后向一体化，技能技术向新产品、新业务转移，进入市场壁垒降低，战略联盟与并购带来的市场扩张，地理区域的扩张
威胁因素	强势竞争者的加入，替代品引起的销售下降，市场增长减缓，由新规则引起的成本增加，商业周期的影响，客户和供应商杠杆作用的加强，消费者需求减少，人口减少与环境的恶化

(1)优势与劣势分析。竞争优势是指企业超越其竞争对手的能力，或企业所拥有的、能提高企业竞争力的方面。劣势是指企业缺少或做得不好的方面，或会使企业处于劣势的条件。企业是一个整体，竞争优势来源具有广泛性。在进行优劣势分析时，必须从整个价值链的每一个环节上将企业与竞争对手作详细的对比。企业管理者应当明确本企业的优势与劣势。

(2)机会与威胁分析。外部环境的变化对企业产生的影响可以分为两个方面：一方面是对营销有利的因素，对企业来说是环境机会；另一方面是对营销不利的因素，对企业来说是环境威胁。环境机会就是对企业行为富有吸引力的领域，企业在这一领域中，将拥有竞争优势；环境威胁对企业是一种挑战，如果企业不采取果断的战略行为，这种不利趋势将导致企业的竞争地位被削弱。

2. 构造 SWOT 矩阵

将调查得出的各种因素根据影响程度不同进行排序，构建 SWOT 矩阵。SWOT 矩阵由四部分组成，如图 2-4 所示。

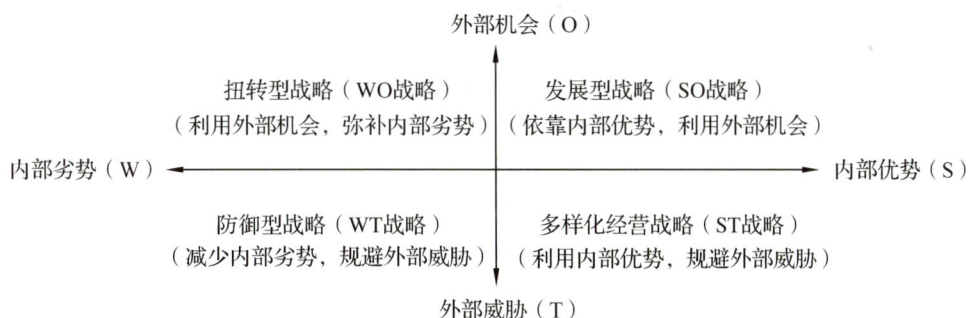

外部机会（O）

扭转型战略（WO战略）
（利用外部机会，弥补内部劣势）

发展型战略（SO战略）
（依靠内部优势，利用外部机会）

内部劣势（W）　　　　　　　　　　　内部优势（S）

防御型战略（WT战略）
（减少内部劣势，规避外部威胁）

多样化经营战略（ST战略）
（利用内部优势，规避外部威胁）

外部威胁（T）

图 2-4　SWOT 矩阵

3. 制定营销战略

在对市场机会和环境威胁评价的基础上，通过对 SO、ST、WO、WT 策略进行甄别和选择，企业可以有的放矢地制定相应的战略，最终确定企业的行动方案。可供企业选择的战略有以下几种。

(1)发展型战略。这是企业在现有的战略基础上向更高一级目标发展的战略。在外部环境出现较为有利的机会、企业资源又有充分保障的条件下，企业可以采用这种战略，以谋求更大的发展空间。该战略以发展为导向，引导企业不断地开发新产品、开拓新市场，采用新的生产方式和管理方式，以便扩大企业的生产规模、提高竞争地位，增强企业的竞争实力。

(2)扭转型战略。这是指企业利用市场机会克服劣势的战略。企业可以采取缩小生产规模、削减成本费用、实施业务转移等方式来扭转销售和盈利下降的趋势。

(3)防御型战略。这是企业应对市场可能给企业带来的威胁，采取措施保护和巩固现有市场的一种战略。在外部环境出现严重威胁时，如宏观经济不景气、产品已进入衰退期、出现了强有力的竞争对手等，企业可以采取缩小经营规模、提高产品质量和管理水平、推出新产品等方式来阻止竞争对手进入，巩固现有市场，以此来保证自己的稳定发展。

(4)多样化经营战略。它包含了产品多样化和市场领域多样化两种经营战略。多样化经营的目的在于分散风险，避免因市场变动而影响收益，充分利用生产潜力和市场销售潜力。

2.2.3　市场营销计划

1. 市场营销计划的含义

市场营销计划是指企业为实现预定的市场营销目标，为未来市场营销活动进行规划和安排的过程。企业市场营销计划大致包括企业计划、局部计划、产品品类计划、产品计划、企业品牌计划和市场计划六个方面的内容。

市场营销计划详细说明企业预期的经济效果，确定企业实现计划活动所需要的资源，描述将要进行和采取的任务与行动，有助于监测企业各种市场营销活动的实施及其效果。

2. 市场营销计划的内容

市场营销计划应包括内容概要、背景和现状、威胁和机会、营销目标、营销策略、行动方案、预算、控制等内容，如图2-5所示。

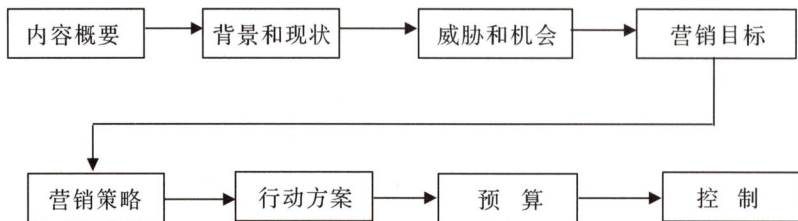

图 2-5　市场营销计划的内容

(1)内容概要。让高层主管很快掌握计划的核心内容，并据以研究和初步评估计划的优劣。

(2)背景和现状。这是正式计划中的第一个主要部分，是对企业当前市场处境的分析。

(3)威胁和机会。威胁是指不利的市场趋势，或不采取相应有效的市场营销行为就会使产品滞销或被淘汰的特别事件。机会是指企业的市场营销机会，即对企业的市场营销活动具有吸引力的地方，在这些地方该企业可与其他竞争对手并驾齐驱或独占鳌头，获得丰厚的利益。

(4)营销目标。确定企业的营销目标，并对影响这些目标的某些问题加以考虑和论证。

(5)营销策略。企业为达成营销目标所灵活运用的方式或手段，包括与目标市场、营销因素组合、营销费用支出水平有关的各种具体策略。

（6）行动方案。企业各种市场营销策略确定之后，还必须将它们转化为具体的行动方案。这些行动方案大致围绕任务类型、完成时间、负责人员来制定。

（7）预算。前述的营销目标、营销策略及行动方案拟定之后，企业就应制定一个保证该方案实施的预算。

（8）控制。营销计划的最后一部分为控制，用来监督和检查整个营销计划的进度。

3. 市场营销计划的编制程序

编制营销计划应遵循的程序，如图 2-6 所示。

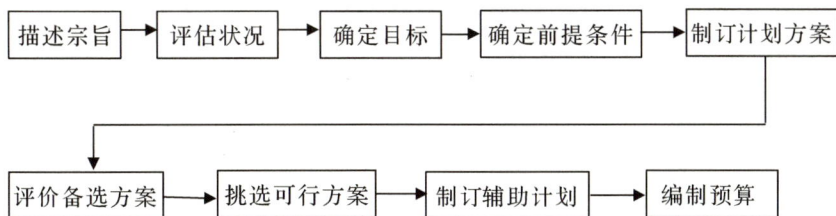

图 2-6 编制市场营销计划程序示意图

▶ 2.3 任务实施与心得

2.3.1 任务实施

1. 运用 SWOT 矩阵分析企业的营销战略环境

沈建龙等人运用 SWOT 矩阵法分析国产手机零售市场，分析了天一公司的内部优势、劣势，同时分析了天一公司所面临的外部机会与威胁，为天一公司制定营销战略打下了坚实的基础。

2. 有针对性地制定企业营销战略

天一公司确立了不断发展壮大的战略规划，从产品开发战略做起，努力加大产品的研发力度，扩大特色产品的供给，努力形成产品差异化。在产品开发的同时，不断开拓市场，一方面向国内中西部地区进军，另一方面积累开拓国际市场的经验。公司组织策划在各个节日期间进行大型的让利、抽奖促销活动。在竞争中体现企业的营销实力，用"市场渗透"的策略剑走偏锋，用低价格、特色商品走差异化竞争战略。公司确立了 10 年内把产品扩大到 5 个系列 100 个品种，覆盖国内 31 个省（自治区、直辖市），在国内同类产品占有率位居前三位，出口到 10 个以上的国家或地区的目标，并为之努力。

2.3.2 实施心得

1. 市场营销管理是企业重要的职能战略

在动态的、激烈的市场竞争环境下，企业不但要做好眼前的生产和服务业务，满足社会和顾客的需求，而且要积极主动地了解和适应市场变化，为企业的长期发展作出科学的规划。

2. 运用 SWOT 分析要把握要点，关键要得出结论

分析企业的内部优势、劣势，既可以是相对企业目标而言的，也可以是相对竞争对手而言的；分析企业面临的外部机会与威胁，可能来自与竞争无关的外部环境因素的变化，

也可能来自竞争对手力量与因素的变化，或二者兼有，但关键性的外部机会与威胁应予以确认；将外部机会、威胁与企业内部优势、劣势进行匹配，形成可行的战略。

3. 分析市场机会是营销战略制定的第一步

市场机会就是消费者现实的和潜在的需求。许多企业家认为企业市场机会是"顾客没有被满足的需求"，或是"消费者在满足自身需求的过程中尚存的遗憾"。如果企业本身具备某种或多种特殊条件或专长，能利用某个"市场机会"，从事某方面的生产经营活动，比其他竞争者更具优势，这个企业便能获得更多的"差别利益"。市场营销管理者往往采用以下方法发现市场机会：市场调研，了解消费者的需求及购买行为；收集信息，掌握国内外技术、产品、竞争者等情报；分析环境，及早获悉营销环境改变给企业带来的机会。

▶ 2.4   知识拓展：竞争性营销战略

迈克尔·波特(Michael E. Porter)根据企业在行业中的地位，将其分为市场领导者、市场挑战者、市场追随者和市场利基者。市场领导者占有 40% 以上的市场份额，拥有整个市场中最大的市场份额；市场挑战者占有约 30% 的市场份额，并争取获得更多的市场份额；市场追随者占有约 20% 的市场份额，并试图维持这样的市场格局；市场利基者占有不到 10% 的市场份额，占有大公司所不感兴趣的细分市场。不同企业必须根据自己在竞争中的地位，制定可行的营销战略。

1. 市场领导者战略

市场领导者在整个市场中占有最大的市场份额，在制定价格、新产品开发、销售渠道、促销战略等方面对行业内其他公司起着领导作用。作为市场的领导者，其营销战略的核心就是保持原有的领导地位。据此，其营销战略有以下几种。

(1)扩大市场总规模。市场总规模扩大，市场领导者得到的好处会大于同行业中其他企业。因此，市场领导者总是优先考虑扩大现有市场规模，包括寻找新使用者、开辟产品新用途、刺激现有顾客、增加使用量等。

(2)保持市场占有率。市场领导者在谋求扩大整个市场总需求的同时，还要防范市场挑战者的进攻，以保持已有的市场占有率和市场地位。抵御挑战者从两方面入手：一方面，及时发现和弥补本企业可能遭到攻击的弱点，使挑战者无可乘之机；另一方面，不断创新，增强竞争优势，巩固本企业在产品开发、产品成本、分销与促销效率及产品服务等方面的领先地位，以积极的态度抵御竞争者的挑战。

(3)提高市场占有率。市场领导者通过进一步提高市场占有率，来巩固其主导地位并获得更多盈利。

2. 市场挑战者战略

市场挑战者在行业中的地位仅次于市场领导者，竞争实力很强，有能力对市场领导者发起挑战，希望取得市场领导者的地位。其营销战略有以下几种。

(1)正面进攻。挑战者集中全部优势力量攻击领导者的主要市场领域，即直接进攻领导者的优势项目而非弱势项目。

(2)侧翼进攻。挑战者集中力量攻击领导者的弱点。有时采取"声东击西"的策略，佯攻正面，实攻侧面。挑战者在正面攻击力量不足的情况下，选择领导者防御较为薄弱的侧翼发起攻击。这种攻击风险小，比较容易取得成功，并且不易引起被攻击者的强烈反应。

侧翼进攻有两种比较有效的策略：一是发掘并进入领导者尚未占领的细分市场，使之发展成为强大的细分市场；二是地理性侧翼进攻，即攻击领导者的薄弱区域市场。

（3）包抄进攻。挑战者从各个方向对领导者发起全面攻击，即对领导者的强项和弱项都加以攻击。实施这种攻击策略，要求挑战者在各个方面拥有超过领导者的优势，并确信能够迅速、全面地突破领导者的防御。

（4）迂回进攻。挑战者尽量避开与领导者的正面冲突，打入竞争激烈程度较低的市场，对领导者发起间接的进攻。

实施迂回攻击的方式有三种：一是发展各种与领导者无关的新产品；二是以现有产品开拓领导者尚未进入的细分市场；三是发展新技术、新产品，替代现有产品。

（5）游击进攻。这是规模较小、力量较弱的企业可以实施的一种策略。对领导者发起小型的、间歇式的攻击，通过游击进攻，逐步削弱领导者的实力，以便寻找机会，建立永久性的立足点。

3. 市场追随者战略

市场追随者在产品、技术、渠道、促销等方面模仿市场领导者，以减少支出和规避市场风险。市场追随者由于不需要大量的投资，使其在成本上具有一定的优势，通常可获得满意的利润，其投资收益率甚至可以超过行业的平均水平。其中一些追随者可能发展成为挑战者。市场追随者一般可以采取三种竞争策略。

（1）紧密跟随。追随者在市场细分和营销组合方面，尽可能模仿市场领导者。有些跟随者表现为较强的寄生性，很少刺激市场，总是依附于市场领导者的市场而努力生存。

（2）有距离追随。追随者在某些方面模仿市场领导者，而在另一些方面又与领导者保持一定的差异。比如，在产品包装、广告宣传、产品价格等方面与领导者形成差异，而在产品功能、分销渠道等方面追随领导者。如果这种追随不具有攻击性，领导者不会介意这些追随者的存在。

（3）有选择追随。追随者择优模仿领导者的某些做法，而在其他方面保持自己的独创性。这种追随不是盲目追随，而是择优追随，追随的同时又不失独创性，但不进行直接的竞争。

4. 市场利基者战略

市场利基（补缺）者以规模较小的细分市场为目标市场，通过为特殊的顾客提供专门的产品和服务，谋求生存和发展。在许多行业中都会存在一些被大多数企业忽视的市场空缺，填补这些市场空缺，有时可以获得高额利润。作为市场利基者，要先发现和评估有利可图的市场空缺，然后在此基础上选择和制定适当的专业化战略。

▶ 2.5 思政案例

华为的智能汽车战略

智能汽车已成为新一轮产业布局的必争之地，未来的智能网联电动汽车将为产业带来万亿的增长机会，增量部件市场竞争将更为激烈。自动驾驶领域市场规模将保持10%以上的高增长率。

　　目前汽车电子产业链 Tier1 系统整合市场多由海外业者所独占,全球前十大汽车电子供应商合计拥有 70% 的市场占有率。中国汽车电子市场也多被博世、联合汽车电子公司、电装株式会社等海外 Tier1 业者所垄断。在 2019 年上海车展期间,华为首次以 Tier1 供应商的身份参展,展出了智能互联、华为云、三类传感器等配套解决方案,彰显了华为进军汽车电子产业的雄心。

　　汽车产业正在把信息与通信技术(information and communications technology, ICT)定位为新的主导性汽车技术。华为是全球领先的 ICT 基础设施和智能终端提供商,现在要将过去 30 年积累的 ICT 技术优势,延伸到智能汽车产业,以帮助车企"造好"车、造"好车"。2019 年 5 月,华为宣布进军汽车 ICT 领域,成立智能汽车解决方案事业部。未来该事业部将负责智能汽车 ICT 解决方案设计与相关领域专利和标准研究等业务,华为也计划与 Tier1 业者在制定智能汽车解决方案的战略商业计划领域上进行合作。

　　华为智能汽车解决方案事业部的主要目标包括:负责智能汽车领域的产业洞察和客户需求分析;制订智能汽车产业解决方案的战略规划和商业规划执行;达成相关中长期战略经营目标;在所负责的产业方向上直接面对车企和 Tier1 供应商,承担销售和服务责任。

　　车联网、人工智能及边缘运算为华为未来的三大突破点。华为车联网要扩大对智能联网汽车、车载运算及自动驾驶等战略的投入。华为未来不是造汽车,而是聚焦相关 ICT 技术,与汽车业者合作,成为"智能汽车行业的增量供应商"。在新一轮的汽车产业数字化变革中,增量部件的需求正在不断增长。从技术积累,到生态布局、研发投入,华为将有很大机会扮演好智能汽车增量部件供应商的角色。

试分析:

　　(1)华为之前的企业战略是什么?现有的企业战略又是什么?为什么会有以上的战略调整?

　　(2)华为选择现有的企业战略的依据是什么?

▶ 2.6　业务技能训练

2.6.1　自测习题

1. 单选题

(1)在 SWOT 分析法中,"S"代表的是(　　　)。

　　A. 优势　　　　　B. 劣势　　　　　C. 机会　　　　　D. 威胁

(2)在波士顿咨询法中,需要投入大量资金以支持业务单位发展的战略业务类型是(　　　)。

　　A. 明星类　　　　B. 问题类　　　　C. 金牛类　　　　D. 瘦狗类

(3)以下不属于密集型增长战略的是(　　　)。

　　A. 市场渗透战略　　B. 产品开发战略　　C. 市场开发战略　　D. 多角化增长战略

(4)根据迈克尔·波特对企业在行业中的地位分析,(　　　)在行业中占有 40% 以上的市场份额，拥有整个市场中最大的市场份额。

    A. 市场领导者   B. 市场挑战者   C. 市场追随者   D. 市场利基者

(5)(　　)既是企业市场营销理念的综合体现，又是企业市场营销决策的基础。

    A. 营销计划   B. 营销组合   C. 市场营销策略   D. 市场营销战略

2. 判断题

(1)在进行 SWOT 分析时，最理想的选择是 ST 战略组合。　　　　　　(　)

(2)前向一体化是生产企业向前控制分销系统，如收购或兼并批发商、零售商。(　)

(3)产品开发战略是把现有产品投放到新的市场，从而增加销量。　　　(　)

(4)某企业一个业务单位呈高市场增长率、高相对市场占有率，最适宜它的投资策略是发展策略。　　　　　　　　　　　　　　　　　　　　　　　　　　(　)

(5)市场追随者一般可以采取正面进攻、侧翼进攻、迂回包抄等竞争策略。　(　)

2.6.2　课堂训练

1. 一体化成长战略有哪些形式？各种形式有哪些区别？

2. 如何构建 SWOT 矩阵？SWOT 分析的结论应该怎样得出？

3. 市场营销计划的内容有哪些？

2.6.3　实训操作

1. 无锡华林电缆公司是一家专门从事特种电线电缆设计生产及销售的高新技术企业。其宗旨就是要用产品和服务实现客户利益的最大化，为广大客户提供完善的售前、售后服务。

公司拥有一批具有丰富经验的电线电缆研发、生产管理、策划营销等方面的专业人才、管理队伍和优秀的员工。公司生产设备先进，检测手段齐全，技术力量雄厚，拥有过硬的产品质量，完整、快捷、优质的销售网络，高效而完善的售后服务体系，从而使公司客户群体稳定、快速增长，并成为长期合作伙伴。

试分析：该公司的新业务发展战略应如何确定。

2. 苏州虎丘电脑培训学校是一所大型专业计算机教育机构，坐落于江苏省苏州市，占地 100 余亩，总建筑面积为 10 万平方米。学校师资力量雄厚，现有专、兼职教师 150 余名，主要来自南京大学、东南大学、苏州大学等知名院校。学校设有国际互联网教室、电子分屏教室、影视创作实验室、网络安装实验室、大屏幕投影教室、图形图像工作室、数码设计室、多媒体教室、实物展台演示室等各类实验室。

多年来，苏州虎丘电脑培训学校一直致力于培养计算机应用人才和软件人才。学校精益求精的治学精神得到了社会各界的一致好评，历年来为社会培养了数万名优秀的软件人才。"办出品牌，办出精品，培养更多优秀的计算机应用人才"是苏州虎丘电脑培训学校服务国家现代化建设、推进江苏信息化进程的办学宗旨。

试分析：该学校应该制定什么样的竞争战略，才能在未来 10 年保持较强的竞争优势。

3. 请你选择合适的产品，计划在大学城开设一家小店。请你撰写一份创业战略规划设计书。战略规划的编制，至少应包括以下内容：①选择小店经营的产品及其店铺位置的原因；②制定经营目标，确定经营范围；③进行内在资源分析(优势、劣势)和外部环境分析(机会、威胁)；④确定可行性方案。

情境 2　确定目标市场

任务 3　分析市场营销环境

●●●● 思维导图

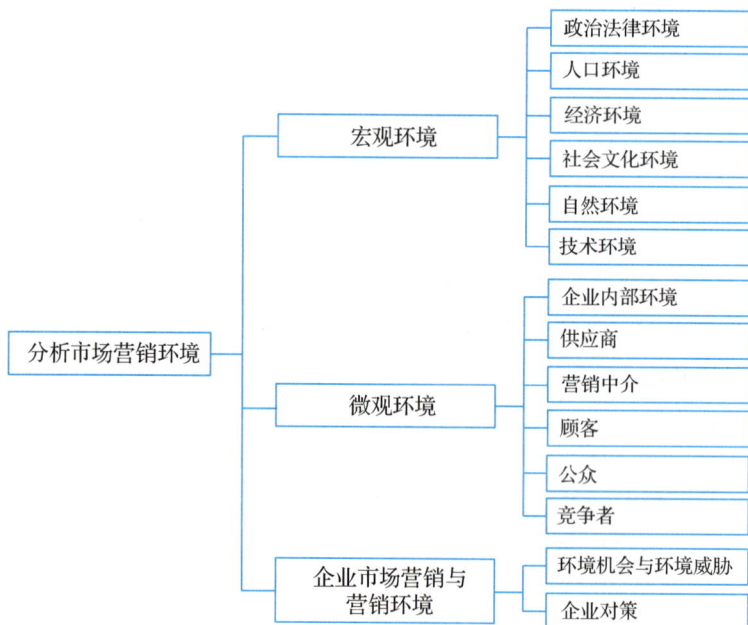

●●●● 知识目标

1. 熟悉企业营销环境的构成要素；
2. 掌握市场营销宏观环境和微观环境的内容。

●●●● 能力目标

1. 能分析环境变化对市场营销的影响；
2. 能提出关于应对营销环境变化的对策。

●●●● 素质目标

1. 提高观察力和洞察力；

2. 能够理论联系实际，提高分析问题、发现问题、解决问题的能力；

3. 具备良好的协调和沟通能力。

▶ 3.1 任务描述与分析

3.1.1 任务描述

一段时间后，沈建龙已经大致熟悉了天一公司的业务，重点了解了公司的营销理念和战略。近年来，中美经贸摩擦升级，新型冠状病毒在全球肆虐，天一公司的业务也受到一定的影响。

冯部长要求沈建龙等人分析手机生产企业微观环境和宏观环境的构成要素，并尽快递交一份关于在新的形势下，手机生产企业面临的环境威胁与市场机会的分析报告。公司市场部将依据该报告提出应对措施，提交公司办公会讨论决策。

3.1.2 任务分析

企业作为一个社会经济组织，总是在不断变化的社会经济环境下开展市场营销活动。它既受企业自身资源条件的限制，又受外部环境条件的制约。从事营销活动的人员，必须掌握市场营销宏观环境和微观环境的主要构成要素，进行营销环境的分析，提出企业应对环境变化的对策，以确保营销活动的顺利开展。公司业务受到影响时，先分析是哪些因素起主导作用；对公司业务影响程度如何；公司应采取哪些措施，才能把威胁（危险）降到最低程度；或公司是否可找到并抓住机会，拓展业务。

▶ 3.2 相关知识

3.2.1 宏观环境

宏观环境是指那些给企业带来市场机会和造成环境威胁的社会力量，主要包括政治法律环境、人口环境、经济环境、社会文化环境、自然环境和技术环境，如图 3-1 所示。虽然宏观环境是企业不可控制的因素，但企业可以通过调整其内部的人、财、物等资源，以及产品、价格、分销、促销等可以控制的营销手段，去适应宏观环境的发展变化。

1. 政治法律环境

政策的实施与变化是企业最关心的事项之一，其中一些政策对企业的营销活动影响很大。例如，人口政策、财政金融政策、能源政策、产业政策、对外开放政策等。

一个国家的政局稳定与否，会给企业的营销活动带来重大的影响。如果政局稳定，人民安居乐业，就会给企业营造良好的营销环境；相反，政局不稳，社会矛盾尖锐，秩序混乱，则会影响经济发展和人们的购买力。

法律环境是指国家或地方政府所颁布的各项法律、法规、法令和条例等。它是企业营销活动的准则。企业营销人员必须熟悉相关法律、法规、条例和有关制度，密切关注与本企业有关的法律、法规等的变化，使企业的经营在合法的轨道上运行。同时，企业也应善于运用法律武器来维护自身的合法权益。

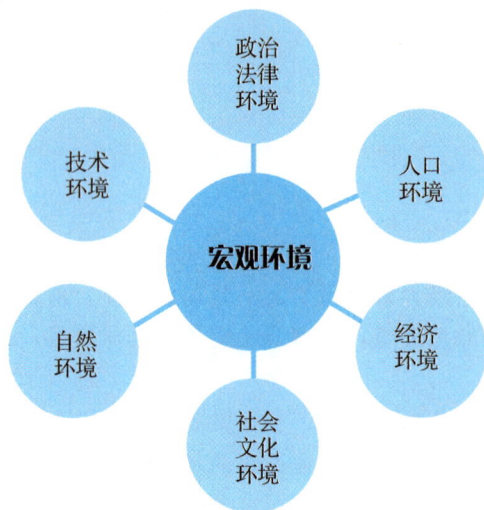

图 3-1　宏观环境

与企业经营相关的法律、法规、国际公约一般有三类：第一，保护竞争，维护企业正常的经营秩序，防止不正当竞争行为的出现，如《反不正当竞争法》《商标法》《广告法》《保护工业产权巴黎公约》等；第二，保护消费者利益不受损害，如《消费者权益保护法》《产品质量法》等；第三，保护社会公众的长远利益不受损害，如《大气污染防治法》《环境保护法》等。

现在知识产权已经成为企业发展和竞争的重要手段。知识产权是指权利人对其所创作的智力劳动成果享有的专有权利，在保护期内受法律保护。知识产权主要有专利权、商标权、著作权（版权）和互联网时代的网络域名等。

知识链接

《中华人民共和国民法典》

2020 年 5 月 28 日，第十三届全国人民代表大会第三次会议表决通过了《中华人民共和国民法典》。《中华人民共和国民法典》被称为"社会生活的百科全书"，是我国第一部以法典命名的法律，在法律体系中居于基础性地位，也是市场经济的基本法。

《中华人民共和国民法典》共 7 编、1 260 条，各编依次为总则、物权、合同、人格权、婚姻家庭、继承、侵权责任，以及附则。《中华人民共和国民法典》自 2021 年 1 月 1 日起施行，同时废止婚姻法、继承法、民法通则、收养法、担保法、合同法、物权法、侵权责任法、民法总则。

2. 人口环境

市场是由具有购买欲望与购买能力的人所构成的，企业营销活动的最终对象是购买者。影响营销活动的人口环境是多方面的，包括人口数量与增长速度、人口结构、人口地理分布等。

扫描二维码，获取人口环境的微课视频。

微课视频	学习笔记
	_____
	_____
	_____

（1）人口数量与增长速度。人口数量是决定市场规模和潜在容量的一个基本要素。如果收入水平不变，人口越多，那么与人口紧密相关的食品、服装、家用电器、交通、旅游等的需求量就越大，市场也就越大。不少跨国公司纷纷在我国投资，其原因之一就是看中我国的庞大市场。

知识链接

我国人口数量仍居世界第一

2021 年 5 月 11 日，国家统计局公布第七次全国人口普查主要数据结果。数据显示，全国人口（香港、澳门、台湾的数据未列入）共 141 178 万人，与 2010 年的 133 972 万人相比，增加了 7 206 万人，增长 5.38%；年平均增长率为 0.53%，我国人口 10 年来继续保持低速增长态势。

年龄构成方面，0~14 岁人口占 17.95%，15~59 岁人口占 63.35%，60 岁及以上人口占 18.7%，65 岁及以上人口占 13.5%。与 2010 年相比，我国少儿人口比重回升，生育政策调整取得了积极成效。同时，人口老龄化程度进一步加深，未来一段时期将持续面临人口长期均衡发展的压力。

（2）人口结构。人口结构包括人口的年龄结构、性别结构、家庭结构、民族结构、受教育的程度和职业等。人口结构对企业营销活动的影响，如表 3-1 所示。

表 3-1 人口结构对企业营销活动的影响

人口结构	对企业营销活动的影响	举例
年龄结构	不同年龄的消费者对于商品和服务会产生不同的需求	儿童的消费重点是儿童食品、智力玩具、儿童读物等；老年人的消费重点是营养保健食品、医疗保健服务等
性别结构	男人与女人的购买习惯不同，企业可以针对不同性别人群的需求，开发新的产品市场	男性购买男装、汽车较多；女性购买女装及配饰、化妆品较多
家庭结构	家庭是购买、消费的基本单位。家庭结构影响家庭的消费规模和结构。家庭结构呈现多样化的特点，如单身家庭、丁克家庭、小型化家庭等	家庭数量的增加必然会引起对炊具、电视机、空调、洗衣机、家具等家庭耐用消费品需求的增加，并要求产品小型、精巧，以适应小型家庭的需要

续表

人口结构	对企业营销活动的影响	举 例
民族结构	各民族在长期生活中各自形成了独特的消费需求、社会风俗和生活习惯	在服饰、饮食、居住、婚丧、礼仪和节日庆典等方面都具有鲜明的民族特色
受教育程度和职业	受教育程度不同，会表现为不同的消费行为、审美观念、价值取向等。职业不同，收入水平、生活和工作条件不同，对商品的设计、款式、包装、价格等的要求也不尽相同	受教育程度高的消费者，购买商品时理性程度较高，往往追求高雅、美观、新颖；而受教育程度低的消费者，往往注重价廉、实用

讨论

根据表3-1和第七次全国人口普查数据结果，请分析我国现阶段的人口结构会对未来的营销活动产生何种影响。

2013年我国提出启动并实施"单独二孩"(父母一方为独生子女的家庭可以生育第二个子女)政策，2016年实行"全面二孩"政策，2021年实行"三孩政策"。

(3)人口地理分布。人口地理分布是指人口在不同地区的密集程度，表现在各地人口的密度不同，市场大小不同；消费习惯不同，则市场需求特性不同。比如，北方人在饮食上以面食为主，而南方人则以米饭为主。当前，我国存在的一个突出现象就是农村人口向城市流动，内地人口向沿海经济发达地区流动。人口流入较多的地方使当地基本需求量增加，消费结构发生一定的变化，从而为当地企业带来较多的市场份额和营销机会。

讨论

每年冬季，大量外来人口涌入海南省。这会使海南的消费结构、消费习惯发生怎样的变化？

3. 经济环境

经济环境是指构成企业生存和发展的社会经济状况与国家经济政策，是影响消费者购买能力和支出模式的因素，包括收入的变化、消费者支出模式的变化等。

扫描二维码，获取经济环境的微课视频。

微课视频	学习笔记

一般而言，社会购买力受宏观经济环境的制约，是经济环境的反映。企业面临的社会经济条件及其运行状况、发展趋势、产业结构、交通运输、资源等情况，是制约企业生存和发展的重要因素。分析经济环境主要是分析影响人们购买力的各种因素。

数据链接

数字消费带动新消费热点

　　截至 2024 年 6 月，我国网络购物用户规模已超过 9 亿人。乐于一键"买买买"的网购消费者激发了我国数字消费的活力。2023 年，我国网上零售额达到 15.4 万亿元，连续 11 年稳居全球第一。随着互联网技术红利不断惠及全体网民，数字消费用户群体逐渐打破年龄、性别、地域等因素的限制。"00 后""银发族"及农村群体等数字消费新势力日益活跃。

　　"90 后"和"00 后"是数字消费主力军，热衷网购、乐于尝新。"00 后"网络购物使用率达到 88.5%，在个性化消费、国货消费、智能消费等领域较为活跃。我国 60 岁及以上网民网络购物使用率为 69.8%，"银发族"在健康医疗、文旅出行消费中表现突出，健康型、享受型消费升级趋势明显。农村网民线上网络购物比例达到 76.7%，热衷在短视频平台购物。

　　随着经济环境的变化，直播、短视频、内容电商模式成为影响数字消费决策的重要因素，形成了兴趣"种草"、下单、分享的网购路径。

　　（1）经济发展阶段。处在不同经济发展阶段的市场，呈现不同的市场需求和消费方式。比如，在经济发展水平较高的地区，消费者更注重产品的款式、性能及特色，品质竞争多于价格竞争；而在经济发展水平比较低的地区，消费者往往更注重产品的功能及实用性，价格因素比产品品质更为重要。2020 年我国 GDP 排名前 10 的省（自治区、直辖市），如表 3-2 所示。

表 3-2　2020 年我国 GDP 前 10 名的省（自治区、直辖市）

排名	省（自治区、直辖市）	GDP 总量（亿元）	排名	省（自治区、直辖市）	GDP 总量（亿元）
1	广东	110 760.94	6	四川	48 598.76
2	江苏	102 700.00	7	福建	43 903.89
3	山东	73 129.00	8	湖北	43 443.46
4	浙江	64 613.00	9	湖南	41 781.49
5	河南	54 997.07	10	上海	38 700.58

注：港澳台未列入排名统计

　　党的二十大报告指出："我国经济实力实现历史性跃升。国内生产总值从五十四万亿元增长到一百一十四万亿元，我国经济总量占世界经济的比重达百分之十八点五，提高七点二个百分点，稳居世界第二位；人均国内生产总值从三万九千八百元增加到八万一千元。"

　　（2）消费者收入。消费者收入是指消费者个人从各种来源所得到的货币收入，通常包括个人工资、奖金、红利、退休金、馈赠、出租收入及其他收入等。消费者收入水平不仅决定消费者购买力规模的大小，而且直接影响消费者支出行为模式。消费者收入通常从以下三个指标进行分析。

　　① 人均国民收入。用国民收入总量除以总人口的比值，即人均国民收入。这个指标大体反映了一个国家人民生活水平的高低，也在一定程度上决定商品需求的构成。一般来

说，人均国民收入增加，人们对商品的需求和购买力就大；反之则小。

②个人可支配收入。个人可支配收入是在个人收入中扣除税款和非商业性开支后所得的余额，是个人收入中可以用于消费和储蓄的部分，构成了实际的购买力。个人可支配收入被认为是影响消费开支的最重要的因素，常被用来衡量人们生活水平的高低。

③个人可任意支配收入。在个人可支配收入中减去用于维持个人与家庭生存不可缺少的费用(如房租、水电、食物、衣着等开支)后剩余的部分。这部分收入主要用于满足人们基本生活需要之外的开支，一般用于购买高档消费品，或用于旅游、娱乐等。这部分收入是消费需求变化中最活跃的因素，也是影响非生活必需品和服务销售的主要因素，是企业开展营销活动时所要考虑的主要对象。

讨论

个人可任意支配收入的增加，对消费者的需求有哪些影响？

(3)消费者的支出结构。随着消费者收入的变化，消费者支出模式也会发生相应的变化，进而影响消费结构。1857年，德国统计学家恩格尔在研究劳工家庭支出时发现，一个家庭收入越少，用来购买食物的比例就越大；随着家庭收入的增加，用于购买食物的比例就下降，而用于其他方面开支所占的比例上升。后来，人们用恩格尔系数来反映这种变化。其公式如下：

$$恩格尔系数 = 食物支出金额 \div 消费支出总金额 \times 100\%$$

恩格尔系数是衡量一个国家、地区、城市、家庭生活水平高低的重要参数。食物开支占总消费量的比重越大，恩格尔系数越高，说明生活水平越低；反之，食物开支占总消费量的比重越小，恩格尔系数越小，说明生活水平越高。

知识链接

恩格尔系数与生活水准的关系

联合国粮农组织根据恩格尔系数对各国居民生活水准进行了划分：用于购买食物的比重占全部收入59%(含)以上的称为贫困状态，50%(含)～59%称为温饱状态，40%(含)～50%称为小康水平，20%(含)～40%称为富裕，20%以下称为最富裕。

(4)消费者的储蓄和信贷。消费者的购买力还受储蓄和信贷的影响。当收入一定时，储蓄越多，现实消费量就越小，而潜在消费量越大；反之，储蓄越少，现实消费量就越大，潜在消费量越小。

数据链接

2023年我国贷款和存款数据

根据中国人民银行发布的数据，2023年我国人民币贷款增加22.75万亿元，同比多增1.31万亿元；我国住户贷款增加4.33万亿元，同比多增3 648亿元。其中，住户消费性贷款增加1.75万亿元，同比多增9 426亿元。

此外，我国经营性贷款也保持较快增速。2023年年末，我国住户经营性贷款余额为22.15万亿元，同比增长17.2%，比2022年年末高出0.7个百分点；全年增加3.23

万亿元，同比多增 5 466 亿元。

2023 年人民币存款增加 25.74 万亿元，同比少增 5 101 亿元。截至 2023 年 12 月，人民币存款增加 868 亿元，同比少增 6 402 亿元。

讨论：我国消费者近几年在储蓄和信贷方面有哪些变化？

4. 社会文化环境

社会文化环境是指一个社会的民族特征、价值观念、生活方式、风俗习惯、伦理道德、教育水平、语言文字等。它主要由两部分组成：一是全体社会成员共有的基本核心文化，二是随时间变化和受外界因素影响而容易改变的社会亚文化。文化因素直接影响人们如何支配收入、如何消费。

企业营销对社会文化环境的研究，一般从以下几个方面入手。

（1）价值观念。价值观念是指人们对社会生活中各种事物的态度和看法。不同文化背景下，人们的价值观念往往有着很大的差异，消费者对商品的色彩、标识、式样及促销方式都有自己褒贬不同的意见和态度。企业营销必须根据消费者不同的价值观念设计产品，提供服务。

讨论

不同地区的人们对于不同颜色有不同的价值观念。中国人在婚礼中多用红色，而西方人则以白色为主。你还能举出哪些实例说明不同地区价值观念的差别吗？

（2）宗教信仰。宗教影响人们的习惯、观念、购买和消费行为。例如，比利时地毯厂了解到阿拉伯国家的伊斯兰教教徒非常虔诚，不论他们到哪都按朝拜时间跪在地毯上，面向麦加朝拜。针对伊斯兰教教徒的这一行为特点，比利时地毯厂生产出一种便于携带的跪毯，跪毯上配有扁平的地磁针，地磁针的方向总是指向麦加。这种跪毯一经问世，就深受伊斯兰教教徒们的欢迎，供不应求，比利时地毯厂赚取了大笔利润。

（3）受教育程度。受教育程度影响消费者对商品功能、款式、包装和服务的要求。通常，文化教育水平高的国家或地区的消费者要求商品包装典雅华贵，对其附加功能也有一定的要求。因此，企业开展的市场开发、产品定价和促销等活动都要考虑消费者所受教育程度的高低。

（4）消费习俗。消费习俗是指人们在长期经济与社会活动中所形成的一种消费方式与习惯。研究消费习俗，不但有利于企业组织好消费用品的生产与销售，而且有利于正确、主动地引导健康的消费。了解目标市场消费者的偏好、禁忌、习惯等，是企业进行市场营销的重要前提。

案例3-1

方便面的销量变迁与网络订餐市场

根据世界方便面协会的统计，在 2013 年以前，中国人消费的方便面相当于世界总消费量的一半。2011 年至 2013 年，中国方便面年销量从 424.7 亿包增长至 462.2 亿包。然而，这种持续、稳步攀升的趋势却在 2013 年之后出现了转折。2013 年至 2016 年，中国方便面年销量从 462.2 亿包跌至 385.2 亿包，跌幅高达 16.66%。

2012 年以来，网络订餐市场规模增长迅速，这与国内方便面行业 2013 年出现的由盛及衰的"拐点"形成鲜明对照。2015 年，我国在线餐饮市场规模已经破千亿元，达到 1 250.3 亿元，2020 年达到 6 646 亿元。

方便面和外卖的功能属性高度相似，但网络订餐(外卖)使消费者的选择更加多样化，口味也更加多元化。

5. 自然环境

自然环境是指自然界提供给人类的各种形式的物质资料，如阳光、空气、水、森林、土地等。自然环境对企业营销的影响表现为自然资源短缺、石油价格上升、环境污染加重、政府干预等。

(1)自然资源短缺。伴随着人类文明和经济社会的不断发展，人们大量地开采各种矿产，不可再生资源日趋匮乏，如银、锡、铀等已在枯竭的边缘。

从总体上看，我国资源丰富，但从人均占有量考察，我国又是资源短缺的国家。例如，我国水资源总量名列世界第一，但人均占有量仅是世界人均占有量的四分之一。近几年，资源紧张使一些企业陷入困境，但这又促使企业寻找替代品，降低原材料消耗。

讨论

自然资源的短缺对企业的营销活动会产生哪些影响？

(2)石油价格上升。石油已成为影响世界经济发展的重要因素之一。在石油价格不断上涨的情况下，不少企业正寻求其他的能源，如太阳能、风能、核能等，这些都将给企业营销环境带来新的变化。

知识链接

新能源与碳中和

新能源也称为非常规能源，是指传统能源之外的各种能源形式，是可循环利用的清洁能源。1980 年，联合国新能源和可再生能源会议上指出，以新技术和新材料为基础，使传统的可再生能源得到现代化的开发和利用，取之不尽、周而复始的可再生能源取代资源有限、对环境有污染的化石能源，重点开发太阳能、生物质能、风能、地热能、波浪能、洋流能和潮汐能等。

碳中和是指企业、团体或个人测算在一定时间内，直接或间接产生的温室气体排放总量，通过植树造林、节能减排等形式，抵消自身产生的二氧化碳排放，实现二氧化碳的"零排放"。简单地说，也就是让二氧化碳排放量"收支相抵"。

(3)环境污染加重。环境污染问题已引起全世界的广泛关注。公众对环境问题的关心为企业创造了新的市场机会，促使企业开始研究开发污染控制技术及环保型产品。

思政园地

推进美丽中国建设

环境如水，发展似舟。水能载舟，亦能覆舟。"绿水青山就是金山银山"的科学论断阐述了经济发展与环境保护的"舟水关系"。

我们追求人与自然的和谐，经济与社会的和谐。通俗地讲，就是既要绿水青山，又要金山银山。绿水青山可带来金山银山，但金山银山却买不到绿水青山。绿水青山与金山银山既会产生矛盾，又可辩证统一。

党的二十大报告指出："我们要推进美丽中国建设，坚持山水林田湖草沙一体化保护和系统治理，统筹产业结构调整、污染治理、生态保护、应对气候变化，协同推进降碳、减污、扩绿、增长，推进生态优先、节约集约、绿色低碳发展。"

（4）政府干预。环境污染问题的日趋严重及公众对环境问题的关心使各国政府加强了对环境保护的干预程度，各国纷纷颁布政策法规，治理环境污染。

6. 技术环境

现代科学技术是社会生产力中最活跃和最具决定性的因素。技术环境不仅直接影响企业内部的生产和经营，而且同时与其他环境因素相互依赖、相互作用，影响企业的营销活动。由于技术的进步，使得新产品不断涌入市场，老产品不断被新产品所替代。在给许多新兴行业和新的市场带来机会的同时，也给某些行业带来威胁。新技术被人们称为一种"创造性的破坏因素"。

每次新技术出现后，新的商业模式也随之诞生。已有的商业模式有的需要重新改造以适应新的变化，有的则因不能适应而被淘汰。数字经济时代正在到来，商业模式面临着新的机遇与挑战。

知识链接

数码相机与胶卷

在人们还在使用胶卷的那个年代，柯达与富士两种胶卷"称霸"市场。在其鼎盛时期，柯达拥有世界上最具创新性的研发部门，拥有高达几千项的专利。柯达于1975年发明了数码相机，然而柯达公司却没有很好地把创新转化成生产力和自己公司的利润效益，反而被自己发明的数码相机所打败。曾占据全球胶卷市场三分之二份额的柯达竟然也无法抵挡技术革命的浪潮，2012年1月柯达申请破产保护。

柯达轰然倒下，但富士得以重生。与过去彻底说再见，转向新的发展方向，这就是在"生死关头"富士胶卷的选择。富士胶卷投入了大量的人力、物力来研发新兴的技术，以支持自己的转型，并最终获得了成功。

3.2.2 微观环境

微观环境是指对企业营销活动产生直接影响的组织和力量。构成微观环境的主要因素有企业内部参与营销决策的各部门、企业的供应商、营销中介、顾客、公众、竞争者等，如图3-2所示。这些因素与企业形成了协作、服务、竞争与监管的关系，直接制约企业为目标市场服务的能力。

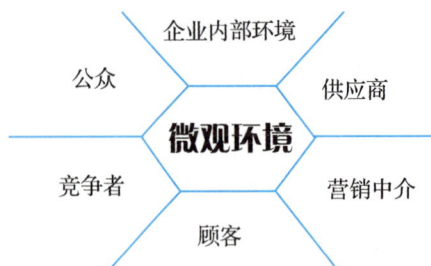

图 3-2　微观环境

扫描二维码，获取市场营销微观环境的微课视频。

微课视频	学习笔记
	_____ _____ _____

1. 企业内部环境

企业开展营销活动要充分考虑企业内部的环境力量。企业内部设立了管理、财务、研发、采购、生产、营销、客户服务等诸多部门，如图 3-3 所示。除了以上部门，企业还有人力资源、党政、工会、后勤等部门。

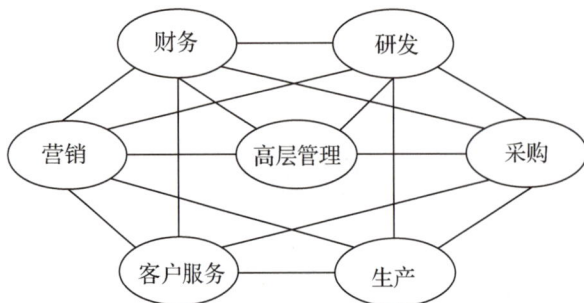

图 3-3　企业内部营销环境

企业营销部门与其他业务部门之间既有合作，也存在着争夺资源方面的矛盾。在制订营销计划、开展营销活动时，营销部门必须考虑与其他部门的合作和协调。营销系统各部门虽然所肩负的职能各不相同，但也要协调一致，服务于营销目标。通过内部有效沟通，协调好企业各职能部门和营销系统各部门之间的关系，是营造良好微观环境、更好地实现营销目标的关键。

2. 供应商

供应商是指向企业及其竞争者提供生产与经营所需要的原材料、设备、能源、劳务、资金等资源的企业或个人。供应商对企业营销有重大的影响，供应数量是否充足，供应质量的好坏，品种是否对路，都直接影响企业的生产和经营；供应品的价格决定企业产品成本与价格的高低。因此，企业应该选择与那些信誉良好、货源充足、价格合理、交货及时的供应商合作。

想一想

(1)一个好的供应商应该具备哪些条件？企业如何选择供应商？

(2)为什么一般企业采购物资至少要有三家供应商？

3. 营销中介

营销中介是指为企业融通资金、推销产品提供各种便利营销服务的企业或个人。从各自不同的职能出发，营销中介可分为中间商、营销服务机构、物流企业、金融机构四种类型。

(1)中间商。中间商是指协助销售、分配产品至最终顾客的企业，主要包括批发商和零售商两大类。中间商直接向企业取货，利用自身已经建立的销售渠道，将产品推销给下一级消费者，对企业产品从生产领域到消费领域的流通具有极其重要的作用。企业要选择合格的中间商，在建立合作关系后，要随时了解和掌握其经营活动，并采取一些激励性措施来推动其业务活动的开展。一旦市场环境发生变化或中间商不能履行其职责时，企业应及时调整或终止与该中间商的合作。

(2)营销服务机构。营销服务机构是指广告公司、广告媒介经营公司、市场调研机构、市场营销咨询企业、财务代理、税务代理等专门提供各种营销服务的企业。这些机构虽然不直接经营商品，但它们协助企业确立市场定位，进行市场推广，对促进批发和零售发挥着举足轻重的作用。

(3)物流企业。它们协助制造企业将产品运往销售目的地。产品到达目的地之后，在待售期间，物流企业还要保管和储存产品。物流的安全性和方便性直接影响营销活动的质量。

(4)金融机构。金融机构是指提供信贷和资金融通的各类机构，包括银行、信贷机构、信托公司、保险公司等。企业应与这些机构保持良好的关系，以保证融资及信贷业务的稳定和渠道的畅通。

4. 顾客

顾客是指使用进入消费领域的最终产品或服务的消费者，是企业营销活动的最终目标市场。顾客对企业营销的影响程度远远超过前述的其他环境因素。顾客是市场的主体，任何企业的产品或服务，只有得到顾客的认可，才能赢得这个市场。现代营销强调把满足顾客需要作为企业营销管理的核心。

分析顾客的心理、了解顾客对企业产品的态度是企业营销的重要工作之一。企业应认真研究目标市场上顾客的需求特点及变化趋势，并对目标顾客进行细分，在细分市场的基础上确定营销方式和营销策略。

5. 公众

公众是指对企业完成其营销目标具有实际或潜在利益关系和影响力的群体或个人。公众对企业的态度会对企业的营销活动产生巨大的影响。它既能增强企业实现自己营销目标的能力，也能削弱这种能力。企业必须采取一定的措施，处理好与公众的关系，争取公众的支持，树立良好的企业形象，为自己营造和谐、宽松的社会环境。这是改善企业营销微观环境的一个重要方面。公众主要有金融公众、媒介公众、政府公众、社团公众、社区公众和内部公众等几类，其影响作用如表 3-3 所示。

公　众	影　响	举　例
金融公众	对企业的融资能力具有重要的影响	银行、投资公司、证券公司等
媒介公众	直接影响社会舆论对企业的认识和评价	报纸、杂志、电台、电视台、新媒体等
政府公众	政府政策、方针与措施的发展变化，对企业营销活动起促进或限制作用	工商、税务、法律、商检及计量等政府部门
社团公众	社团公众的意见与建议对企业营销决策有十分重要的影响	消费者组织、环境保护组织、劳动权益保护组织、未成年人保护组织及其他非政府机构
社区公众	企业在营销活动中可能同社区公众发生冲突	社区公众是指企业所在地附近的居民和社区团体，如邻里居民和社区组织
内部公众	对企业的凝聚力和向心力有重要的影响	蓝领工人、白领工人、经理和董事等企业内部的所有工作人员

6. 竞争者

竞争者的营销策略及营销活动的变化会直接影响企业营销。最为明显的是竞争者的产品价格、广告宣传、促销手段的变化，以及产品的开发、销售服务的加强都将直接对企业造成威胁。为此，企业在制定营销策略前必须先弄清竞争者，特别是同行业竞争者的生产经营状况，做到知己知彼，以便有效地开展营销活动。

从消费需求的角度出发，可以将企业的竞争者分为四类，如表 3-4 所示。

表 3-4　企业竞争者分类

竞争者类型	含　义	举　例
愿望竞争者	提供不同的产品以满足不同需求的竞争者	笔记本计算机、汽车、手机和出国旅游互为愿望竞争者
类别竞争者	提供不同的产品以满足相同需求的竞争者	面包车、轿车、摩托车、自行车等都是交通工具，在满足需求方面是相同的，它们就是类别竞争者
产品形式竞争者	生产同类产品，但产品规格、型号、花色、款式不同的竞争者	自行车中的山地车与城市车，男式车与女式车，构成了产品形式竞争者
品牌竞争者	生产相同规格、型号、款式的产品，但品牌不同的竞争者	以手机为例，华为、小米、苹果、三星等众多产品互为品牌竞争者

3.2.3　企业市场营销与营销环境

市场营销环境的变化可能给企业带来可以利用的市场机会，也可能给企业带来一定的环境威胁。企业能否从中发现并抓住有利于企业发展的机会，避开或减轻不利于企业发展的威胁，是企业营销的一个关键问题。

1. 环境机会与环境威胁

环境机会是指能为企业带来盈利可能的环境变化的特征或趋势，环境威胁则是指环境中不利于企业发展的现实的或潜在的特征或变化。营销环境的变化是客观的，企业不能从根本上去控制营销环境的变化。但是，这并不意味着企业对于营销环境无能为力或束手无策，企业可以积极主动地改变自己以适应营销环境的变化。

企业营销管理人员的任务就是把握市场营销环境的变化趋势，主动适应营销环境的变化，提高企业的应变能力和对环境的能动性，开展各类市场营销活动，使企业更好地生存和发展。企业在复杂的营销环境中，面对的机会和威胁也是复杂的。

讨论

（1）哪些因素给企业造成了环境威胁？哪些因素属于能使企业享有差别利益的市场机会？

（2）企业应如何面对既有机会又有威胁的营销环境？

2. 企业对策

面对主要威胁和更好的机会，企业应当采取切实可行的对策，在最有利的时机进行营销活动，同时也要避开威胁或把损失降到最低程度。

（1）面对市场机会的对策。

①及时利用。当环境机会与企业的营销目标一致，企业又具有利用环境的资源条件并享有竞争中的差别利益时，企业应充分利用市场机会，求得更大的发展。

②适时利用。有些市场机会相对稳定，在短时间内不会发生变化，而此时的企业暂时不具备利用环境机会的必要条件。这种情况下，企业可以积极创造条件，待时机成熟时再加以利用。

③果断放弃。有些市场机会吸引力很大，但是企业缺乏必要的条件，不能加以利用。此时企业应该果断放弃，因为任何拖延和犹豫都可能使企业错过其他机会。

（2）面对环境威胁的对策。

①反抗。企业试图通过各种手段去限制不利环境因素的发展。例如，A国的汽车、家电等工业品源源不断地流入B国市场，而B国的农产品却遭到A国贸易保护政策的抵制。B国政府为了应对这一严重的环境威胁，一方面，在舆论上提出B国消费者愿意购买A国优质的汽车、电视、电子产品，但A国政府不让A国消费者购买便宜的B国产品的质疑；另一方面，B国向有关国际组织申请仲裁，同时提出如果A国政府不改变农产品贸易保护政策，B国对A国工业品的进口也要采取相应的措施。B国政府的这些措施扭转了不利的环境因素。

②转移。当环境恶化时，企业将投资转移到其他盈利更多的行业或市场，或者实行多角化经营等，以寻求新的发展机会。转移对策包括三个方面：一是产品转移，即将受到威胁的产品转移到其他市场；二是市场转移，即将企业的营销活动转移到新的细分市场上；三是行业转移，即将企业的资源转移到更有利的行业中去。

案例3-2

光伏企业积极应对政策变化

2012年美国启动反倾销、反补贴的"双反"政策，对中国光伏企业加征高额税收，欧洲亦效仿之。为保护发展中的光伏产业，在随后三年多的时间里，我国密集出台了50多项政策，在保护企业的同时，亦引导行业往更健康的方向发展。2018年国家大幅下调光伏补贴,并限制建设规模,这直接引发了光伏新增装机量连续两年下滑。

各光伏企业积极采用转移策略应对环境威胁。天合光能公司从简单的硬件供应商向一体化解决方案提供商蜕变,为客户提供从前期设计、工程安装到系统运行与维护的一站式方案。固德威公司完成了从"硬"到"软"的身份转变,推出 SEMS 智慧能源管理系统,让用户在 App 端便可实时监测能源生产与使用情况,并利用数据分析,实现用电最优调度管理。奥特维公司传统业务是电池串焊机,在此基础上,自主研发出国内第一台分选机,列入江苏省"高端设备研制赶超工程",创造了"上市一年营收破亿"的惊人业绩。

③减轻。企业通过调整市场营销组合,改变自己的营销战略,主动地去适应环境变化,以减轻环境威胁的程度。

📖 案例3-3

可口可乐与百事可乐的竞争

当可口可乐的年销售量达到 300 亿瓶时,美国的饮料市场上突然杀出了百事可乐,而且在广告方式上也与可口可乐针锋相对:"百事可乐是对年轻人的恩赐,年轻人无不喝百事可乐。"其潜台词很清楚,即"可口可乐是老年人的,是旧时代的东西"。面对这种环境威胁,可口可乐及时调整市场营销组合。它一方面聘请社会上的知名人士(如心理学家、应用社会学家、社会人类学家等)对市场购买行为新趋势进行分析,采用更加灵活的宣传方式,向百事可乐展开了宣传攻势;另一方面花费比百事可乐多 50% 的广告宣传费用,与之展开了一场广告战,力求将广大消费者吸引过来。

▶ 3.3　任务实施与心得

3.3.1　任务实施

1. 宏观环境分析

受全球经济低迷的影响,手机消费市场缩减,天一公司手机销售业绩下降。经济低迷影响的是消费者的购买能力,并没有影响消费者购买手机的意愿。目前,全球经济已经逐步走出国际金融危机的影响,进入后危机时代,中国经济正在复苏,天一公司要充分利用国内大市场的优势,立足国内市场。

2. 微观环境分析

首先,对供应商进行分析,分析供货的及时性和稳定性、供货的价格变化;其次,关注渠道成员,经济全球化拓宽了企业的选择范围,在营销过程中合作精神尤为重要;再次,分析消费者,手机目前已经成为消费者的必需品,便宜、实惠不再是消费者关注的焦点,企业要更加关注手机的外观设计,注重服务与特色;最后,分析竞争对手,了解竞争者的营销状况和发展趋势,从而制定相应的策略,掌握竞争的主动权。

3. 建立环境监测系统

建立一套监测、分析和预测环境变化的营销管理系统。从观测到的环境变化中寻找对企业影响较为直接的相关趋势,找出其中对企业营销有影响的因素。

4. 企业及早做好应对预案

分析环境因素对本企业现有产品和市场的影响，找出机会和威胁，并预测今后的走向。

在确定趋势变化强度的情况下，拟订应对环境变化的预案，决定企业应当何时采取行动、投入多少资源。

3.3.2 实施心得

1. 正确分析影响环境变化的各种因素并归类

把政治法律、社会文化、经济、技术等影响企业环境的因素都找出来，进行集体商讨，并把影响因素分类。

(1)先把影响因素分成固定因素与变动因素，那些短期内固定不变的因素，往往是比较容易掌握的因素。

(2)把变动因素分成可预测的因素与不可预测的因素。可预测的因素，人们也比较容易掌握。

(3)把不可预测的因素分成独立的因素与非独立的因素。这是一项综合性的工作，因为有些因素彼此相关，可以合并分析思考。

(4)把合并后的独立因素分成主要的因素与次要的因素。这是根据企业的营销内容来取舍的。

经过分类，可以得到四类不同的因素，其中只需要保留变动、不可预测、独立且主要的因素。

2. 按照出现可能的概率做好应对策略

把选出来的因素分类，可以依照情况确定为极可能、可能与不太可能三种情况，对上面的因素逐一进行分析。针对最极端和最普遍的状况，作进一步的描述。

3. 掌握企业营销环境综合评价与分析的原则

(1)动态分析与静态分析相结合的原则。动态分析要求企业从发展变化的角度来分析各环境因素，注重环境的变化趋势和规律；静态分析强调的是环境状态一旦形成，则具有相对稳定性。企业在作环境因素分析时，要以动态分析为核心。

(2)一般分析与重点分析相结合的原则。营销环境与各因素间相互影响、相互制约、相互联系。它们对企业营销活动的影响程度、时间、环节和层次等都有所不同，有些是主要因素，有些是次要因素。一般分析是指对影响企业营销的一切因素都要进行分析，分析的是影响环境变化的一般因素；而重点分析是指对影响企业营销环境的重要因素进行分析，分析的是影响环境变化的关键因素。

(3)长期分析与短期分析相结合的原则。制定与调整企业营销战略，需要对企业市场营销环境进行长期追踪分析，即根据现有的环境状态对未来较长的一段时间内的各环境因素的变化进行预测；而制定与调整企业营销策略，则侧重对企业营销环境进行短期分析。

(4)均衡分析与非均衡分析相结合的原则。均衡分析要求企业营销管理者认识到环境变化对不同企业营销管理所造成的影响是一致的；而非均衡分析要求企业营销管理者结合企业自身的优势和劣势，认真分析环境对本企业的特殊影响，从中寻找市场机会、规避环境威胁。

▶ 3.4　知识拓展：环境分析评价的方法

1. 市场机会矩阵

企业寻找和发现市场机会以后，还必须对各种市场机会进行分析和评价，以判断其能否成为企业发展的"公司机会"。公司机会是指符合企业的经营目标和经营能力，有利于发挥企业优势的市场机会。

外界环境变化可能同时给企业带来若干个发展机会，但并非所有市场机会都对企业具有同样的吸引力。因此，企业应对各种市场机会进行分析和评价，并判断哪些市场机会对企业具有较大的吸引力，哪些市场机会企业暂时不予考虑。

每个市场机会都可以按照其潜在吸引力大小和成功概率高低进行分类。以横坐标轴表示成功概率高低，以纵坐标轴表示潜在吸引力大小，市场机会可以分为四种类型，如图3-4所示。

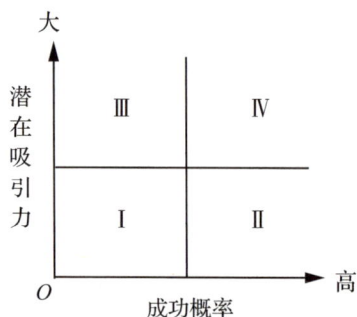

图 3-4　市场机会矩阵

Ⅰ区域：成功概率低和潜在吸引力小的市场机会，企业应该放弃。
Ⅱ区域：成功概率高和潜在吸引力小的市场机会，中小企业应加以利用。
Ⅲ区域：潜在吸引力大和成功概率低的市场机会，企业应加以关注。
Ⅳ区域：潜在吸引力大和成功概率高的市场机会，企业应准备若干计划，充分利用这种机会。

2. 环境威胁矩阵

一个企业往往面临着若干环境威胁，但并不是所有的环境威胁都一样大，这些威胁可以按照其潜在严重性和出现的可能性加以分类。以横坐标轴表示环境威胁出现可能性，以纵坐标轴表示环境威胁的潜在严重性，环境威胁也可以分为四种类型，如图3-5所示。

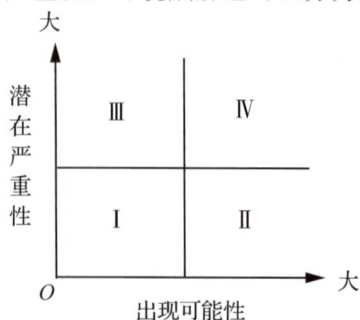

图 3-5　环境威胁矩阵

Ⅰ区域：潜在严重性和出现可能性都较小的环境威胁，企业可以不予理会。

Ⅱ区域：潜在严重性小和出现可能性大的环境威胁，企业应制订应对计划。

Ⅲ区域：潜在严重性大和出现可能性小的环境威胁，企业不能掉以轻心，以免此种潜在威胁变为现实威胁。

Ⅳ区域：潜在严重性和出现可能性都较大的环境威胁，企业应准备多个应对计划，并且阐明在威胁出现之前或者当威胁出现时企业应采取的对策。

3.“机会—威胁”矩阵

分析机会与威胁，可以采用“机会—威胁”矩阵对营销环境进行总体分析。以横坐标轴表示机会水平高低，以纵坐标轴表示威胁水平高低，则会出现以下四种类型，如图 3-6 所示。

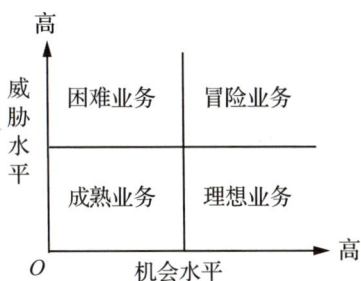

图 3-6 “机会—威胁”矩阵

理想业务：高机会和低威胁业务。理想业务机会难得，甚至转瞬即逝。因此，企业必须抓住机会，迅速行动。

冒险业务：高机会和高威胁业务。对于冒险业务，企业既不能盲目冒进，也不能迟疑不决，而应全面分析自身优势和劣势，扬长避短和创造条件，争取实现突破性发展。

成熟业务：低机会和低威胁业务。对于成熟业务，企业要么不进入，要么作为常规业务，用于维持企业的正常运转，并为开展理想业务和冒险业务准备条件。

困难业务：低机会和高威胁业务。对于困难业务，企业不要进入；已经进入的企业，要么努力改变环境，走出困境或减少威胁，要么立即转移，摆脱当前困境。

3.5 思政案例

“十三五”期间多项货币金融政策“滋润”实体经济

金融部门在“十三五”期间出台了一系列政策措施，不断增强金融服务实体经济能力，全面提升服务效率和水平，把更多金融资源配置到经济社会发展的重点领域和薄弱环节，更好地满足人民群众和实体经济多样化的金融需求。

1. 对实体经济发放的贷款增量不断创新高

“十三五”期间，我国货币政策持续发力，为实体经济发展提供充足资金支持。数据显示，2020 年上半年，金融机构对实体经济发放的人民币贷款增加 12.33 万亿元，达到历史最高水平。

2. 优化信贷投向，更多信贷资源投向制造业和小微企业

制造业是实体经济的基础，小微企业是实体经济的重要组成部分。"十三五"期间，我国金融机构将更多信贷资源投向制造业和小微企业。截至2020年7月末，我国制造业贷款新增1.6万亿元，其中高技术制造业新增贷款占了近六成。此外，金融机构推出了一些创新型金融产品，全力破解小微企业融资难、融资贵的问题。

3. 合理让利企业，减轻实体经济融资负担

金融部门通过降低利率、减免收费等多种方式，有些甚至进行财政贴息，切实减轻实体经济融资负担。2020年1月至7月，金融部门已向企业合理让利8 700亿元。

面对复杂严峻的经济形势，金融部门进一步创新金融服务，加大对市场主体的支持力度，主动适应企业融资新要求，确保直达实体经济的政策落地见效，为稳企业、保就业和实体经济发展提供更多金融支持。

试分析：

(1)金融政策属于哪类影响因素？

(2)本案例中的这些金融政策会对哪些企业产生影响？又会产生何种影响？

▶ 3.6　业务技能训练

3.6.1　自测习题

1. 单选题

(1)当家庭收入达到一定水平时，随着收入的增长，恩格尔系数将(　　)。

　　A. 下降　　　　　　B. 增大　　　　　　C. 不变　　　　　　D. 上下波动

(2)对企业及其营销活动形成有利条件的环境因素称为(　　)。

　　A. 环境威胁　　　　B. 市场机会　　　　C. 市场利润　　　　D. 成本降低

(3)与企业紧密相连，直接影响企业营销活动的各种环境因素称为(　　)。

　　A. 营销环境　　　　B. 宏观环境　　　　C. 微观环境　　　　D. 营销组合

(4)某企业运用"环境威胁矩阵图"和"市场机会矩阵图"来分析其所经营的业务，其中高机会和高威胁的业务属于(　　)。

　　A. 理想业务　　　　B. 冒险业务　　　　C. 成熟业务　　　　D. 困难业务

(5)当企业面临环境威胁时，可通过各种方式限制或扭转不利因素的发展，这就是(　　)策略。

　　A. 转移　　　　　　B. 减轻　　　　　　C. 对抗　　　　　　D. 竞争

2. 判断题

(1)微观环境与宏观环境之间是一种并列关系，微观环境并不受制于宏观环境，二者各自独立地对企业的营销活动发挥作用。　　　　　　　　　　　　　　　(　　)

(2)市场营销的微观环境是指企业内部的环境。　　　　　　　　　　　　(　　)

(3)营销环境分析不是要列举出无穷多的、所有可能影响企业营销活动的因素，而是要确认那些关键的、值得对其作出反应的变化因素。　　　　　　　　　　(　　)

（4）在一定时期货币收入不变的情况下，如果储蓄增加，购买力和消费支出便减少；反之，如果储蓄减少，购买力和消费支出便会增加。　　　　　　　　　　（　　）

（5）根据恩格尔定律，随着家庭收入的增加，用于购买食品的支出占家庭收入的比重也随之上升。　　　　　　　　　　　　　　　　　　　　　　　　　　（　　）

3.6.2　课堂训练

1. 企业营销的微观环境包括哪些因素？各有何特点？
2. 企业营销的宏观环境包括哪些因素？各有何特点？
3. 案例分析

上海迪士尼乐园位于上海市浦东新区川沙新镇，面积 116 公顷，总规划面积 7 平方千米，于 2016 年 6 月开园。它是中国第二个、中国内地第一个、亚洲第三个、世界第六个迪士尼主题公园。

上海迪士尼乐园拥有米奇大街、奇想花园、探险岛、宝藏湾、明日世界、梦幻世界、玩具总动员七大主题园区，上海迪士尼乐园酒店、玩具总动员酒店两座主题酒店，一座迪士尼地铁站，并有多个全球首发游乐项目。

在开园的第一年内，上海迪士尼度假区游园人数超过 1 100 万人次，成为中国乃至全球发展速度最快的主题乐园。

上海迪士尼度假区在建设之初进行了大量的市场调研，考察了中国消费者的行为与期望，以期更好地满足中国消费者的习惯与需求。比如，度假区引入了"原汁原味迪士尼，别具一格中国风"的设计原则——这一理念贯穿度假区设计、建造的始终。

上海迪士尼还引入了多项本土化的措施。语言是其中一个重要方面。在上海迪士尼园区内，所有的娱乐演出剧本和故事情节均由中国艺术家与迪士尼的专家通力合作，为中国游客专门创作，契合了中国消费者的需求。

娱乐演出是另外一个重要的方面。上海迪士尼团队发现娱乐演出深受中国消费者的喜爱，因此在乐园体验中加入了许多大型的现场舞台表演，占总体游客体验的比例可能达到全球其他迪士尼乐园的三倍之多。比如，金色童话盛典、杰克船长惊天特技大冒险及人猿泰山等。

乐园内还拥有丰富多样的中式餐饮。传统迪士尼乐园食品，尤其是美国本土的乐园，提供的大多是汉堡、热狗、冰激凌等美式食品。在上海，根据中国游客的饮食习惯与中国的八大菜系打造了一系列丰富多彩的餐饮选择与体验。

试分析：

（1）哪些因素使中国内地迪士尼建在上海？

（2）上海迪士尼乐园设计了哪些方案来接轨当地文化？

3.6.3　实训操作

1. 在地板市场环境中，你认为江苏天地木业有限公司最大的市场机会在哪里？说明理由。

2. 分析微观环境对无锡华林电缆公司的影响。

3. 以小组为单位，调查人口环境因素变化对常州国林国际旅行社业务的影响。

4. 分组讨论，以实际业务举例说明人口因素对手机生产企业营销活动的影响。

5. 日本尼西奇公司原是一个仅有 30 多人的生产雨衣的小公司，因产品滞销，公司准备转产。有一次，公司董事长多川博偶尔看到一份人口普查资料，得知日本每年出生婴儿 250 万。他想，每个婴儿一年用两条尿垫，一年就需要 500 万条，如果再销往国外，市场就更加广阔。于是他果断作出转产尿垫的决策。几年以后，该公司生产的尿垫就占领了日本市场，并占世界销售总量的 30％。

试分析：在人口环境诸因素中，决定市场规模、需求潜力的有哪些因素？

任务 4　调研营销市场状况

●●●●● 思维导图

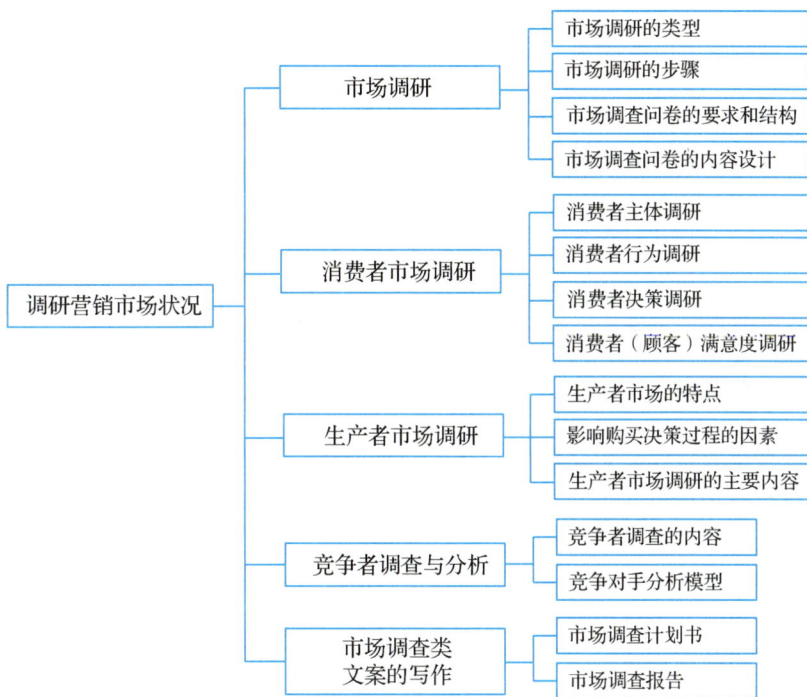

●●●●● 知识目标

1. 掌握市场调研的步骤与方法；
2. 掌握消费者和生产者市场行为分析方法；
3. 熟悉波特竞争对手分析模型。

●●●●● 能力目标

1. 能够根据实际情况设计调查问卷；
2. 利用文案调查法调研市场状况；
3. 利用观察法调研竞争对手情况；
4. 能够利用网络调研消费者市场；
5. 能够撰写调查计划书和调查报告。

●●●●● **素质目标**

1. 树立信息意识和信息安全的意识，有效获取评估信息，保证信息的安全；
2. 提高收集资料、整理资料的能力，以及发现问题、解决问题的能力；
3. 具备创新思维能力，提高书面表达能力和商务软件的操作水平。

▶ 4.1   任务描述与分析

4.1.1   任务描述

天一公司在2021年下半年研发出一款时尚手机，目前企业市场环境的分析工作已经完成。为了更好地销售产品，在竞争中取得优势，需要做一些市场调研，为后期产品的营销与推广打下基础。

市场部接到这个任务后，决定先调查相关手机市场上的消费者和竞争者的情况，并出具一份调查报告。沈建龙他们四人分成两组，沈建龙和小王负责调研消费者的情况，小杨和小顾负责竞争者情况的调研工作，然后团体合作完成调研报告。

4.1.2   任务分析

了解和把握市场情况是企业做好市场营销的基础。营销人员必须广泛收集市场信息，进行市场调研和市场预测，为营销决策提供科学依据。

天一公司需要注意以下三个方面。

第一，消费者行为研究。天一公司需要了解消费者对手机功能及款式的要求，了解消费者购买手机的习惯，了解影响消费者购买手机的因素，然后有针对性地开展产品的营销活动，以提高产品的销售量。

第二，竞争对手的调研。先从宏观上调研行业竞争状况，再从微观上调研竞争对手状况。通过分析竞争对手，了解竞争对手可能采取的战略行动和成功的可能性，了解竞争对手对可能发生的行业变迁的反应和环境变化的应对措施等。

第三，选择科学的调研方法。市场调研是一个科学性强、工作流程系统化高的工作。不同的调研方法，其效率和费用相差较大，公司要合理地安排调研的工作流程，根据资金和时间的状况选择调研方法，利用调研的结果来支持决策。

▶ 4.2   相关知识

4.2.1   市场调研

市场调研是为了给企业营销管理者有效进行市场营销决策提供重要依据，运用科学的方法，有目的、有计划、系统而客观地辨别、收集、分析和传递有关市场营销活动的各方面的信息，对其加以科学整理和分析的过程。

扫描二维码，获取市场调研的教学动画。

教学动画	学习笔记
	_____ _____ _____ _____

1. 市场调研的类型

市场调研分类的标准很多。按照研究的性质，市场调研可以分为探测性调研、描述性调研和因果性调研三大类型，如表 4-1 所示。

表 4-1　市场调研的类型

调研类型	含　义	应用思路
探测性调研	在企业对市场状况不明确或对问题不知从何处寻求突破时所采用的一种调研方式。其目的是发现问题所在，并明确地提出来，以便确定调查的重点	探寻潜在的问题或机会；寻找有关的新观念或新阶段；更精确地确定企业所面临的问题与相关的影响因素
描述性调研	对所调研内容的客观描述，回答"who""what""when""where""how"，主要回答"是什么"的问题	描述某个相关群体的特征；估计某个群体中某种行为方式的发生概率；预测消费者对有关产品的知识、偏好与满意度；确定不同营销变量之间的关系
因果性调研	为了查明同一项目不同要素之间的关系，以及查明导致产生一定现象的原因所进行的调研。着重回答"为什么"的问题	确定自变量和因变量；确定变量间的关系；进行预测

2. 市场调研的步骤

市场调研的步骤大致可分为八个阶段，如图 4-1 所示。

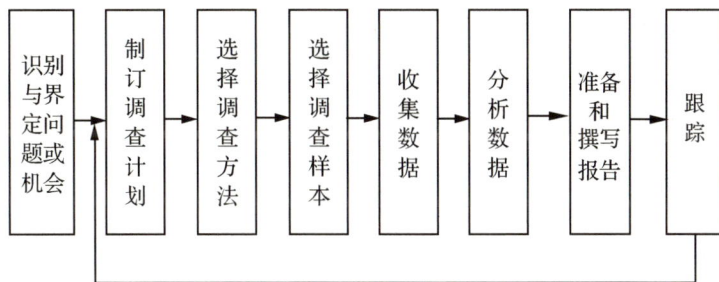

识别与界定问题或机会 → 制订调查计划 → 选择调查方法 → 选择调查样本 → 收集数据 → 分析数据 → 准备和撰写报告 → 跟踪

图 4-1　市场调研的步骤

扫描二维码，获取市场调研步骤的教学动画。

教学动画	学习笔记
	_____
	_____
	_____

(1)识别与界定问题或机会。市场调研的内容一般是生产和经营中碰到的问题、潜在市场的问题或者是规划企业的发展战略问题。这些问题一般不太具体、只带有方向性，不能直接通过调查来解决，需要将其转变为营销调研问题。即需要调研哪些信息，从何处可以获得这些信息。

🔍 **注意**

识别与界定问题或机会阶段应注意的事项

(1)理解调查问题的背景。为什么要做市场调查；企业以往的经营情况、销售量、市场占有率、利润，以及在同行中的优势和劣势的主观估计；企业对市场前景的主观预测；企业要做的决策及要实现的目标；对现有消费者的基本情况及其消费行为的主观了解；企业的财力情况及准备投入的调查费用；相关的法律环境和经济环境；等等。

(2)弄清问题的实质。通过与企业决策者充分交流和讨论，使研究者了解决策者所面临的决策问题的性质及想从市场调查中得到什么信息；还可以通过向行业专家咨询，加深对某些问题性质的理解；需要收集和分析第二手资料，以补充企业所处行业的相关信息。

(3)明确管理决策问题。管理决策问题回答决策者需要做什么、可以采取什么行动。

(2)制订调查计划。这是市场调研的基本框架，在实际操作中一般以市场调查计划书的形式出现，是市场调查实施的指导方针。在此过程中，应明确描述和市场调研问题相关的背景、调查目的和意义、调查的内容和范围、调查进度安排和有关经费的开支预算。

(3)选择调查方法。按照收集资料的方法，市场调研可以分为以下几类，如表 4-2 所示。

扫描二维码，获取市场调研方法的微课视频。

微课视频	学习笔记
	_____
	_____
	_____

表 4-2　市场调研方法

收集方法	分　类	含　义	作　用
第一手资料收集	询问法	由调查员直接同被访者接触，通过提问和回答，实现信息沟通，从而掌握第一手市场信息。通常应该事先设计好询问程序及调查表或调查问卷，以便有步骤地提问	深度了解被访者的详细信息，实地调查中运用最为普遍的方法
	观察法	由调查员亲临调查现场或利用观察器材客观地观察调查对象，并如实地记录其人、其事或其事物的状态、过程和结果。收集第一手市场信息的一种实地调查方法	常用于对竞争对手研究和服务质量的研究，在日常的营销活动中被广泛使用
	实验法	在可控制的条件下对所研究的现象的一个或多个因素进行分析，以测定这些因素之间的关系，观察它们对营销活动的影响效果。它是在因果关系调研中经常使用的方法	通过收集到的详细信息，建立数学模型，揭示或确立市场现象之间的关系，有利于探索解决市场问题的具体途径和方法
第二手资料收集	文案调查法	利用企业内部和外部现有的各种信息、情报，对调查内容进行分析研究的一种调查方法	这些资料的取得往往在预调查阶段非常重要，帮助调查人员判断调查的必要性及其重点方向

扫描二维码，获取实地调查法的微课视频。

微课视频	学习笔记

知识链接

文案调查法与观察调查法的应用情境比较

文案调查法的应用情境：①市场供求趋势分析；②相关和回归分析；③市场占有率分析；④市场覆盖率分析。

观察调查法的应用情境：①观察顾客的行为；②观察客流量；③观察产品使用现场；④观察商店柜台及橱窗布置。

（4）选择调查样本。市场调查有全面调查、典型调查、重点调查、抽样调查等方式，其中抽样调查应用最广泛。抽样调查是从全部调查研究对象中，选定调查范围，建立抽样框，确定所需要调研的样本量，再从抽样框中抽选一部分单位进行调查，并据以对全部调查研究对象作出估计和推断的一种调查方法。

抽样调查涉及以下几个概念。

①调查对象。调查对象是指接受调查的社会现象的总体。调查对象由性质相同的各个

受调查单位组成。

②抽样框。抽样框是指对可以选择作为样本的总体单位列出名册或排序编号，以确定总体的抽样范围和结构。设计出抽样框后，便可采用抽签的方式或按照随机数表来抽选必要的单位数。常见的抽样框有学生花名册、城市黄页里的电话列表、工商企业名录、街道派出所里的居民户籍册、意向购房人信息册等。

③样本。样本是指从抽样框中抽取的一部分被访者。在抽取样本的过程中，必须遵守随机原则。样本的观察单位还要有足够的数量。

📖 **案例4-1**

幸福中学对万名住宿学生的消费调查

幸福中学要了解在校 10 000 名住宿学生的消费状况。首先确定在校的 10 000 名学生为调查对象。从操作的难易度来说，这些学生都可以被调查到，也就是说抽样框和总体一致；也可以根据经验确定 5% 的被访者数量，然后以宿舍为单位，从全校 2 500 个宿舍中，按一定的规则抽出 125 个宿舍，对学生进行调查，被抽中的学生就构成了调查的样本。

此次调查中，调查对象是所有在校的 10 000 名住宿学生。抽样框是全校的 2 500 个宿舍。可供选择的地点包括教室、食堂、宿舍，综合来看，前两个地点都不能保证所有的被访者都有可能被抽中，但选择宿舍建立抽样框，可以解决这个问题。样本是从全校的 2 500 个宿舍中，按照分层随机抽样的方法，被抽出的 125 个宿舍中的学生、最终的 500 名被访者就是样本。

(5)收集数据。样本确定以后，就进入实地收集数据阶段。目前收集数据常用的方法包括访问法、观察法、问卷法、文献调查法等。该环节所收集的数据质量将直接影响调查的结论，收集数据是一项艰苦的基础性工作。

(6)分析数据。分析数据阶段的主要任务是在获取全面调研数据的基础上，对数据进行系统分析，其中包括统计分析和理论分析。

(7)准备和撰写报告。调查报告是调查项目的重要部分，是市场调查的最终产品。一般调查报告应包括：①简明的报告摘要，包括调查的主要发现、主要结论和建议，在报告的正文之前，提交给领导或客户来查看的；②详细目录，包括正文和附录的每一部分的大、小标题；③正文，一般包括调查的基本情况、主要发现、对结果的讨论、总结和建议等；④附录，一般包括问卷、图表、技术细节说明、实施细节说明等。

(8)跟踪。跟踪主要是了解前一段工作的成效和调查结果的采纳等情况。

3. 市场调查问卷的要求和结构

市场调查问卷是企业为获取市场信息，针对企业特定的目标市场和目标人群设计的问卷类调查表。

(1)市场调查问卷的基本要求。一份完整的市场调查问卷应能从形式和内容两个方面同时取胜。从形式上看，要求版面整齐、美观、便于阅读和作答。从内容上看，至少应该满足以下要求：正确的政治方向，正确的舆论导向；问题具体、表述清楚、重点突出、整体结构好；确保问卷能完成调查任务与目的；便于统计整理。

(2)市场调查问卷的结构。问卷可以是表格式、卡片式或簿记式等多种形式。但在实际操作过程中，一份完整的问卷应具备一定的格式。市场调查问卷的基本结构，如表 4-3 所示。

表 4-3　市场调查问卷的基本结构

问卷结构	内　容	注意要点
标题	说明研究主题，使人一目了然，增强填答者的兴趣和责任感	标题一般采用"调查对象"＋"调查内容"＋"调查问卷"方式，如"××大学生购买手机情况调查问卷"
前言	主要用于说明调查的意义、目的、项目、内容，以及对被调查对象的希望和要求等	文字须简明易懂，能激发被调查者的兴趣。如果是采用询问法，在该部分要说明"我是谁""我的目的""需要被访者做什么"等内容
问卷指导	用来指导被调查者填写问卷，包括调查说明及填表要求。告诉调查者和被调查者为什么要去做、如何去做	问卷指导的长短由内容的难易程度决定，但要尽可能简明扼要，务必去除废话和不实之词
被调查者背景资料	个人背景资料包括性别、年龄、受教育程度、职业及职务、收入水平、婚姻状况等；单位背景资料包括单位名称、营业面积、经营范围、注册资金、职工人数等	在数据分析阶段，可与主体部分的问题进行交叉分析，要注意背景资料的全面性和相关性
主体问题及其答案	问题是调查问卷的主体部分。科学的问卷应依据调查目的，列出所需要了解的项目和备选答案，并以一定的格式将其有序地排列组合起来。通过被调查者对问卷中问题的回答，市场调查者可以对被调查者的个人基本情况和对某一特定事物的态度、意见倾向及行为有较充分的了解	根据调查项目的特点选择合适的题型；题目的顺序和表述要注重逻辑性；设计问句要尽量具体而不抽象，尽可能将需要调查的内容转化为可以观察和测量的项目；避免问题带有诱导性
结束语	主要用于表达对被调查者合作的感谢	结束语要简短明了，甚至可以省略，访问员最后应签署姓名和日期

扫描二维码，获取调查问卷结构的微课视频。

微课视频	学习笔记
	_____ _____ _____

4.市场调查问卷的内容设计

（1）设计直接性问题和间接性问题。

①直接性问题。直接性问题是指通过直接的提问就能够立即得到答案的问题。这些问题可以是一些已经存在的事实或关于被调查者的一些基本情况。

例如：您的年龄、您的职业、您目前使用什么品牌的手机等。

②间接性问题。间接性问题是指那些不宜直接回答，而采用间接的提问或迂回的询问

方式得到答案的问题。一般适用于避开个人隐私，或者避开被调查者因问题产生窘迫、疑虑，或者被调查者不愿意直面的问题。

例如：有人认为大学生可以抽烟，有人认为大学生不可以抽烟，您同意哪一种观点？

(2)设计开放式问题和封闭式问题。

①开放式问题。开放式问题比较灵活，对所提出的问题不列出答案，可由被调查者自由回答和解释，类似于简答题。对于调查者来说，这类问题能收集到原来没有想到或者容易忽视的资料。但被调查者的答案可能各不相同，标准化程度较低，资料的整理和加工比较困难。同时，还可能会因为回答者表达能力不同而产生调查偏差。

例如：您认为哪个品牌的手机广告最具有吸引力？

②封闭式问题。封闭式问题是指事先将问题的各种可能答案列出，由被调查者根据自己的意愿选择回答。这类问题标准化程度高，回答问题较方便，回答率较高，调查结果易于处理和分析，可节省调查时间。但设计的答案可能不是被调查者想回答的答案；给出的选项可能对被调查者产生诱导；被调查者可能猜测答案或随便乱答，难以反映真实情况。

例如：您认为哪种空气净化产品净化空气污染最有效？(　　　)

A. 吊兰、绿萝等植物　　　B. 空气净化设备　　　C. 竹炭、活性炭　　　D. 其他

(3)设计事实性问题、行为性问题、动机性问题、态度性问题。

①事实性问题。调查这类问题的主要目的是获得有关事实性资料。因此，问题的意见必须清楚，使被调查者容易理解并回答。通常在一份问卷的开头和结尾都要求回答者填写其个人资料，如职业、年龄、教育程度等。这些问题均为事实性问题，对此类问题进行调查，可为分类统计和分析提供资料。

②行为性问题。行为性问题是对回答者的行为特征进行调查。

例如：您拥有笔记本电脑吗？"双 11"期间，您在淘宝网买过东西吗？

③动机性问题。动机性问题是指为了解被调查者的一些具体行为的原因和理由而设计的问题。所获得的调查资料对于企业制定市场营销策略非常有用，但是收集难度很大。调查者可以多种询问方式结合使用，尽最大可能将被调查者的动机揭示出来。

例如：假如您装修新房子，您购买除甲醛类的空气净化剂的原因是什么？

④态度性问题。态度性问题是关于回答者的态度、评价、意见等问题。

例如：您对学校食堂饭菜质量满意吗？

在实际调查中，几种类型的问题往往是结合使用的。在同一份问卷中，既会有开放式问题，也会有封闭式问题。甚至在同一个问题中，也可将开放式问题与封闭式问题结合起来，组成结构式问题。

例如，您家里目前有空调吗？(　　　)A. 有　B. 无；若有，是什么品牌的？_____

事实性问题既可以采取直接提问方式，也可以采取间接提问方式。问卷设计者可以根据具体情况选择不同的提问方式。

(4)设计二项选择和多项选择问题。

①二项选择法。它的回答项目非此即彼，简单明了。这类问题的答案通常是对立的、互斥的，"是"或"否"，"有"或"无"等。被调查者的回答不能有更多的选择，适用于互相排斥的问题，以及询问较为简单的事实性问题。

例如：您的性别？(　　　)　A. 男　B. 女

②多项选择问题。有些问题为了使被调查者完整地表达要求、意愿，还需要采用多项选择法。根据多项选择答案的统计结果，得到各项重要性的差异。

例如：您听说过下面哪些室内装修污染物？（　　）

A. 甲醛　B. 苯　C. 氨　D. 氡　E. TVOC　F. 二氧化碳　G. 放射性元素

（5）设计量表应答式问题。设计量表应答式问题主要是为了对应答者回答的强度进行测量。同时，许多量表式应答可以转换为数字，这些数字可以直接用于编码，便于用更高级的统计分析工具进行分析。其缺点在于问题有时对应答者的记忆与回答能力要求过高，应答者可能出现误解，影响调查数据的准确性。

目前市场调查中常用的量表主要有以下几种。

①评比量表。调查者在问卷中事先拟订有关问题的答案量表，由回答者自由选择回答。一般情况下，选项不应超过五级，否则普通应答者可能会难以作出选择。

例如：您认为现在食堂的服务状况如何？（　　）

A. 很好　　B. 较好　　C. 一般　　D. 较差　　E. 很差

②语义差异量表。用成对的反义形容词测试被调查者对某一事物的态度。在市场调查中，它主要用于市场与产品、个人及集体之间的比较，人们对事物或周围环境的态度的研究。具体做法是在一个矩阵的两端分别填写两个语义相反的术语，中间用数字划分等级，由回答者根据自己的感觉在适当位置画上记号。

语义差异量表举例

	−3	−2	−1	0	1	2	3	
高级的								低级的
明亮的								黑暗的
干的								湿的
昂贵的								低廉的

（6）设计表格式问题。表格式问题整齐、醒目，但也容易使人觉得单调、呆板。在一份问卷中这种形式的问题不要用得太多。

例如：近五年来您是否有下列情况？（请在每一行适当的格中打"√"）

问　　题	有	没有
1. 参与本单位或地方的选举		
2. 参与本单位或地方的决策、提建议		
3. 参与志愿者活动		
4. 参与其他集体活动		

（7）设计关联式问题。关联式问题是指在前后两个（或多个）相互连接的问题中，被调查者对前一个问题的回答，决定着后面问题的回答顺序。有的学者将这种起筛选作用的前一个问题称为"过滤性问题"。

关联式问题针对的是调查中的某些实际情况。比如，被调查者对有些问题答案的不同选择，其后面需要调查的问题不同；又如，某个问题只适用于样本中的一部分调查对象，为了使问卷适合每一个被调查者，在设计时就可以采用关联式问题。

例如：

> 1. 您通常每日读几份报纸？（　　　）
>   A. 不读报　　　　　B. 1份　　　　　　C. 2份　　　　　　D. 3份以上
> 2. 你通常用多长时间读报？（　　　）
>   A. 10分钟以内　　　B. 半小时左右　　C. 1小时　　　　　D. 1小时以上

【问卷范例】

××公司关于汽车消费市场的调查问卷

尊敬的先生/女士：

　　您好！为了更好地了解您的参与意向，特进行本次问卷调查。请您提供宝贵意见，它将帮助我们为您和您的亲友提供更好的服务。您所提供的信息，我们将严格保密。活动举办期间，您可以凭此问卷来现场领取一份精美的礼品。我们期待能收到您填写完整的问卷，谢谢！

××公司

××××年××月××日

　　请将您认为的最佳答案的选项填于题后的括号内。

1. 您的性别是（　　　）。
   A. 男　　　　　　　　B. 女
2. 您的年龄段是（　　　）。
   A. 16～25岁　　　　B. 26～35岁　　　　C. 36～45岁　　　　D. 46岁以上
3. 您的职业是（　　　）。
   A. 学生　　　　　　　B. 企业单位职员　　C. 个体经营者　　　D. 公务员
   E. 事业单位职员　　　F. 离退休人员　　　G. 自由职业者　　　H. 其他
4. 您的学历是（　　　）。
   A. 研究生及以上　　B. 本科　　　C. 大专　　　D. 高中　　　E. 初中及以下
5. 您的家庭月平均收入是（　　　）。
   A. 4 000元及以下　B. 4 001～6 000元　C. 6 001～8 000元　D. 8 001～10 000元
   E. 10 000元以上
6. 您是否已经购买过汽车？（　　　）
   A. 购买过　　　　　B. 尚未购买，正在考虑　　　　C. 暂时不考虑
7. 购车时，您愿意选择的场所是（　　　）。
   A. 汽车专卖店　　　B. 汽车交易市场
8. 购车时，您对经销商的品牌是否看重？（　　　）
   A. 非常看重　　　　B. 比较看重　　　　C. 一般　　　　　　D. 不太看重
9. 您是怎样确定自己的购车品牌的？（　　　）
   A. 自己决定　　　　B. 家人集体决定　　C. 朋友推荐　　　　D. 经销商的促销宣传
   E. 其他
10. 您在购买汽车前走访了多少家汽车经销商？（　　　）
    A. 1家　　　　　　B. 2家　　　　　　C. 3家　　　　　　D. 4家
    E. 5家及以上
11. 就整个销售服务而言，您对汽车经销商最满意的地方有（　　　）。
    A. 服务态度　　　　B. 产品与相关服务　C. 定价明确　　　　D. 提车便利
    E. 初始车况　　　　F. 其他　　　　　　G. 都不满意

12. 您的购车预算是(   )。

    A. 10 万元以下   B. 10 万～20 万元   C. 20 万～30 万元   D. 30 万元以上

13. 您对汽车经销商销售服务的总体满意度如何?(   )

    A. 非常满意(81～100 分)   B. 比较满意(61～80 分)   C. 一般(41～60 分)

    D. 不太满意(21～40 分)   E. 很不满意(0～20 分)

14. 您认为经销商的销售服务对您的购车决策的影响程度是(   )。

    A. 影响很大   B. 影响较大   C. 一般   D. 影响不大   E. 没有影响   F. 说不清

15. 如果您现在买车,您认为在考虑范围之内的汽车品牌有哪些? _____

调查时间_____年____月____日____时   问卷编号_____

调 查 员_____   核 查 员_____

知识链接

网络市场调研

网络市场调研是运用互联网络和信息技术,以科学的方法,系统地收集、整理、分析和调研相关市场信息,特别是消费者的需求、购买动机和购买行为等方面的信息,从而把握市场现状和发展趋势,有针对性地制定营销策略,取得良好的营销效益和更高的投资回报率。

网络市场调研可以充分利用互联网的开放性、自由性、平等性、广泛性、直接性、无时间和地域限制等特点,避免人为因素的影响,大大降低出错概率。网络调研具有快速、高效、成本低的特点,具有网络信息的及时性和共享性、网络调研的交互性和充分性、调研结果的可靠性和客观性。

网络调研不仅是调研方式的改变,还是调研格局的改变,让更多的中小企业也能开展调研,帮助更多的企业提高决策的科学性,减少风险,从而帮助这些企业快速成长,同时带动整个社会的发展。

网络调研方式也存在劣势。例如,样本库的问题,主要在于样本的代表性及样本的维护;调研系统的开发升级问题,一般软件公司对调研并不是非常了解,专业性不够,调研公司对技术的把握又存在一定问题,达不到要求。

4.2.2 消费者市场调研

1. 消费者主体调研

消费者主体是购买消费品的个体、家庭或团体。

(1)消费者个体调研。由于不同类别的消费者具有不同的需要和动机、购买行为与消费习惯,所以,对消费者个体通常按调研项目的需要进行分类研究。最常见的消费者个体调研包括调查消费者的性别、收入水平、受教育程度、年龄等,还可以按照心理特征、价值观等对消费者个体进行调研。

(2)消费者群体调研。家庭是基本的消费单位,在消费者群体中占有十分重要的地位。家庭调研包括对家庭总量的调研和对家庭结构的调研。家庭总量是指在一定范围、一定时间节点的家庭户数。家庭结构是指一定家庭总量中,不同家庭的构成及其相互关系。家庭结构包括家庭的构成结构、家庭的生命周期、家庭的规模结构等。按照家庭的构成特征，家庭可以分为核心家庭(即夫妇双方加小孩)、单亲家庭、双老家庭和其他家庭等类型。

2. 消费者行为调研

(1)消费者行为。消费者行为研究就是研究不同消费者的各种消费心理和消费行为，以及影响消费心理和消费行为的各种因素，揭示消费行为的变化规律。

扫描二维码，获取消费者购买行为的微课视频。

微课视频	学习笔记

影响消费者行为的因素主要有文化因素、社会因素、个人因素和心理因素，如图4-2所示。

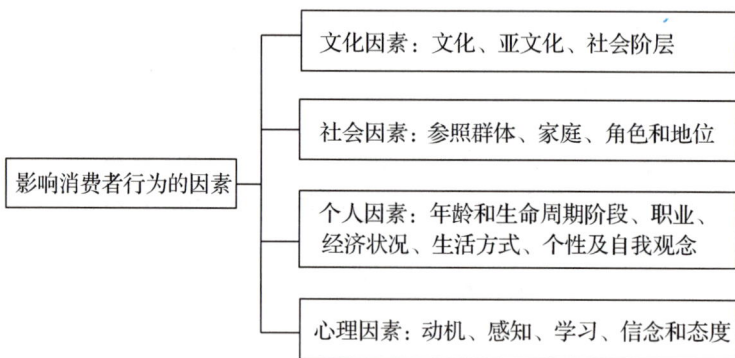

图 4-2　影响消费者行为的因素

扫描二维码，获取消费者购买行为影响因素的微课视频。

微课视频	学习笔记

知识链接

中华优秀传统文化源远流长、博大精深，是中华文明的智慧结晶，其中蕴含的天下为公、民为邦本、为政以德、革故鼎新、任人唯贤、天人合一、自强不息、厚德载物、讲信修睦、亲仁善邻等，是中国人民在长期生产生活中积累的宇宙观、天下观、社会观、道德观的重要体现，同科学社会主义价值观主张具有高度契合性。

影响消费者行为的个人与心理因素有：需要与动机、知觉、学习与记忆、态度、个性、自我概念与生活方式。这些因素不仅影响甚至在某种程度上决定消费者的决策行为，而且对外部环境与营销刺激的影响起放大或抑制作用。

📖 案例4-2

"80后""90后""00后"的亚文化消费特征

每个人的价值观念、生活态度和思维方式等都受传统文化的影响。每种文化都包含着能为其他成员提供更为具体的认同感和社会性的较小的文化群体，即亚文化群体。

人们经常以10年为标准划分一个时代，如"80后""90后""00后"，甚至是"10后"。这几代人的衣食住行大多是不相同的，所有的不同都源于时代变迁。

"80后"一代中很大部分是独生子女，在中国改革开放和现代化进程中长大，在努力学习和工作的同时也懂得自我调节。在娱乐上，他们的开支比上辈人要多得多；在娱乐方式上，除了传统媒体、电影院、吃饭逛街，还有KTV、酒吧、网络娱乐等新兴娱乐活动，连运动项目也有很多新花样。

生于个性飞扬时代的"90后"，喜欢标新立异，追求个性发展，乐于接受新鲜事物。在信息膨胀的数字经济时代，网上购物已成为"90后"主要的消费方式。

"00后"是新生一代，成长在新时代，其消费趋势是既注重品质又注重便利支付的时尚购物方式。

(2)消费者购买行为的类型。消费者在购买商品时，因商品价格、购买频率的不同，购买决策的慎重程度也不同。消费者的购买行为分为四种类型，如图4-3所示。

	低度介入	高度介入
品牌差异大	广泛选择型购买行为	复杂型购买行为
品牌差异小	习惯型购买行为	不协调感型购买行为

图 4-3　消费者购买行为类型

扫描二维码，获取消费者购买行为类型的教学动画。

教学动画	学习笔记
	_____
	_____
	_____

①复杂型购买行为。当消费者初次选购价格昂贵、品牌差异大、功能复杂的商品时，由于对这些产品的性能缺乏了解，需要广泛收集信息，慎重选择、仔细对比，以求降低风险。

针对这种类型的购买行为，企业应设法帮助消费者了解与该产品有关的知识，并让他们知道和确信本产品比较重要的性能特征及优势，树立他们对本产品的信任感。这期间，企业要特别注意针对购买决定者进行本产品特性的宣传。

②不协调感型购买行为。消费者购买某一产品后，或因产品自身的某些方面不称心，

或得到了其他产品更好的信息,从而产生不该购买这一产品的后悔心理。为了追求心理平衡,消费者广泛地收集各种对已购产品的有利信息,以证明自己购买决定的正确性。

针对这种类型的购买行为,企业应通过调整价格和售货网点,向消费者提供有利的信息,帮助消费者消除不平衡心理,坚定消费者对所购产品的信心。

③广泛选择型购买行为。一个消费者购买的商品品牌间差异虽大,但可供选择的品牌很多,他们并不花费太多的时间选择品牌,且也不专注于某一产品,而是经常变换品种。比如购买饼干,他们上次买的是巧克力夹心,而这次想购买奶油夹心。这种品种的更换并非对上次购买的饼干不满意,而是想换换口味。

面对这种购买行为,当企业处于市场优势地位时,应以充足的货源占据货架的有利位置,并通过提醒性的广告促成消费者建立习惯型购买行为;而当企业处于市场劣势地位时,则应以降低产品价格、免费试用、介绍新产品的独特优势等方式,鼓励消费者进行多种品种的选择和新产品的试用。

④习惯型购买行为。消费者有时购买某一商品,并不是因为特别偏爱某一品牌,而是出于习惯。比如,醋是一种价格低廉、品牌间差异不大的商品。消费者购买醋时,大多不太关心品牌,而是靠习惯来选定某一品牌。

针对这种购买行为,企业要特别注意给消费者留下深刻印象,广告要强调本产品的主要特点,要以鲜明的视觉标志、巧妙的形象构思赢得消费者对本企业产品的青睐。为此,广告要加强重复性、反复性,以加深消费者对产品的熟悉程度。

消费者购买行为调研主要是掌握消费者购买品牌产品的行为特征信息,应该采用的方法是观察法。因为购买行为可以被观察到,调研的对象是"真实行为"。观察消费者的购买行为,掌握消费者所关注的核心、消费行为过程等,为确定营销策略提供依据。

3. 消费者决策调研

消费者决策就是"5W1H",也就是为什么购买(why)、购买什么(what)、何时购买(when)、何地购买(where)、由谁购买(who)和如何购买(how),如表4-4所示。

表4-4　消费者决策内容调研

问　题	研究对象	调研内容	营销措施
为什么购买	购买目的	购买欲望与动机分析	刺激消费者的购买欲望
购买什么	购买对象	消费者喜欢物美价廉、式样新颖、富有个性的商品	在花色、品种、质量、性能、包装、价格等方面满足消费者的需求
何时购买	购买时间	日常用品在工作之余或休息日购买,季节性商品在季节前购买,大部分商品的购买高峰为节假日期间	做好季节性促销和重大节日期间的促销
何地购买	购买地点	便利品就近购买,选购品和特殊品在大商场或偏爱的商店购买	合理设置销售网点,方便消费者购买
由谁购买	购买者	家庭购买决策,不同角色,心理状态	针对不同的对象展开促销
如何购买	购买方式	线下购买还是线上购买	O2O(Online to Offline),同时提供线上和线下购买渠道

(1)消费者决策。消费者决策是指消费者谨慎地评价产品、品牌或服务的属性，并进行理性选择，想用最少的付出获得能满足某一特定需要的产品或服务的过程。

人们在作出购买决策时通常会涉及许多角色，如表 4-5 所示。

表 4-5　购买决策涉及的角色

角　色	含　义	以家庭购买空调为例
发起者	首先想到或提议购买某种产品或服务的人	儿子（中学生）
影响者	其看法或意见对最终决策具有直接或间接影响的人	爷爷、奶奶
决定者	对购买时间、地点、数量等问题作出全部或部分最后决定的人	父亲决定空调的品牌，母亲决定空调的造型和款式
购买者	实际采购的人	父亲
使用者	直接消费或使用所购产品或服务的人	儿子

了解每一个人在购买决策中扮演的角色，并针对其角色地位与特性，采取有针对性的营销策略，就能较好地实现营销目标。

扫描二维码，获取消费者购买行为中的角色的教学动画。

教学动画	学习笔记
	＿＿

知识链接

新一线城市七成家庭消费由女性主导

　　银泰百货针对数字化会员发起家庭消费决策用户调研。调研结果显示，在"70 后"和"80 后"为主力的家庭消费中，女性是主要决策者和实施者。在杭州、合肥、西安等新一线城市中，有七成用户的家庭消费由女性决定并主导。新一线城市女性在家庭消费决策中占据绝对主导地位。她们决定了孩子、爱人甚至是父母的吃穿用度。七成女性对家庭消费超过 1 000 元的单笔支出拥有自主权和决定权，近一半女性会承担家庭中另一半的日用品、服饰采购，近三成女性会包揽父母的服饰采购。

(2)消费者购买决策过程。典型的购买决策过程，如图 4-4 所示。

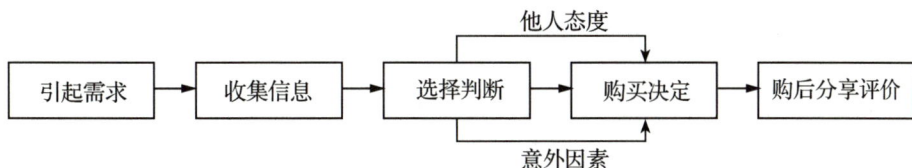

图 4-4　消费者购买决策过程

扫描二维码，获取消费者购买决策过程的微课视频。

微课视频	学习笔记
	_____ _____ _____

①引起需求。引起需求是消费者购买决策过程的起点。消费者这种需求的产生，既可能是人体内机能的感受所引发的，如因口渴而引发购买饮料；又可能是由外部条件刺激所诱发的，如看见新款手机，打算自己也买一部。当然，有时消费者的某种需求可能是内、外原因同时作用的结果。

市场营销人员应注意识别引起消费者某种需要和兴趣的环境，并充分注意到两方面的问题：一是注意了解那些与本企业的产品实际上或潜在的有关联的驱使力；二是消费者对某种产品的需求强度会随着时间的推移而改变，并且被一些诱因所触发。在此基础上，企业还要善于安排诱因，促使消费者对企业产品产生强烈的需求，并立即购买。

②收集信息。当消费者产生了购买动机之后，便会开始进行与购买动机相关联的活动，收集与此产品相关和密切联系的信息，以便作出购买决策。

消费者信息的来源主要有个人渠道(家庭成员、亲友、同事、网友等)、商业渠道(广告、推销人员的介绍等)、媒体渠道(电视、网络等)，以及自己以往在接触、使用商品过程中得到的信息。

数字时代客户的信息搜索行为变得越来越重要，也越来越频繁。移动互联网的出现打破了时间和地域的界限，使客户有能力在任何时间、任何地点主动地查询各类信息，包括官网中的介绍、论坛和贴吧中的讨论及电商平台中客户的评价等。此时，客户从信息被动接受者变为信息主动搜索者，会基于所获信息进行下一步的考虑和选择。这有效地减少了信息不对称带来决策失误的可能性。

③选择判断。当消费者从不同的渠道获取有关信息后，便对可供选择的产品进行分析和比较，并对各种品牌的产品作出评价，最后作出选择判断。

④购买决定。经过对各种品牌的评价，消费者作出最后的购买决定，一般包括购买时间、地点、购买方式等几个方面的内容。购买决定一经作出，多数情况会付诸实施，但也可能会改变主意，以致修改、推迟或取消购买决定。因此，只让消费者对某一品牌产生好感和购买意向是不够的，真正将购买意向转为购买行动才重要。

案例4-3

决定购买到最终购买的距离

在对100名声称年内要购买A品牌彩色电视机的消费者进行追踪，发现只有44名消费者实际购买了电视机，而真正购买A品牌彩色电视机的消费者只有30名。他们的购买决定受到两个因素的影响。

一是他人的态度。消费者的购买意图会因他人的态度而增强或减弱。他人态度对消费者购买意图的影响程度，取决于他人态度的强弱及其与消费者的关系。一般来说，他人的态度越强、与消费者的关系越密切，其影响就越大。例如，丈夫想买一台大屏幕的彩色电视机，而妻子坚决反对，丈夫就极有可能改变或放弃购买意图。

二是意外的情况。消费者购买意图的形成，总是与预期收入、预期价格和期望从产品中得到的好处等因素密切相关。但是，当他欲购买时，发生了一些意外情况，如因失业而收入减少，因产品涨价而无力购买，或者有其他更需要购买的东西等，这一切都将会使他改变或放弃原有的购买意图。

⑤购后分享评价。购买产品之后，就进入了购后分享评价阶段。消费者对所购产品及售后服务的满意程度，直接影响消费者今后的购买行为。

在消费者购买产品之后，企业还需要做好产品的售后服务，并及时了解消费者对产品的使用意见，不断提高消费者的满意度，使他们成为企业的忠实用户。

在数字时代，社交媒体和工具让人人成为"媒体"，客户获得了空前的权利。他们可以随时、随地分享自己的购买和使用体验。分享的平台可以是微博、微信，也可以是贴吧、论坛及电商平台的产品评价。这样使可以看该则分享信息的人不再局限于发布者的熟人，即使是那些从未谋面的陌生人也可以浏览到这些信息，进而有助于其他客户全面地了解产品和品牌，而这在传统的客户决策过程中是很难实现的。在传统的客户决策过程中，分享要受时间和地点的限制，其受众也大多局限于熟人。

消费者不同的购后感受，会作出不同的决策，如图 4-5 所示。

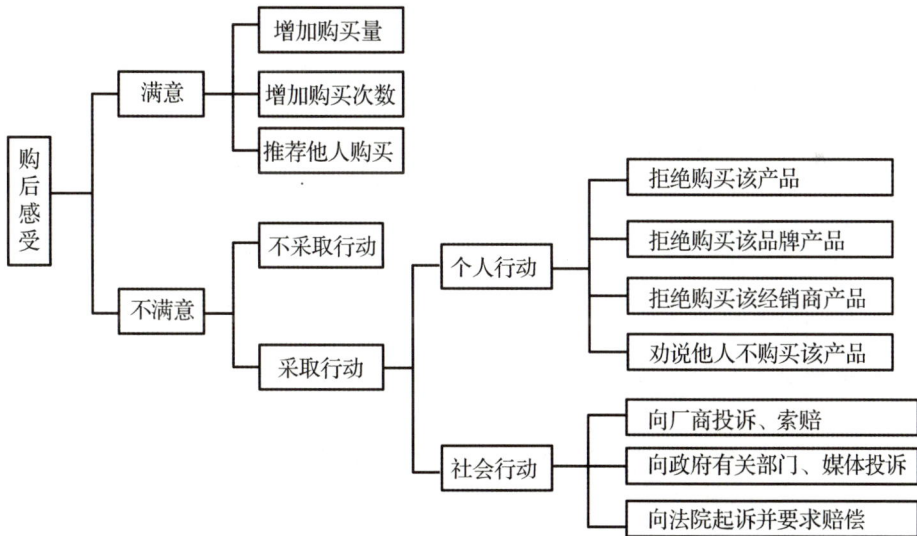

图 4-5　消费者不同购后感受所作决策

4. 消费者(顾客)满意度调研

消费者(顾客)满意度调研是用来测量一家企业或一个行业在满足或超过顾客购买产品的期望方面所达到的程度。消费者(顾客)满意度调研要求完整地列出能够影响消费者满意度的所有因素，而不是企业认为对自己形象具有重大影响的某些因素。

消费者(顾客)满意度调研的目标主要有：①发现导致顾客满意的关键绩效因素；②评估企业的绩效及主要竞争者的绩效；③视问题的严重程度，提出改善建议，并通过不断地跟进调研以实现持续提高消费者的满意度。

常用的消费者(顾客)满意度调研方法有入户访谈法、拦截调查、电话测评、小组座谈会、神秘顾客法等。常用设计量表有利克特量表、语义差别量表、数字量表、序列量表、斯马图量表等。

思政园地

上海市消费者满意度指数

消费者满意度指数通过度量上海市消费者对当地出售具有代表性的商品和服务的满意程度，编制3个层次的满意度指数，包括1个综合指数、7个大类指数和30个规格品指数，从而全面反映上海市消费质量和经济运行质量水平。7个大类指数分别为食品类、衣着类、家庭设备用品及服务类、医疗服务类、交通和通信类、教育文化娱乐服务类、居住类指数。30个规格品在上海市居民消费价格指数目录商品的消费性支出中占了相当大的比重。

消费者满意度指数取值范围为0～100。其中，100表示绝对满意，0表示绝对不满意。

上海市市场监督管理局委托上海大学经济学院，开展2018年上海市消费者满意度调查。此次调查采取入户调查、商场拦截调查和网络调查三种方式进行，共回收10 624份有效问卷，覆盖上海市各区及各大主要商圈。调查结果显示，2018年上海市消费者满意度综合指数为82.3。

4.2.3　生产者市场调研

除了常见的消费者市场外，还有组织市场。组织市场由生产者市场、中间商市场、政府市场组成，如表4-6所示。生产者市场在组织市场中占有重要的地位，下面简要介绍生产者市场的相关内容。

表4-6　组织市场的类型

类　型	含　义	应用范围
生产者市场(产业市场)	为满足工业、农业、服务业买主需求而提供产品和服务的市场	主要交易基本生产设备、原材料、零配件、半成品、消耗品等
中间商市场(转卖者市场)	由以盈利为目的、从事转卖或租赁业务的所有个体和组织构成的市场	由批发商和零售商组成，通过批发和零售将产品大量卖给最终消费者
政府市场	政府和非营利性机构为了提供公共服务而购买公用消费品的市场	政府采购建设工程物资、货物、专业服务、培训等

1. 生产者市场的特点

(1)购买者数量较少但购买规模较大。在消费者市场上，购买者是个人和家庭，购买者数量很大，但购买规模较小。生产者市场上的购买者，绝大多数都是企事业单位，购买目的是满足其一定规模生产经营活动的需要，因而购买者的数量虽少，但购买规模很大。

(2)购买者的地理位置相对集中。国家的产业政策、自然资源、地理环境、交通运输、社会分工与协作、销售市场的位置等因素对生产力空间布局的影响，容易导致其在生产分布上的集中。

（3）生产者市场的需求是派生需求。派生需求又称引申需求，即生产者市场的需求是由消费者市场需求派生和引申出来的。例如，消费者对计算机的需求，派生出计算机厂对计算机生产资料的需求。派生需求要求企业不仅要了解直接服务对象的需求情况，而且要了解消费者市场的需求动向。同时，企业还可通过刺激最终消费者对最终产品的需求来促进自己产品的销售。

（4）生产者市场的需求波动性较大。受经济规律的影响，消费品市场需求的少量增加或减少，会导致生产者市场需求较大幅度的增加或减少；生产者市场的需求更容易受各种环境因素（尤其是宏观环境因素）的影响，从而产生较大的波动。

（5）生产者市场的需求一般都缺乏弹性。生产资料购买者对价格不敏感，生产者市场的需求在短期内缺乏弹性。这首先是因为生产者不能在短期内明显改变其生产工艺。例如，建筑业不能因水泥涨价而减少用量，也不能因钢材涨价而用塑料代替钢材。其次是因为生产者市场需求的派生性，只要最终消费品的需求量不变（或基本不变），派生的生产资料价格变动不会对其销量产生较大的影响。最后是因为一种产品通常是由若干零件组成的，如果某种零件的价值很低，这种零件的成本在整个产品的成本中所占比重很小，即使其价格变动，对产品的价格也不会有太大的影响，因此这种零件的需求缺乏弹性。

2. 影响购买决策过程的因素

生产者市场购买的类型可分为直接重购、修正重购和新购三种。影响生产者购买行为的主要因素有环境因素、组织因素、人际因素和个人因素等。

（1）环境因素。如果经济前景不佳、市场需求不振，企业就不会增加投资，甚至减少投资，减少原材料的采购量和库存量。

（2）组织因素。企业本身的因素，如企业的目标、政策、组织结构、系统等。

（3）人际因素。企业的采购中心通常包括使用者、影响者、购买者、决定者和信息控制者，这五种成员都参与购买决策过程。这些参与者在企业中的地位、职权、说服力及相互之间的关系都会影响产业购买者的购买决策和购买行为。

（4）个人因素。个人因素包括各个参与者的年龄、受教育程度、个性等。这些个人因素会影响对要采购的产业用品和供应商的感觉、看法，从而影响购买决策和购买行为。

讨论

　　某电缆公司部分产品在国内同行业中处于比较领先的地位，其主要客户有中国移动、中国联通、中国电信等级别的大客户。在产业市场上，针对这些大客户，有哪些办法可以成功推销产品？（提示：企业的利益包括组织利益和个人利益，在采购过程中要首先保证组织利益）

3. 生产者市场调研的主要内容

生产者市场调研以生产企业为主要对象，通常将生产者市场同消费者市场联系起来进行考察，重点调研生产者市场的生产消费需要、生产者市场的供应和产品的生命周期等。

生产者市场调研的内容主要有：①产品经营状况的调研；②市场潜力的调研；③产品

性能、式样、造型、色彩、重量等技术质量的调研；④新产品需求的调研。

生产资料供应调研的内容主要有：①生产资料可供量同生产能力的调研；②主要原材料和辅助原材料的调研；③制成品和零配件的调研。

4.2.4　竞争者调查与分析

1. 竞争者调查的内容

市场竞争者是指与企业存在经济利益争夺关系的其他经济主体。竞争者的情况对于企业营销活动至关重要，一般调查下列内容。

(1)宏观竞争状况。现阶段的竞争格局，是自由竞争还是垄断，是多头垄断还是群雄逐鹿；本企业在行业中的地位，选定竞争目标和竞争策略，是目标集中策略、差异化策略，还是低成本领先策略。

(2)主要竞争对手。调查竞争对手的产品、技术、价格、盈利等状况。在调查中，可以设置一些能够量化的指标，确定指标权重，然后根据各指标比较结果确定该企业相对于竞争对手的优势和劣势，从而选择正确的市场营销策略。

(3)潜在竞争对手和替代品。通过对潜在竞争对手的数量、规模、发展变动方向等方面的调查，对替代品的现状和发展趋势的调查，明确本企业当前所面临的威胁和挑战，从而认真分析本企业的营销战略、产品开发、行业介入等各方面，作出正确的决策。

2. 竞争对手分析模型

波特的竞争对手分析模型主要考虑了五个方面，如图4-6所示。

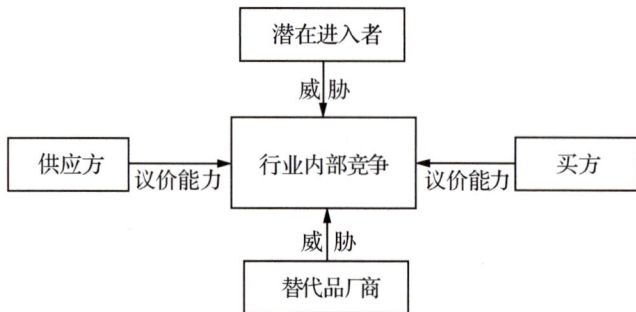

图 4-6　波特竞争对手分析模型

(1)供应方的议价能力。供应方主要通过供应的材料价格与质量，来影响行业中现有企业的盈利能力与产品竞争力。当供应方所提供的材料价格占企业产品总成本的比例较大、对企业产品生产过程非常重要，或者严重影响企业产品的质量时，供应方对于企业的潜在讨价还价能力就会大大增强。

(2)买方的议价能力。买方主要通过压价与要求提供较高的产品或服务质量，以此来影响行业中现有企业的盈利能力。买方购买量巨大、卖方行业由大量规模较小的企业所组成时，会增强买方的议价能力。

(3)潜在进入者的威胁。潜在进入者在给行业带来新的生产能力、新产品的同时，也希望在现有市场中赢得一席之地。这就有可能与现有企业发生原材料与市场份额的竞争，最终导致行业中现有企业的盈利水平降低，严重时还有可能危及这些企业的生存。潜在进入者威胁的严重程度取决于两个方面：一是进入该领域的障碍大小，二是预期现有企业对于进入者的反应情况。

（4）替代品厂商的威胁。替代品的竞争会以各种形式影响现有的竞争格局。首先，现有企业产品售价及获利潜力的提高，将因替代品的存在而受到限制；其次，由于替代品厂商的入侵，使得现有企业必须提高产品质量或降低售价，否则其销量与利润增长的目标就有可能难以实现；最后，源自替代品厂商的威胁强度，受产品买主转换成本高低的影响。替代品价格越低、质量越好、用户转换成本越低，其所能产生的威胁就越强。替代品厂商的威胁强度，可以通过替代品销售增长率、替代品厂商生产能力与利润增长率等指标来表示。

（5）同行业竞争者的竞争。同行业中的企业冲突与对抗构成了现有企业之间的竞争。竞争常常表现在价格、广告、产品、售后服务等方面。

一般来说，出现下述情况时意味着行业中现有企业之间竞争的加剧：①行业进入障碍较低，势均力敌的竞争对手较多，竞争参与者范围广泛；②市场趋于成熟，产品需求增长缓慢；③竞争者企图采用降价等手段促销；④竞争者提供几乎相同的产品或服务，用户转换成本很低；⑤一个战略行动如果取得成功，其收入相当可观；⑥行业外部实力强大的企业在接收了行业中实力薄弱的企业后，发起进攻性行动，结果使得刚被接收的企业成为市场的主要竞争者；⑦退出竞争比继续参与竞争的代价更高。

以上五种竞争力量均会对企业营销造成很大的影响，市场调研需要认真调研具体情况，分析每种竞争力量对企业的影响，采取相应的手段来增强企业的竞争实力。

4.2.5　市场调查类文案的写作

市场调查所涉及的内容极其广泛，凡是直接或间接地影响市场营销的情报资料（如商品情况、消费者情况、销售情况、市场竞争情况、满意度等），都在收集和研究范围之内。市场调查类文案是围绕市场调查过程所写作的各种文书，主要包括市场调查计划书、市场调查报告等。

1. 市场调查计划书

市场调查涉及内容广泛，需要投入一定数量的人、财、物、时间，调查前必须做好充分的准备工作，预先做好调查活动的总体设计和规划。

常用的市场调查计划书一般包括调查目的与内容、调查范围及对象、调查方法、调查日程及调查预算等，具体由以下部分构成。

（1）标题。标题一般采用"调查对象＋调查内容＋调查计划书"的方式组成，如"××电子产品消费情况调查计划书"。

（2）目录。若计划书篇幅较长，应在正文前用目录的形式列出报告的主要章节并注明页码。

（3）目的。说明提出该调查计划的背景，要调查的问题及调查结果可能带来的社会效益或经济效益。

（4）内容。说明调查的主要内容，明确所需获取的信息，列出主要的调查问题。

（5）对象。本次调查的范围及所要调查的总体。

（6）方法。说明本次采用哪种或哪几种调查方法。常用的调查方法有询问法、观察法、实验法等。

(7)日程安排。调查活动中各阶段的进程,整个调查工作完成的期限。

(8)人员安排与组织。调查的组织领导、调查机构的设置、人员的选择和培训、调查的质量控制等。

(9)经费预算。经费预算既要全面细致,又要实事求是。符合实际的预算将有利于调查方案的审批和调查工作的顺利进行。

📖 知识链接

市场调查经费的构成

市场调查经费通常包括:①调查方案设计费与策划费;②抽样设计费、实施费;③问卷设计费,包括测试费;④问卷印刷费、装订费;⑤调查实施费用,包括试调查费用;⑥异地实施差旅费、交通费及其他杂费;⑦数据录入费,包括问卷编码、数据录入、整理费用;⑧数据统计分析费,包括上机、统计、制表、作图及必需品花费等;⑨调查报告撰写费;⑩资料费、复印费等办公费用;⑪管理费、税金等。

【市场调查计划书范例】

华东地区高档手机市场调查计划书

为配合"天意"手机进入华东市场,评估手机营销环境,制定相应的广告策略及营销策略,预先进行华东地区手机市场调查大有必要。本次市场调查拟围绕消费者、市场、竞争者展开。

一、调查目的

(一)调查的根本目的

为"天意"手机进入华东市场进行广告策划提供客观依据,同时为"天意"手机的销售提供客观依据。

(二)调查的直接目的

1. 了解华东地区手机市场状况。

2. 了解华东地区消费者的人口统计学资料,测算手机市场容量及潜力。

3. 了解华东地区消费者对手机的消费观念和消费习惯。

4. 了解华东地区已购高档手机的消费者情况。

5. 了解竞争对手的广告策略、销售策略等。

二、市场调查内容

(一)消费者

1. 消费者统计资料:年龄、性别、收入、文化程度、家庭构成等。

2. 消费者对手机的消费形态:主要用途、购买花费、月话费额等。

3. 消费者对手机的购买形态:购买过的手机类型、购买地点、选购标准、付款方式等。

4. 消费者理想的手机产品的描述。

5. 消费者对手机类产品广告的反应。

(二)市场

1. 华东地区手机产品的种类、品牌、销售状况。

2. 华东地区消费者需求及购买力状况。

3. 华东地区市场潜力测评。

4. 华东地区手机的销售渠道。

(三)竞争者

1. 华东市场上现有高档手机的品牌、产区、价格。

2. 市场上现有手机的销售状况。

3. 各品牌、各类型手机的主要购买者描述。

4. 竞争对手的广告策略及销售策略。

三、调查对象及抽样

高档手机作为高档次、高价位的产品,购买者多为收入较高者。因此,在确定调查对象时,应适当针对目标消费者,点面结合,有所侧重。

(一)调查对象组成及抽样

1. 消费者:300 户,其中家庭月收入 30 000 元以上的占 50%。

2. 经销商:20 家,其中大型综合商场 6 家、中型综合商场 4 家、电子产品专卖店 4 家、手机专卖店 4 家、小型综合商场 2 家。

(二)消费者样本要求

1. 家庭成员中无人在电子产品生产单位或经销单位工作。

2. 家庭成员中无人在市场调查公司工作。

3. 家庭成员中无人在广告公司工作。

4. 家庭成员中无人在最近半年接受过类似产品的市场调查测试。

四、市场调查方法

(一)以访谈为主

户访、售点访问。

(二)访员要求

1. 仪表端正、大方。

2. 举止得体,态度亲切、热情,具有把握谈话气氛的能力。

3. 经过专门的市场调查培训,专业素质较好。

4. 具有市场调查访谈经验。

5. 具有认真负责、积极的工作精神及职业热情。

五、市场调查程序及安排

第一阶段:初步市场调查 2 天。

第二阶段:计划阶段。制订计划 2 天,审定计划 2 天,确认修正计划 1 天。

第三阶段:问卷阶段。问卷设计 2 天,问卷调整、确认 2 天,问卷印制 1 天。

第四阶段:实施阶段。人员培训 2 天,实施执行 10 天。

第五阶段:研究分析。数据输入处理 2 天,数据研究、分析 2 天。

第六阶段:报告阶段。报告书写 7 天,报告打印 1 天。

六、人员安排与组织

本次调查需要的人员有调查督导、辅助督导、调查人员、复核员四种,人员的具体配置如下。

调查督导:1 名。

辅助督导:1 名,负责协助进行访谈、收发和检查问卷、发放礼品。

调查人员:20 名,其中 15 名对消费者进行问卷调查,5 名对市场进行深度调查。

复核员:2 名。问卷的复核比例为全部问卷的 30%,全部采用复核方式,复核时间为问卷回收的 24 小时以内。

七、经费预算(略)

2. 市场调查报告

市场调查报告是市场调查人员运用科学的方法，在对调查获得的信息等进行收集、记录、整理、研究分析的基础上所写出的书面文字材料，是市场调查研究成果的集中体现。一份好的市场调查报告，不仅能为企业的决策提供客观依据，还能对企业的市场经营活动起到有效的导向作用。

市场调查报告没有固定的格式，研究人员可依据不同的调查目的、调查内容及主要用途来决定市场调查报告的具体格式。市场调查报告一般包括以下几部分。

(1) 标题。市场调查报告的标题一般都应把被调查对象、调查内容明确而具体地表达出来。标题的基本要求为简单明了、高度概括、题文相符。常见的有：①公文式标题，如《××关于××市场情况的调查》；②正副式标题，如《儿童玩具安全令人担忧——关于××市××的专题调查》；③新闻式标题，如《市场定位准确是××经营成功的关键》。

(2) 目录。若报告篇幅较长，则应在正文前用目录的形式列出报告的主要章节并注明页码。一般来说，目录的篇幅不宜超过一页。

(3) 引言。简要交代调查目的、原因、对象，概要介绍调查研究的方法、调查内容(含调查时间、地点、范围、调查要点及所要解答的问题等)。也可在引言中先写调查的结论或直接提出问题等，这种写法能增强读者阅读报告的兴趣。

(4) 主体。主体是调查报告的重要部分，直接决定调查报告的质量高低。要写好这部分内容，就要善于运用材料来表现调查的主题。这就要求撰写者能在写作过程中运用科学的分析研究方法将收集来的各种材料有机地组织起来，体现提出问题、分析问题、引出结论的全部过程。除此之外，文案中还应当有可供决策者进行独立思考的全部调查结果和必要的信息，以及对这些情况和内容的分析、评论。

(5) 结论和建议。通过对主体相关内容的总结，得出结论，并在此基础上提出解决问题的有效措施、方案与建议。结论和建议与主体部分的论述应紧密对应，不可提出无证据的结论，也不要进行没有结论性意见的论证。

(6) 附件。附件是一些与正文有关但未在正文中展开描述而必须附加说明的内容。它是对正文报告的补充或更详尽的说明，一般是有关调查的数据汇总、统计图表、有关材料出处、参考文献和相关报告等。

(7) 落款。注明报告单位或报告人和报告时间。

▶ 4.3 任务实施与心得

4.3.1 任务实施

1. 确定调查的目标，设计问卷

本次调查是了解公司现有智能手机产品的主要客户群体及其行为特点；确定主要的竞争对手，了解竞争对手的产品特点、市场占有率、渠道信息等。通过分析中国产业信息网上的相关数据，确定各品牌手机的市场占有率，了解目前各品牌手机的覆盖范围及价格区间，确定本公司的主要竞争对手。

2. 通过互联网查找第二手资料，获取主要竞争对手的相关信息

2020 年中国智能手机市场出货量约为 3.26 亿台，同比下降 11.2%。在中国市场，排名前五的智能手机厂商依次是华为、vivo、OPPO、小米、苹果。从市场份额来看，华为依旧是中国市场最受欢迎的手机品牌，其市场份额达到了 38.3％，总出货量为 1.24 亿台。但在中美贸易争端和新型冠状病毒感染疫情的影响下，华为的整体出货量在 2020 年下降了 11.2％。

3. 调查消费者的情况，获取第一手资料

采用多种方法从多种渠道来了解相关信息，完成调查数据的收集工作，具体如表 4-7 所示。

表 4-7　天一公司实地市场调查

调查方法	调查内容
观察法	了解不同销售地点和场所的人流量及不同人群关注的手机类型，各销售点热销的手机款式、品牌及功能，了解竞争对手的销售策略及促销活动，确定目标客户群体及其消费行为
询问法	询问消费者当前使用手机的状况，了解消费者的背景信息，消费者对产品的满意程度，影响消费者购买手机的因素，消费者手机的消费情况，消费者对手机功能的需求信息，消费者对"天意"手机的认知情况及了解途径

4. 完成调查报告，给公司领导决策提供参考

通过本次调查，确定目前时尚手机"天意"的价格在 1 500～2 500 元，手机采用智能操作系统，支持软件安装和升级，以学生与农村地区消费者为主攻市场。鉴于天一公司的品牌占有率较低，品牌影响力也较低，其直接的竞争对手不是三星、苹果等品牌，而应该定位于国内时尚手机品牌。

4.3.2　实施心得

1. 正确选定方法，确定直接竞争对手

(1)定位地图法。用图表的方法来确定企业或产品最有力的竞争对手。运用该方法可以确定主要竞争对手及它们在竞争中的地位。

(2)企业直接指定法。企业根据产品形式、行业、品牌和消费者愿望，划分为不同类型的市场竞争，然后依据经验在同类型的市场竞争中直接指定竞争对手。

2. 善于利用各种工具，提高效率

可参考相关网站进行市场调研问卷设计，善于利用网络来提高问卷质量，节约时间，提高效率。常用的网站有 3see 市场研究信息网、艾瑞网、问卷星等。

▶ 4.4　知识拓展：市场预测

1. 市场预测的内容

市场调研是对历史数据的收集，但企业更关心的是对市场未来变化和发展的把握。因此，在市场调研的基础上，企业需要作出市场预测。

市场预测是指企业在通过市场调查获得一定资料的基础上，根据企业的实际需要及相关的现实环境因素，运用已有的知识、经验和科学方法，对企业和市场未来发展变化的趋势作出分析与判断，为企业营销活动等提供可靠依据的一种活动。可以说，市场预测是在模拟市场规律。

市场预测的内容非常广泛，从宏观方面看，主要是对国民收入和人口增长的预测、对居民购买力的预测、对市场需求量及其发展变化趋势的预测等；从微观方面看，主要是根据市场供求变化，对企业营销活动具有较大影响的因素进行预测。预测的主要内容包括以下几个方面，如表4-8所示。

表4-8　市场预测的内容

预测内容	含　义	实施内容
市场需求预测	通过对过去和现在的商品销售状况及影响市场商品需求诸因素的分析与判断，预测未来市场商品需求量及需求结构的发展变化趋势	需求总量的预测 需求影响因素的预测 需求变化特征的预测
商品供给预测	主要是生产预测，着重分析影响市场供应的各种因素，测算各类产品的生产能力、产量、产品结构及产品升级换代的潜力，考察商品供给与商品需求的适应程度	市场总的生产能力的预测 主要竞争对手的供给情况的预测 市场中各种产品的特点变化的预测
市场占有率预测	预测企业市场占有率的发展趋势及其影响因素，充分估计竞争对手的变化，并对各种影响企业市场占有率的因素加以分析	本企业产品市场地位的预测 竞争对手市场占有率的预测 对潜在竞争对手的预测
新产品开发预测	对新科学技术与产品发展的预测、产品的生命周期的预测、资源(人力与物质)开发的预测等	现有产品生命周期的预测 新产品发展前景的预测 产品资源变动趋势的预测
产品价格变动趋势预测	预测产品价格涨落及其发展趋势	产品成本构成因素变化趋势的预测 供求关系对价格影响的预测

2. 市场预测的程序

市场预测要遵循一定的程序，一般分为以下几个步骤。

(1)确定预测目标。先要确定预测目标，然后根据预测目标选择预测方法，决定收集资料的范围与内容，做到有的放矢。

(2)选择预测方法。根据预测目标，以及企业的人力与财力、企业可以获得的资料，尽早确定预测方法。定性预测不需要建立模型，定量预测必须建立模型。针对同一问题，定量预测可以建立多个模型，可以结合使用，但要尽可能简单易行。

(3)收集市场资料。广泛收集影响预测结果的一切资料，注意辨别资料的真实性和可靠性，剔除含有偶然性因素的不正常状况，是定量预测模型建立的基础条件。

(4)进行预测。此阶段就是按照选定的预测方法，利用已经获得的资料进行预测，计算预测结果。

(5)预测结果评价。市场预测只是一种估计和推测，必然与市场的实际情况存在偏差。所以，还要通过对预测数字与实际数字的差距进行分析比较，以及对预测模型进行理论分析，对预测结果的准确和可靠程度作出评价。预测值要与过去同期实际值、时间序列资料的变化相比较。

(6)编写预测报告。市场预测报告是市场预测结果的反映，预测报告与调研报告格式相似，尽可能用统计图表来展示预测结果。

3. 市场预测的方法

（1）定性预测法。定性预测法也称直观判断法，是市场预测中经常使用的方法。定性预测法主要依靠预测人员所掌握的信息、经验和综合判断能力，预测市场未来的状况和发展趋势。这类预测方法简单易行，特别适用于那些难以获取全面的资料进行统计分析的问题。定性预测法包括顾客意向调查法、销售人员意见综合法、德尔菲法、市场测试法等。

（2）定量预测法。定量预测法是根据已掌握的比较完备的历史统计数据，运用一定的数学方法进行加工整理，借以揭示有关变量之间的规律性联系，用于预测和推测未来发展变化情况的一类预测方法。定量预测大体上可分为时序预测法、因果分析法两类。

▶ 4.5 思政案例

新时代高质量发展的人口机遇和挑战

第七次全国人口普查为高质量发展提供有力的信息支持。数量、结构、素质、分布是人口的基本范畴，第七次全国人口普查主要数据公报从这些方面出发，清晰地绘制出中国近 10 年间的人口发展"全景图谱"。

从人口数量看，近 10 年间，中国总人口数增长速度延续放缓势头。2020 年，大陆地区人口总体规模达到 14.1 亿人，相较于 2010 年"六人普"时，增加 7 205 万人，其年平均增长率为 0.53％。这一增量比从 2000 年"五人普"到 2010 年"六人普"的 10 年间减少 185 万人，增速降低 0.04 个百分点。

从人口结构看，近 10 年间，中国已跨过了第一个快速人口老龄化期。我们很快还需应对一个更快速的人口老龄化期。2020 年，大陆地区 60 岁及以上的老年人口总量为 2.64 亿人，已占到总人口的 18.7％。自 2000 年步入老龄化社会以来的 20 年间，老年人口比例增长了 8.4 个百分点。其中，从 2010 年"六人普"到 2020 年第七次全国人口普查的 10 年间升高了 5.4 个百分点，后一个 10 年明显超过前一个 10 年，这主要与 20 世纪 50 年代第一次出生高峰所形成的人口队列相继进入老年期紧密相关。

从人口素质看，近 10 年间，中国人口教育水平又有新的较大幅度跨越。我们可在高等教育大众化时代中收获更多"人口质量红利"。2020 年，大陆地区每 10 万人中具有大学文化程度的达到 15 467 人，比 2010 年"六人普"时高出 6 537 人，高中文化程度的相应比例同期也有升高，初中文化程度、小学文化程度比例及不识字率则在降低。这无疑是中华人民共和国成立后，特别是改革开放后，教育事业持续发展所结出的硕果。

从人口分布看，近 10 年间，中国常住人口城镇化率在突破 50％后仍保持快速增长趋势，我们还将延续大规模的乡城迁移流动。2020 年，大陆地区常住人口城镇化率达 63.9％，相较于 2010 年"六人普"时的 49.7％，上升了 14.2 个百分点。人口迁移流动是城镇化率从 2010 年"六人普"到 2020 年第七次全国人口普查相继冲上 50％和 60％大关的主推进力，广东省也由此继续成为人口数量第一大的省份。

试分析：

（1）为什么要开展人口普查？普查与抽样调查有什么不同？

（2）第七次人口普查调查了哪些内容？

▶ 4.6　业务技能训练

4.6.1　自测习题

1. 单选题

(1)影响消费需求变化的最活跃的因素是(　　)。

　　A. 个人可支配收入　　　　　　　　　B. 可任意支配收入

　　C. 个人收入　　　　　　　　　　　　D. 人均国内生产总值

(2)按照研究性质不同,可以将市场调查分为探测性调查、描述性调查和(　　)。

　　A. 因果性调查　　B. 全面性调查　　C. 宏观调查　　D. 微观调查

(3)在调查问卷题目设置中形式灵活,对提出的问题不列出答案,由被调查者自由回答和解释的问题是(　　)。

　　A. 封闭式问题　　B. 表格式问题　　C. 关联式问题　　D. 开放式问题

(4)生产者市场具有(　　)的特点。

　　A. 购买者数量少　　B. 购买需求富有弹性　C. 购买量小　　D. 一般为自发需求

(5)当消费者选购价格昂贵、购买次数较少、需谨慎挑选的产品时所表现出来的高介入的购买行为属于(　　)。

　　A. 习惯型购买行为　　　　　　　　　B. 广泛选择型购买行为

　　C. 不协调感型购买行为　　　　　　　D. 复杂型购买行为

2. 判断题

(1)首先提出购买某种商品的人是商品购买过程中的决策者。　　　　　　　(　　)

(2)人们通过各种渠道所收集到的文件、数据、图表、新闻报道都是原始资料。(　　)

(3)市场调查是市场营销工作的一个组成部分。　　　　　　　　　　　　　(　　)

(4)消费者市场是指所有购买产品或服务的个人和家庭。　　　　　　　　　(　　)

(5)在产业用品的购买决策中具有决定权的是使用者。　　　　　　　　　　(　　)

4.6.2　课堂训练

1. 什么是市场调研?它有哪些方法?

2. 简述市场调研的步骤。

3. 影响消费者购买的主要因素有哪些?

4. 简述波特竞争对手分析模型的内容。

5. 案例分析

北京汇源饮料食品集团有限公司(以下简称"汇源")是国内果汁行业的龙头企业。山西省万荣县是国家贫困县,当地出产的苹果价格 0.30 元/千克,却由于运输成本过高运不出去。因此,万荣县领导热切希望汇源能在当地建立一家加工浓缩果汁的工厂。汇源经过调查分析,得出在当地建厂的好处包括:第一,在税收和用地等方面能享受优惠政策;第二,当地盛产苹果,原料便宜,有利于控制成本;第三,帮助果农解决困难,能有效提升企业的社会形象。在当地建厂的不足包括:第一,需要投入新的生产线,汇源在全国一共有 20 多个工厂,在万荣县的周边,陕西咸阳、山西和河南都有自己的工厂;第二,万荣县周边经济欠发达，消费者没有消费果汁的习惯，把浓缩果汁运往其他消费地，运输成本会增加；第三，地理位置较远，工厂的建设成本和管理成本都会增加。公司上一年度年收入为20亿元，在万荣建厂需要2亿元。

如果你是决策者，你是否会选择投资建厂？请详细说明你的分析结论和理由。

4.6.3　实训操作

1. 通过网络调查，了解江苏天地木业有限公司国内的主要竞争对手及其产品特点，提交一份简短的调查报告。

2. 通过实地调查，了解当地某家旅行社提供的主要产品，针对"亲子游"进行一次消费者行为的调查，掌握"亲子游"消费者行为的特征，分组制作PPT并汇报，汇报时间为10分钟。

3. 调查不少于100名的本校学生，了解如下信息：他们最喜欢的手机品牌有哪些？男大学生和女大学生喜欢的手机品牌有什么区别？价格对其选择有什么影响？

4. 上海哈贝利日化有限公司是一家以生产光触媒室内污染治理产品为主的高科技公司，其光触媒产品在常州市场的占有率不高。为了打开治理装修污染产品的常州市场，评估哈贝利产品的营销环境，制定相应的营销策略，该公司决定进行装修污染净化产品的相关市场调查。请确定市场调研方案，以常州市场环境、消费者偏好、竞争者特点为中心来进行调研，团体合作完成调研报告。

任务 5　选择企业目标市场

●●●●●思维导图

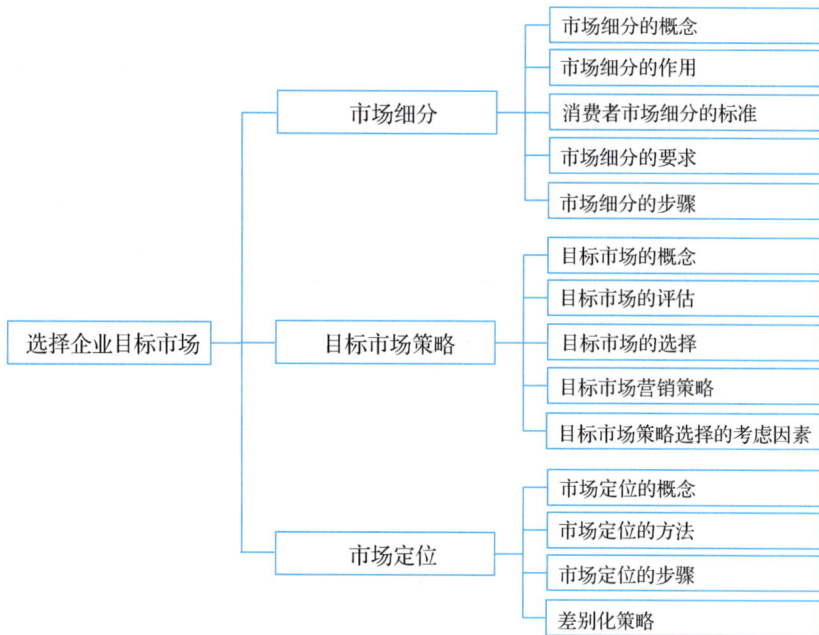

●●●●●知识目标

1. 熟悉市场细分的标准和步骤；
2. 掌握三种目标市场策略的内容；
3. 掌握市场定位的方法、步骤和策略。

●●●●●能力目标

1. 能够选定市场细分变量，对产品市场进行细分；
2. 能够通过对细分市场评估来选择目标市场；
3. 能够针对目标市场进行正确的市场定位。

●●●●●素质目标

1. 树立竞争意识、合作意识、双赢意识；
2. 具有良好的职业道德和团队合作精神。

▶ 5.1 任务描述与分析

5.1.1 任务描述

沈建龙他们已经大致熟悉了手机生产企业微观环境和宏观环境的构成因素，重点了解了天一公司的营销理念和战略。

天一公司手机的销售受到新型冠状病毒感染疫情很大的冲击，原来的无差异性营销策略已经不再适合当前的形势。公司张总经理要求市场部仔细研究手机市场，对无差异性营销策略作出重大调整，对整个手机市场进行细分，明确公司的目标市场，进行正确的市场定位，重整公司的业务。沈建龙、小王、小杨和小顾又投入到紧张的市场细分工作中。

5.1.2 任务分析

一个企业无法满足整个市场的全部需求。这就需要企业进行市场细分，然后确定目标市场。市场细分是目标市场营销的起点和基础。企业需要在市场调研的基础上，识别不同消费群体的差别，将不同消费者群体划分为若干个细分市场，然后选择某一特定或若干个消费群体作为企业的目标市场，并制定具有针对性的目标市场策略，发挥企业自身的优势，满足目标消费者的需要。

确定了目标市场后，还要进行正确的市场定位，将本企业与其他企业严格区分开来，使顾客明显感觉和认识到这种差别，从而在顾客心目中占有特殊的位置。企业市场定位是为了获取竞争优势。目标市场营销可以分三步进行，即市场细分（market segmentation）、确定目标市场（market targeting）和市场定位（market positioning），简称 STP，如图 5-1 所示。

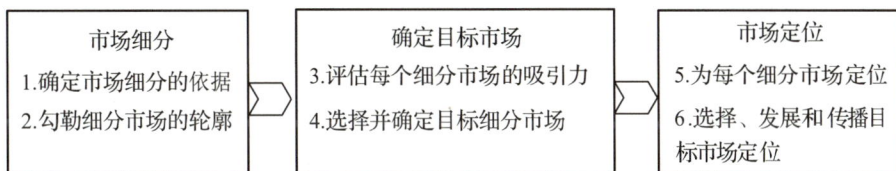

市场细分	确定目标市场	市场定位
1.确定市场细分的依据 2.勾勒细分市场的轮廓	3.评估每个细分市场的吸引力 4.选择并确定目标细分市场	5.为每个细分市场定位 6.选择、发展和传播目标市场定位

图 5-1 目标市场营销的步骤

扫描二维码，获取 STP 战略的教学动画。

教学动画	学习笔记

▶ 5.2 相关知识

5.2.1 市场细分

1.市场细分的概念

市场细分的概念是美国市场学家温德尔·史密斯(Wendell R. Smith)于20世纪50年代中期提出来的。市场细分是指营销者通过市场调研,根据消费者需求的差异性,把某一产品的整体市场划分为若干个在需求上具有某种相似特征的顾客群,以便选择和确定目标市场的工作过程。

细分市场不是根据产品品种、产品系列来进行的,而是从消费者的角度进行划分的。由于受许多因素的影响,不同的消费者通常有不同的欲望和需求,因而有不同的购买习惯和行为。正因如此,企业营销人员可以按照这些因素,把整个市场划分成若干不同的细分市场。每一个细分市场都是由具有相同需求倾向的消费者构成的群体,一个消费者群体便是一个细分市场。市场细分的结果就是区分出具有不同欲望和需求的消费者群体。

📖 知识链接

市场细分的依据、目的和条件

市场细分的依据是消费者需求的差异性。由于消费者所处的地理环境、社会环境及自身的受教育程度、心理因素都是不同的,他们对产品的价格、质量、款式、服务等的要求也不尽相同,必然存在消费需求的差异性。企业只有抓住消费需求的差异性,才能把握市场细分的规律。

各个不同的细分市场之间,消费者的需求存在明显的区别;而在每个细分市场内,消费者的需求却具有相似性。在同一个细分市场上,消费者群体具有相同或相似的需求、欲望、消费习惯和购买特点。

市场细分的最终目的是选择和确定目标市场,并在此基础上,运用各种可控因素,实现最优化组合,以达到企业的市场营销目标。

企业的资源限制和有效竞争是市场细分的外在强制条件。任何一个企业都不可能为市场提供满足所有消费者需求的产品或服务,而只能在自身资源和能力所允许的范围内,生产和提供某类或某几类产品或服务,以满足某些消费者群体的部分需求。在激烈的市场竞争中,市场细分战略有助于企业为市场提供更好的产品或服务,满足目标消费者的需求,提高消费者的忠诚度,力争取得最大的竞争优势。

2.市场细分的作用

把日趋同质化的市场划分为差异化的细分市场,企业能够集中精力,有效地选择与企业资源和能力相匹配的市场,从而获得竞争优势。因此,市场细分对企业的生产、营销起着极其重要的作用。

(1)市场细分有利于企业寻找市场机会,开拓新市场。消费者的需求是多样化的,总会存在尚未满足的需求,这种尚未满足的需求就是市场机会。只要企业对每个细分市场都进行分析,掌握不同市场消费者的需求,从中发现各细分市场消费者的满足程度,就可以找到对企业有利的市场机会。

(2)市场细分有利于掌握市场特点，制定市场组合策略。通过市场细分，企业可以正确选择目标市场，采取相应的营销组合，制定正确的产品策略、价格策略、分销策略和促销策略，实现企业的营销目标。

(3)市场细分有利于利用营销资源，创造经济效益。通过市场细分，企业可以选择最适合自己经营的细分市场，集中营销资源，发挥营销优势和特色，取得局部市场上的相对优势，从而在竞争激烈的市场中得以生存和发展。

3. 消费者市场细分的标准

市场细分的依据是顾客需求的差异性，所以凡是使顾客需求产生差异的因素都可以作为市场细分的标准。消费品市场的细分标准可以概括为地理标准、人口标准、心理标准和行为标准四大类，每一大类又包括一系列的细分变量。

扫描二维码，获取市场细分标准的微课视频。

微课视频	学习笔记
	＿＿＿＿＿＿＿＿＿＿＿＿＿＿＿＿＿
	＿＿＿＿＿＿＿＿＿＿＿＿＿＿＿＿＿
	＿＿＿＿＿＿＿＿＿＿＿＿＿＿＿＿＿

(1)地理标准。地理标准是将消费者所在的地理环境因素作为市场细分的标准。地理环境因素比其他因素更稳定，是市场细分的主要标准之一。一般来说，处在不同地理环境下的消费者，对于同一类产品往往会有不同的需要与偏好，对企业产品、价格、分销、促销等营销手段也会产生不同的反应。

地理标准一般包括地理位置(东北、华北、西北、西南、华东和华南；欧盟、北美、东南亚等)、城镇规模(特大城市、大城市、中等城市、小城市和乡镇等)、地形(平原、丘陵、山区、沙漠等)和气候(热带、亚热带、温带、寒带等)等细分变量。

(2)人口标准。人口标准是指把人口统计变量(如年龄、性别、职业、民族、教育程度)、家庭统计变量(如家庭收入、家庭生命周期)等因素作为市场细分的标准，如表 5-1 所示。

表 5-1　人口标准的主要细分变量

人口统计变量	年龄	儿童、少年、青年、中年、老年等
	性别	男性、女性
	职业	普通职员、专业技术人员、管理人员等
	民族	汉族、少数民族等
	教育程度	小学及以下、初中、高中、大专、本科、研究生等
家庭统计变量	家庭收入	高收入、次高收入、中等收入、次低收入、低收入等
	家庭生命周期	单身、新婚、满巢、空巢、鳏寡等

由于人口统计因素比其他因素更容易测量，且人口是构成市场最主要的因素，因而人口统计因素一直是细分消费者市场的重要依据。

知识链接

女性消费者市场

女性消费者包括家庭主妇、待业主妇、职场女性等。

女性的决策过程与男性不同，常常在决策前收集很多新的信息，以作出最佳选择。女性通常要在店内或者网上货比三家，还会从亲友处寻求意见，并愿意接受他人的建议，以找到最佳的产品或服务。而男性的购买心理十分简单，购买搜索次数有限，买东西的时间越短越好。

对营销人员来说，女性收集信息的特性能带来利润。因为这意味着营销交流和用户游说不会是无用功，女性会注意所有的信息。

此外，女性还是有大局观的客户。她们考虑更多的内容，包括功能性、情感收益、价格和喜好在内的各种因素，然后再评定产品或服务的价值。对于一些家居用品，女性考虑更多的是其对整个家庭的价值。

（3）心理标准。心理标准是把消费者的心理特征作为市场细分的标准。按照地理和人口等标准划分处于同一群体中的消费者对同类产品的需求，仍会显示出差异性，这可能是消费者的心理因素在发挥作用。

心理因素包括个性、购买动机、价值观念、生活格调、追求的利益等变量。比如，追求不同生活格调的消费者对商品的爱好和需求有很大差异。越来越多的企业，尤其是服装、化妆品、家具、餐饮等行业的企业越来越重视按照人们的生活格调来细分市场。

性格特点、价值观、购买动机、购买态度等心理因素会对消费者的需求产生很大的影响，往往会表现出不同的消费心理特征。因此，可以把消费者按生活格调、性格特点、购买动机、购买态度等因素细分成不同的群体。心理标准的主要细分变量，如表 5-2 所示。

表 5-2　心理标准的主要细分变量

性格变量	个性	外向与内向、乐观与悲观、自信、顺从、保守、激进、热情等
	购买动机	求实、求廉、求新、求美、求名、求安等
	购买态度	分析型、主导型、融合型、冲动型等
生活方式变量	社会阶层	社会富裕阶层、社会中产阶层、社会底层等
	生活方式	传统型、新潮型、节俭型、奢侈型等

知识链接

不同类型顾客的细分

分析型顾客头脑冷静，不喜欢冒险，不太受外界(如商品广告、促销、包装)的影响，善于接受各种信息以便于作决定，购买后很少后悔。他们的典型特征是喜欢提问、精明、喜欢商品物有所值、注意细节。

主导型顾客喜欢取得成功的感觉，享受成就感，有很确定的购买目标，不太能够听取他人的意见。他们的典型特征是主观、态度明确、不喜欢接受他人的意见、不喜欢别人附和自己。

融合型顾客在购物时没有固定目标，购买行为较随意，会尝试性地购买。他们的典型特征是和善、热情、善于交谈、不挑别、没有明显主张、乐于接受他人的建议。

冲动型顾客在购物时仅凭个人的兴趣喜好、当时的心情或其他偶然因素选择商品，不太考虑商品的实际效果、实用性和价格等因素，比较注重商品的包装、外观效果等。他们的典型特征是购物时决定快、选择较主观。

需要注意的是，心理因素与地理因素、人口因素不同，它可以通过企业的营销努力来加以改变。例如，通过广告宣传能改变人们的消费观念，从而创造需求。

（4）行为标准。行为标准是把消费者的购买行为因素作为市场细分的标准。消费者的购买行为受到购买时机、购买数量、购买频率、追求利益、品牌忠诚度等诸多因素的影响，如表 5-3 所示。

表 5-3　行为标准的主要细分变量

消费过程变量	购买时机	元旦、春节、中秋、国庆等
	购买阶段	确认需要、收集信息、评价选择、决定购买、购后行为等
	购买数量	大量用户、中量用户和少量用户等
	购买频率	经常购买、一般购买、不常购买（潜在购买者）等
	使用状况	从未用过、以前用过、初次使用、经常使用等
	追求利益	质量、服务、经济等
消费者态度变量	品牌忠诚度	坚定品牌忠诚者、多品牌忠诚者、无品牌忠诚者等
	对产品态度	热情、积极、关心、漠然、否定、敌视等

知识链接

产业市场细分的标准

产业市场又称生产资料市场。消费品市场的细分标准有很多都适用于产业市场的细分，如地理环境、气候条件、交通运输、追求利益、使用率、对品牌的忠诚度等。但由于产业市场自身的特点，企业还应采用一些其他标准来进行细分，最常用的有用户的要求、用户经营的规模、用户的地理位置等标准。

1. 按用户的要求细分

产品用户的要求是产业市场细分最常用的标准。企业应针对不同用户的需求，提供不同的产品，设计不同的市场营销组合策略，以满足用户的不同需求。

2. 按用户经营的规模细分

用户经营规模也是细分生产资料市场的重要标准。用户经营规模决定其购买能力的大小。大客户数量虽少，但其生产规模大、购买数量多；小客户数量多，分散面广，购买数量有限。许多时候，和一个大客户的交易量相当于与许多小客户的交易量之和，失去一个大客户，往往会给企业造成严重的后果。因此，企业应按照用户经营规模建立相应的联系机制和确定恰当的接待制度。

3. 按用户的地理位置细分

每个国家或地区大都在一定程度上受自然资源、气候条件和历史传统等因素影响，形成若干工业区。这就决定了产业市场往往比消费品市场在区域上更为集中，地理位置因此成为细分生产资料市场的重要标准。企业按用户的地理位置细分市场，选择客户较为集中的地区作为目标市场，有利于节省推销成本，而且可以合理规划运输路线，节约运输费用。

4. 市场细分的要求

(1)可区分性。细分市场必须是可以清晰区分的，具体表现为可以用人口统计学、情感价值数据、行为方式数据进行描述。比如，女性化妆品市场可根据年龄层次和肌肤类型等变量加以区分。

如果细分过于模糊，企业对于细分市场的特征、客户的特性和数量都一无所知的话，这样的细分就失去了意义，因为企业根本不知道如何制定有效的推广策略在目标市场上进行营销。

(2)可衡量性。可衡量性是指细分市场的标准及细分后的市场应该可以识别和衡量。细分以后的市场规模、市场购买力应该能够进行准确的量化评估。

(3)可进入性。可进入性是指企业有能力进入所选定的市场，能有效地进行促销和分销。企业需要具备以下两个条件：第一，企业能够通过一定的广告媒体把产品的信息传递给该市场众多的消费者；第二，产品能通过一定的销售渠道进入该市场。

(4)可盈利性。可盈利性是指细分出来的市场要有足够的市场容量，使企业能够获取目标利润。市场容量不仅要考虑现实的购买力，还要考虑潜在的购买力。

(5)相对稳定性。相对稳定性是指在一段相对稳定的时期内，企业能够实施市场营销方案，进入细分后的市场，从而获取利润。如果市场变化太快，企业还没有来得及实施其营销方案，目标市场就已改变，这样的市场细分就没有意义。

5. 市场细分的步骤

美国市场学家麦卡锡提出细分市场的一整套程序，包括七个步骤，称为"细分程序七步法"，如图5-2所示。

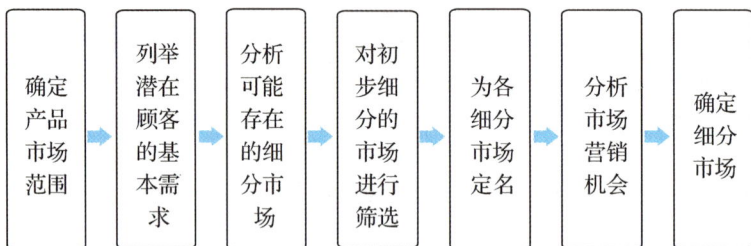

确定产品市场范围 → 列举潜在顾客的基本需求 → 分析可能存在的细分市场 → 对初步细分的市场进行筛选 → 为各细分市场定名 → 分析市场营销机会 → 确定细分市场

图5-2　市场细分的步骤

(1)确定产品市场范围。确定产品市场范围是市场细分的基础。产品市场范围应由顾客的需求来确定，而不是由产品本身特性来确定。例如，A房地产公司计划在当地乡村建造一批简朴的住宅，若只考虑产品特征，应该认为这些住宅的销售对象是低收入顾客。但从市场需求角度出发，高收入者也可能是这些住宅的潜在顾客。因为有些高收入者向往乡间的清静和清新的空气，从而可能成为这种住宅的顾客。

(2)列举潜在顾客的基本需求。确定了产品市场范围后，可以从地理、人口、心理等方面列举出影响产品市场需求和消费者购买行为的各种因素，为市场细分提供依据。A房地产公司通过市场调查，了解潜在消费者对乡间住宅的基本需求。这些需求包括安全、方便、宁静，设计合理，室内陈设完备，工程质量好等。

（3）分析可能存在的细分市场。企业通过各类消费者的典型特征，分析他们的不同需求，找出消费者需求类型的地理分布、人口特征、购买行为等方面的情况，进行初步的市场细分。对于列举出来的基本需求，不同顾客的侧重点可能会存在差异。例如，购买乡间住宅的顾客有的特别重视生活的方便，有的则对环境的安静、内部装修等有很高的要求。通过这种差异比较，不同的顾客群体即可初步被识别出来。

（4）对初步细分的市场进行筛选。企业应筛掉那些特点不突出的一般性消费需求因素，合并一些特点类似的消费需求因素，重点分析目标消费群的特点，对初步细分的市场进行筛选。对不能作为细分市场的，应该剔除。

（5）为各细分市场定名。企业应根据各个细分市场消费者的主要特征，用形象化的方法为各个可能存在的细分市场确定名称。A房地产公司把乡间住宅的购买者分为投资者、新婚者、度假者等多个子市场。

（6）分析市场营销机会。分析总的市场和每个子市场的竞争状况，估计总市场和每一个子市场的营业收入和费用，以估计潜在利润，作为最后选定目标市场和制定营销策略的依据。在市场调查的基础上，估计每一细分市场的顾客数量、购买频率、平均每次的购买数量等，并对细分市场上产品竞争状况及发展趋势作出预测。

（7）确定细分市场，设计市场营销组合策略。通过分析，企业可能发现若干个有利可图的细分市场。此时根据企业的营销目标和资源优势，确定一个或几个可进入的目标市场，并有针对性地分别制定市场营销组合策略，以保证企业有效地进入已选择的目标市场。

5.2.2 目标市场策略

1. 目标市场的概念

目标市场是指通过市场细分，被企业选定的准备以相应的产品或服务去满足其现实的或潜在的消费需求的购买者群体。

目标市场是市场营销活动中的一个重要概念。企业选择目标市场的主要原因有三个：一是企业的一切经营活动都是根据消费者的需求开展的，只有满足消费者的需求，企业才能生存和发展。但是消费者的需求是多样化的，一个企业不可能满足所有消费者的所有需求，而只能满足市场中一部分消费者的需求。二是并非所有的细分市场都适合本企业。企业必须根据自身的人、财、物等条件选择企业具有相对优势的目标市场。三是各子市场之间会有矛盾，各个子市场的目标并非都一致，企业必须从经济效益上对细分市场进行评估和取舍。

🔍 **注意**

市场细分与目标市场的关系

真正的市场细分不是为了细分而细分，而是为了更好地满足消费者的需求，确定目标市场。市场细分和目标市场选择既有联系，又有区别。市场细分显示了企业所面临的市场机会，是选择目标市场的前提和基础；目标市场选择则是企业通过评价各种市场机会，决定为多少个细分市场服务的过程，是市场细分的目的和必然要求。

2. 目标市场的评估

在评估各种不同的细分市场时，企业必须考虑以下三个因素。

(1)细分市场的规模与发展潜力。适当的规模是相对于企业的规模和实力而言的，较小的市场对大企业来说不值得涉足；而规模大的市场相对于小企业来说，又缺乏足够的资源进入，并且小企业在大市场中也无力与大企业竞争。市场潜力是指消费者对产品的最大需求量，市场潜力决定着企业能否在这个细分市场上持续、稳定地发展。

(2)细分市场的吸引力。这项评估主要是分析细分市场竞争是否激烈，长期获利的大小对企业是否具有吸引力。一个细分市场可能具有理想的规模与潜力，但从盈利性的观点看，不一定就具有吸引力。迈克尔·波特认为，一个市场是否具有长期的内在吸引力主要取决于五种力量，即同行业竞争者、潜在的新加入竞争者、替代产品、顾客和供应商。

(3)企业的目标和资源与细分市场特征的契合度。企业必须考虑对细分市场的投资与企业的目标和资源是否相一致。某些细分市场虽然有较大的吸引力，但不符合企业的长远目标，因此企业不得不放弃这类细分市场。即使这类细分市场特征符合企业的目标，也必须考虑本企业是否拥有在该细分市场获胜的资源。

3. 目标市场的选择

通过对不同细分市场进行评估，企业会发现一个或几个值得进入的细分市场。企业在确定其目标市场覆盖时，有五种模式可供选择，如图5-3所示。

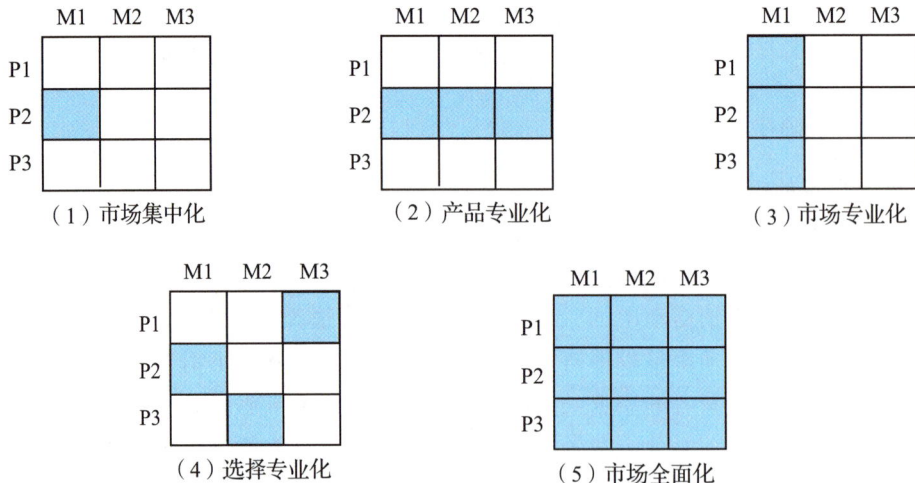

图5-3　目标市场模式(P=产品，M=市场)

(1)市场集中化。企业只选取一个细分市场，只生产一类产品，供应某一类市场，进行集中营销。例如，某服装厂商只生产儿童服装。

选择市场集中化模式一般基于以下考虑：企业具备在该细分市场获胜的优势条件；限于资金能力，只能在一个细分市场经营；该细分市场中没有竞争对手；准备以此为出发点，取得成功后向更多的细分市场扩展。

(2)产品专业化。企业集中生产一种产品，并向不同顾客销售这种产品。例如，饮水机厂只生产一个品种，同时向家庭、机关、学校、银行、餐厅、宾馆等各类用户销售。

产品专业化模式的优点在于企业专注于某一种或一类产品的生产，有利于充分发挥其优势，在该领域树立形象。其局限性是当该领域被一种全新的技术或产品所代替时，产品销售量有大幅度下降的风险。

（3）市场专业化。企业专门经营满足某一顾客群体需要的各种产品。例如，某工程机械公司专门向建筑业用户供应推土机、打桩机、起重机、水泥搅拌机等建筑工程中所需要的机械设备。

市场专业化经营的产品类型众多，能有效地分散经营风险。但由于集中于某一类顾客，当这类顾客的需求下降时，企业也会遇到收益下降的风险。

（4）选择专业化。企业选取若干个具有良好的盈利潜力，且符合企业的目标和资源的细分市场作为目标市场，提供各种性能的产品，尽可能地去满足不同消费群体的需求。例如，辽阔的地域使得我国不同地区居民的饮食口味大相径庭。方便面企业根据不同地域居民的口味推出了一系列产品，以满足不同地域消费者的需求，从而赢得了广大消费者的喜爱，同时也获得了可观的利润和相当高的市场占有率。

选择专业化模式的优点是可以有效地分散经营风险，即使某个细分市场盈利情况不佳，企业仍可在其他细分市场获得盈利。采用该模式的企业应具有较雄厚的资源和较强的营销实力。

（5）市场全面化。企业生产多种产品去满足各种顾客群体的需要。一般来说，实力雄厚的大型企业只有选用这种模式，才能收到良好效果。例如，丰田汽车公司在全球汽车市场采取市场全面化的战略。

4. 目标市场营销策略

在确定目标市场模式后，一般有以下三种营销策略可供企业选择。

（1）无差异性营销策略（见图 5-4）。无差异性营销策略是指企业把整个市场作为目标市场，不进行细分，只提供一种产品，采用统一的营销策略面对市场，试图满足整体市场的某种共同需求。无差异性营销策略的前提是把整个市场看作一个整体，不需要进行市场细分，也无须关注市场中的需求差异。

市场营销策略 ⟶ 整体市场

图 5-4 无差异性营销策略

实行此战略的企业基于两种不同的指导思想。一种思想是从传统的产品观念出发，强调需求的共同性。因此，企业为整体市场生产标准化产品，并实行无差异性营销策略。另一种思想是企业经过市场调查以后，认为某些产品的消费者需求大致相同或差异较小（如食盐），因此可以采用大致相同的市场营销策略。

无差异性营销策略的最大优点是成本低。大批量生产可以减少生产成本，不进行市场细分可以减少企业在市场调研、产品开发、制定各种营销组合方案等方面的营销投入，无差异的广告宣传和其他促销活动也可以节省促销费用。

在大批量生产和销售的产品导向时代，无差异性营销策略行之有效。这种策略对于需求广泛、市场同质性高且能大量生产、大量销售的产品比较合适。例如，20 世纪 60 年代之前，美国可口可乐公司一直奉行典型的无差异性营销策略，公司用单一口味、统一包装的可口可乐饮料，长期占领世界饮料市场。

(2)差异性营销策略(见图5-5)。差异性营销策略是将整体市场划分为若干需求与愿望大致相同的细分市场，然后根据企业的资源与营销能力选择部分细分市场作为目标市场，并为各目标市场制定不同的营销组合策略。

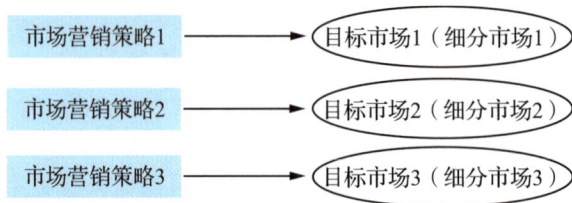

图 5-5   差异性营销策略

差异性营销策略的最大优点是市场适应性强，能够有针对性地满足不同顾客群体的消费需求，扩大市场范围，提高产品的竞争能力，增强企业的市场经营抗风险能力。

差异性营销策略的缺点主要有：一是企业在市场调研、促销和渠道管理等方面的营销成本比较大；二是可能使企业的资源配置不能有效集中，难以形成拳头产品和集中优势。

案例5-1

宝洁公司洗发水的差异性市场策略

基本功能相同的洗发、护发用品，宝洁公司在中国推出了海飞丝、飘柔、潘婷、沙宣四个品牌。每一品牌都以某一特殊功能为诉求点，吸引不同需要的消费者。希望"免去头屑烦恼"的人会选择海飞丝，希望头发"营养、乌黑亮泽"的人会选择潘婷，希望头发"舒爽、柔顺、飘逸潇洒"的人会选择飘柔，希望头发"保湿、富有弹性"的人会选择沙宣。

"海飞丝"立足于突出去屑效果，并针对不同的发质——油性、中性、干性及电烫染等受损发质，分别推出海洋活力型、丝质柔滑型、怡神舒爽型、柠檬草控油型、滋养护理型、洁净呵护型、莹采乌黑型、去屑润发精华露等品种的产品。"潘婷"突出柔顺的秀发，也有诸如滋养防掉发系列、倍直垂顺系列等。

宝洁公司通过多品牌、多产品来满足各类消费者的不同需求，长期在中国洗发水市场占据领先地位。

(3)集中性营销策略(见图5-6)。集中性营销策略又称密集性营销策略，是指集中力量进入一个或少数几个市场，将其确定为目标市场，实行专业化生产和销售。实行这一策略，企业不是追求在一个大市场上取得一个较小的市场份额，而是力求在一个较小的子市场上获得较大的市场份额，甚至是绝对领先地位。

集中性营销策略的优点在于：由于目标集中，可以大大节省营销费用并增加盈利；由于生产、销售渠道和促销的专业化，也能够很好地满足部分特定消费者的需求，企业易于取得优越的市场地位。

集中性营销策略也称"弥隙"战略，"弥隙"即弥补市场空隙的意思，特别适合于资源力量有限的中小企业。中小型企业受财力、技术等因素的制约，在整体市场可能无力与大企

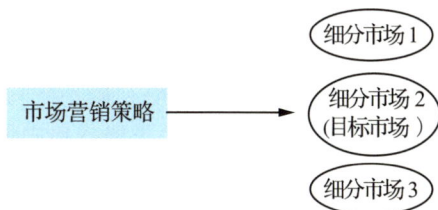

图 5-6　集中性营销策略

业抗衡，但如果在大企业尚未顾及或尚未建立绝对优势的某个或某几个细分市场集中资源优势，取得成功的可能性更大。

集中性营销策略的最大不足是经营风险较大。如果目标市场过于集中，把企业的命运押在一个较小的市场上，一旦这个市场突然发生变化，如消费者偏好的改变、强大竞争对手的进入等，就会使企业陷入困境。

知识链接

定制营销

定制营销是将市场细分到极限程度——把每一位顾客视为一个潜在的细分市场，根据每一位顾客的特定要求，单独设计、生产产品并迅速交货的营销方式。在"互联网＋"环境下，兴起了一大批像戴尔、亚马逊、宝洁公司等提供完全定制服务的企业。

定制营销能极大地满足消费者的个性化需求，提高企业的竞争力；以销定产，减少了传统营销模式中的库存积压，加快了企业资金的周转速度；有利于产品、技术的创新，促进企业的不断发展。海尔的"定制冰箱"服务已充分说明这一点。同时，定制营销将导致市场营销工作的复杂化、经营成本的增加及经营风险的加大。

定制营销的实施要求企业具有过硬的软、硬件条件。企业不仅要加强信息基础设施建设，还必须建立柔性生产系统。

5. 目标市场策略选择的考虑因素

三种目标市场策略各有优势和劣势，企业需要根据自身的资源、市场特点、产品特点、市场竞争等情况，全面衡量与比较，选择适合企业的目标市场策略。选择目标市场策略时应考虑以下几个因素。

（1）企业能力。如果企业实力雄厚，市场营销管理能力较强，即可选择差异性营销策略或无差异性营销策略；如果企业能力有限，则适合选择集中性营销策略。

（2）产品特征。水、电、石油等同质性产品竞争主要表现在价格和提供的服务条件上，该类产品适于采用无差异性营销策略；对服装、家用电器、食品、化妆品等异质性需求产品，可根据企业的资源力量，采用差异性营销策略或集中性营销策略。

（3）市场特征。如果顾客的需求、偏好较为接近，对市场营销刺激的反应差异不大，可采用无差异性营销策略；否则，应采用差异性或集中性营销策略。

（4）产品生命周期阶段。产品处于导入期，可采用无差异性营销策略，以扩大市场规模，提高市场占有率；产品处于成长期或成熟期，市场竞争加剧，同类产品增加，采用差异性营销策略效果更好；当产品进入衰退期，企业则应采用集中性营销策略，缩短战线。

（5）市场竞争状况。企业的营销策略要与竞争对手有所区别，反其道行之。如果竞争对手采用无差异性营销策略，企业选择差异性或集中性营销策略有利于开拓市场，提高产品的竞争能力；如果竞争者已采用差异性营销策略，则不应以无差异性营销策略与其竞争，可以选择对等的或更深层次细分的差异性营销策略或集中性营销策略。

5.2.3　市场定位

1. 市场定位的概念

市场定位是根据竞争者现有的产品在细分市场上所处的地位和顾客对产品某些属性的重视程度，塑造出本企业产品与众不同的鲜明个性或形象并传递给目标顾客，使该产品在细分市场上占据强有力的竞争位置。

定位起始于产品，一件商品、一项服务、一家公司、一个机构或者是一个人……然而，定位并非对于产品本身，而是主要针对顾客的心理采取行动，通过企业设计并塑造产品特色或个性，使本企业与其他企业严格区分开来，使顾客明显感觉和认识到这种差别，从而在顾客心目中占据特殊的位置，即将产品在潜在顾客的心目中确定一个合适的位置。

为了吸引消费者购买自己的产品或服务，企业往往会强调其产品或服务与竞争对手的不同之处。产品的特色或个性可以通过产品实体本身来表现，如功能、形状、成分、款式等；也可以从消费者对产品的心理感受来表现，如产品可能使顾客感到豪华、朴素、时髦、典雅等；还可以通过价格、质量、服务、促销方式等形式来表现。

2. 市场定位的方法

目标市场定位（简称"市场定位"）是指企业对目标消费者或目标消费者市场的选择，产品定位是指企业对应什么样的产品来满足目标消费者或目标消费市场的需求。从理论上讲，应该先进行市场定位，然后进行产品定位。产品定位是对目标市场的选择与企业产品结合的过程，也是将市场定位企业化、产品化的工作。

产品定位一般可分为基本定位、特色定位和竞争定位三种。

（1）基本定位。基本定位是企业把产品定位为高档产品、中档产品或低档产品。这是任何一种产品都必须有的定位，主要通过产品在市场中的价格来体现。高档产品价格高，中档产品价格适中，低档产品价格低。一般来说，产品质量档次与价格的高低是一致的，但也有质量档次与价格发生错位的现象，如某酒的定位是"五粮液的质量、二锅头的价格"。

（2）特色定位。特色定位主要是创造产品的差异化，即在同档次的产品中具有某种独特优势，体现与众不同的风格。特色定位主要包括以下几种具体做法。

①特性定位。将产品的特性作为市场定位的依据，以在竞争市场上确立一个恰当的位置。例如，奔驰汽车强调"高贵"的特点，沃尔沃汽车突出"耐用、安全"的特点，比亚迪电动汽车突出"绿色环保"的特点。

②成分定位。通过突出产品所具有的成分体现差异。比如，全羊毛、全棉的服装突出说明不含任何化纤成分，蔬菜、水果突出"有机"。

③用途定位。用途定位就是强调产品独特的使用价值。2002年年底，王老吉根据产品使用价值重新定位后，突出凉茶是一种由中草药制成、具有清热祛湿等功效的"茶"，也是能预防上火的"饮料"。其独特价值在于——喝红色的王老吉能预防上火。

④使用者定位。产品使用者定位就是把产品或服务与其使用者联系起来，如金利来的定位为"男人的世界"、ROLEX 的定位为"腕上的奢华"等。

⑤生产者定位。强调产品生产厂家某方面的优势，以此来进行定位。比如，强调国有大型企业、世界 500 强企业生产的产品，使顾客产生信任感。

⑥情感定位。强调产品的某种感情色彩，迎合目标市场的品味需求进行定位。比如，送给母亲的礼物一般会强调温馨的情感色彩。

案例5-2

小米手机的定位

我国智能手机的市场竞争非常激烈。2010 年，小米手机作为一个刚刚面世的产品，在市场上的知名度还很低。小米手机初始定价为 1 999 元，避免了与苹果、三星等高端品牌的直接竞争，展开了与步步高、OPPO、酷派、魅族、LG 等中低端手机品牌的竞争。

为了突出产品特色和企业形象，在国内中端手机市场占据一席之地，小米瞄准市场缝隙，采取了利基定位策略，为经济实力相对较弱的年轻群体服务，将手机定位于"发烧友"，强调用户就是驱动力，"为发烧而生"的产品理念。

借助众多媒介的宣传，突出小米手机的特色，强调用户的尊崇感、产品的性能，加之其低廉的价格及企业的优质服务，在用户心中树立了良好的企业形象。小米迅速成为年轻人的首选品牌，其在我国手机市场的份额快速提升。

(3)竞争定位。竞争定位即企业与竞争对手相比较后进行定位。比较常用的竞争定位有以下三种。

①避强定位。避强定位是避开强有力的竞争对手，与之和平共处、共谋利益的市场定位策略。这种策略使企业能迅速在市场上站稳脚跟，并能在顾客心中留下特别的印象。例如，七喜汽水实施避强定位，宣称自己不同于可口可乐，是非可乐型饮料，不含咖啡因，迎合了社会上反咖啡因潮流。

这种定位方式的风险较小，成功率较高，常被多数企业采用。选择避强定位的原因主要有：竞争格局比较稳定，即产品比较成熟，技术更新不快，如鞋类或服装等商品市场；市场领导者实力强大，地位不可动摇；作为后来者及实力不够强的企业，没有向市场领导者挑战的可能。

②迎头定位。迎头定位是与市场上居支配地位的竞争对手"对着干"的定位方式。这种定位方式的风险较大。但也有不少企业认为，这种定位可以使自己一开始就与强者站在同一高度上，更能激发自己奋发上进，一旦成功，就会获得巨大的市场优势。例如，在饮料市场上，百事可乐与可口可乐之争，就是众人皆知的"对着干"的迎头定位。

迎头定位的企业必须具备以下条件：有较强的实力，可以与竞争对手进行较量；必须具有迅速攻击能力，能快速发动进攻；必须以大面积市场范围为目标，市场太小则得不偿失。企业如果没有这样的实力，迎头定位无异于以卵击石，后果不堪设想。

③补缺定位。这是企业把自己定位在竞争者没有注意和占领的市场位置上的策略。当企业对竞争者的市场位置、消费者的实际需求和自己经营的商品属性进行评价分析后，如果目标市场存在一定的市场缝隙和空间，而且企业自身又难以正面抗衡竞争者，这时企业

可以把自己的产品定位在目标市场中的空隙位置。

采用补缺定位策略，企业必须具备以下条件：有满足这个市场所需要的货源，该市场有足够数量的潜在购买者，具有进入该市场的特殊条件和技能，企业经营必须盈利。

注意

市场定位的误区

(1)定位不足。企业市场定位特色不明显，定位宣传给人印象模糊，未能在消费者心目中树立鲜明的产品特色形象。

(2)定位混乱。企业的市场定位不稳定，如品牌特征太多，或者品牌的定位改变过于频繁，导致消费者产生混乱不清的印象。

(3)定位狭窄。本来可以适用于更多消费者的产品，企业着重宣传的却是只适用于其中一部分消费者，将企业产品的定位狭窄化，导致企业市场狭小、占有率不高。

(4)定位过度。有些企业为了使消费者建立对自己品牌的偏好，夸大宣传，过度许诺，导致产品定位过度。比如，有的保健品被厂家宣传成包治百病的“神药”，反而令购买者难以相信。

由此可见，定位并不是管理者主观的意愿所能决定的，而是通过研究具体的市场环境，并结合企业自身优势与市场需求来确定的。

3. 市场定位的步骤

市场定位工作一般通过以下几个步骤来实现。

(1)调查影响市场定位的因素。正确的市场定位必须建立在市场调研的基础上。

①调查竞争对手的定位状况。用竞争对手的产品特色、在顾客心目中的形象来衡量竞争者在市场中的竞争优势。

②了解目标顾客对产品的评价标准。了解购买者购买产品的最大愿望和偏好，以及他们对产品优劣的评价标准。顾客主要关心产品的功能、质量、价格、款式、服务等。

③明确本企业的潜在竞争优势。与主要竞争对手相比，企业在产品开发、服务质量、销售渠道、品牌知名度等方面所具有的优势。

(2)判断竞争优势，确定产品定位。企业在产品、价格、促销、服务等方面与竞争对手进行比较，了解自身的长处和短处，准确判断企业的竞争优势，选择合适的定位策略，进行正确的市场定位。

(3)沟通及传达选好的定位。企业一旦选好定位，就需要采取有力的措施将定位传达给目标顾客，并且采用的营销组合要能完全支持其定位策略。在经常变化的营销环境里，企业必须通过一致的表现与沟通来维持此定位。

(4)监测评估是否需要重新定位。加强监测，如果原有的定位不适应消费者需求或竞争者策略发生重大改变，企业则需要进行重新定位。重新定位就是重新选择目标市场，重新确定企业产品的形象，改变消费者对企业产品原有的认识，争取有利的市场地位。

案例5-3

好想你公司从高端礼品到日常休闲食品的重新定位

"枣博士"贡献了好想你健康食品股份有限公司30％的营收。枣博士的定位为高端的礼品，之前的目标客户是政府、企事业单位的团购。他和好多奢侈品行业一样都遇到了问题。公司及时作出重新定位的决策，专注于为25岁至45岁的白领女性提供日常休闲食品，收到很好的效果。

4. 差别化策略

市场定位作为一种竞争策略，显示了一种产品或一家企业与类似的产品或企业之间的竞争关系。从某种程度上讲，市场定位就是与目标市场上竞争对手差别化的过程。下面介绍四种差别化策略。

(1)产品差别化策略。从产品质量、产品款式等方面实现差别化。

产品的差别化可以通过产品的质量和款式来表现。产品质量是指产品的有效性、耐用性和可靠性等。比如，A品牌的止痛片比B品牌的疗效更好，副作用更小，顾客通常会选择A品牌。产品款式是产品差别化的一种有效工具，对汽车、服装、房屋等产品尤为重要。日本汽车行业中流传着这样一种说法："丰田的安装，本田的外形，日产的价格，三菱的发动机。"这体现了日本四家头部汽车公司的核心专长。

(2)服务差别化策略。向目标市场提供与竞争者不同的优异服务。在竞争日趋激烈的市场上，企业间的竞争逐渐体现为服务的竞争。如果企业把服务要素融入产品的支撑体系，就可以在许多领域建立"进入障碍"。因为服务差别化策略能够提高顾客总价值，保持牢固的客户关系，从而击败竞争对手。企业对于技术精密的产品，如汽车、计算机、智能手机等实施服务差别化策略，尤为有效。

(3)人员差别化策略。企业通过聘用和培训比竞争者更为优秀的人员以获取竞争优势。市场竞争归根到底是人才的竞争。

(4)形象差异化策略。在产品的核心部分与竞争者类似的情况下塑造不同的产品形象，以获取竞争优势。企业或产品想要成功地塑造形象，必须具有创造性思维，需要持续不断地利用企业所能利用的所有传播工具。具有优秀创意的标志要能够融入某一文化，进而实现形象差异化策略。

5.3　任务实施与心得

5.3.1　任务实施

1. 有效进行市场细分

天一公司按照手机消费者的特点来选择细分标准。手机消费者的需求、动机、购买行为具有多元性和差异性。按照收入水平(第一细分标准)，把消费者分成高收入人群、中等收入人群、低收入人群；按照年龄，把消费者分成老年、中年、青少年；按照农村和城镇，把消费者分成农村消费者和城镇消费者；按照性格，把消费者分成时尚型消费者、一般型消费者和保守型消费者。

2. 确定目标市场

国内手机市场前景广阔，但市场竞争激烈。"洋品牌"的市场薄弱处在农村，而农村市场需求量逐步增长，价格杠杆作用明显。同时，农村市场竞争没有城市激烈，根据目前我国手机市场的竞争格局和天一公司的实际情况，建议公司将县城与农村市场作为目标市场，确定时尚型的农村青年市场作为公司产品的主攻市场。公司产品价格确定为低于"洋品牌"产品价格的20%左右。

3. 进行产品的定位

为了更好地满足农村市场的消费需求，针对农村青年的消费心理和消费能力，天一公司将手机定位为功能简单实用、造型时尚新颖、价格低廉。

针对这样的定位，计划开展系列促销来配合。在目前的手机广告大战中，华为、小米、OPPO、vivo选择了演艺界人士作为品牌代言人。天一公司也计划聘请国内的青年榜样来做宣传，以起到良好的效果。

5.3.2　实施心得

1. 目标市场营销的关键是识别和分析细分市场

细分市场的原因有两个：第一，基于细分特征而对市场进行仔细分析，能够帮助企业更好地理解市场及其潜在的消费者；第二，拥有细分市场的详细信息，企业能够识别最好的市场机会。一旦细分市场被区分出来，就必须对其进行深入分析。一个有效的细分市场，必须有能够为公司盈利的潜力。

2. 正确选择细分标准，有效进行市场细分

(1)动态性。细分的标准不是固定不变的，如收入水平、城市大小、交通条件、年龄等，都会随着时间的推移而变化。因此，企业应树立动态观念，对细分标准适时进行调整。

(2)适用性。市场细分的因素有很多，企业应该按照实际情况加以选择，切忌生搬硬套和盲目模仿。

(3)组合性。要注意细分变数的综合运用。在实际营销活动中，一个理想的目标市场是有层次或交错地运用上述各种因素的组合来确定的。

3. 市场定位的实质是获取竞争优势

市场定位的实质是使本企业与其他企业严格区分开来，使顾客明显感觉和认识到这种差别，从而在顾客心目中占据特殊的位置。市场定位并不是针对产品本身，而是要在消费者的心目中树立形象。可以说，企业是为了获取竞争优势而进行定位的。

▶ 5.4　知识拓展：反市场细分

20世纪70年代以来，由于全球能源危机和世界经济不景气，过分地细分市场使企业总成本上升、总利润下降。因此，出现了一种"反市场细分"理论，主张从成本和收益的角度出发适度细分市场。

反市场细分就是在满足大多数消费者共同需求的基础上，将过分狭小的市场合并起来，以便企业能以规模营销优势达到用较低的成本去满足较大市场的消费需求。

1. 反市场细分的原因

反市场细分符合规模经济效益的要求。市场细分过细会导致某一个目标市场的市场潜力太小，造成市场需求的多样性、产品的复杂性。差异性产品的增多，导致小批量、多品种生产，这不符合规模经济的要求，有可能增加生产成本和推销费用，浪费企业的资源，使企业的生产能力得不到充分的发挥。相反，反市场细分策略将若干个产品相关性大、市场容量小的细分市场组合成一个大的目标市场，充分发挥企业现有的资源优势，达到增加产量、降低成本的目的。

2. 反市场细分的形式

(1)缩小产品线。市场细分化程度越大，产品线就会越多。缩减产品线的方法适合于拥有众多产品线的企业，如有些企业过于讲求产品差异化，使生产和营销成本增加；减少产品线，能够保证一两个主要产品线的规模生产，保证企业龙头产品的市场增长率和相对市场占有率的增加，确保企业利润的主要来源。同时，使企业仍能以不同品质、不同特色的产品来吸引不同的目标顾客，所以只要放弃那些较小的或者是无利可图的产品线，既可以达到减少细分市场的目的，还能为企业带来更好的经济效益，这样并不会影响企业的市场占有率。

(2)合并细分市场。将几个较小的细分市场合并起来，形成较大的细分市场。企业在进行市场细分之后，应该对各个子市场进行分析和比较，找出各个子市场需求形态的异同，并将其中可能存在着相关性的某些子市场合并为较大的子市场，形成所谓的"准细分市场"。这样，企业便能以价格较低的大众化产品来吸引消费者，在竞争中占据优势地位。

▶ 5.5 思政案例

山东曹县的电商发展之路

在阿里发布的 2020 年淘宝百强县名单中，山东曹县以 17 个淘宝镇、151 个淘宝村的数量位列全国第二，仅次于浙江义乌市。

2010 年，曹县丁楼村的网店数量仅有二十余家，一年后就达到了上百家。这些店的经营范围，从单纯的影楼服饰，拓展到了影视服饰、学生表演服饰等领域。2016 年，仅六一儿童节期间，丁楼村所在的大集镇，儿童表演服饰的销售额就突破了 12 亿元。2019 年，曹县占据了汉服三分之一的网络销售额。如今，曹县已经成为全国最大的影视服饰生产基地，占据了淘宝表演服饰产品 70% 的网络销售额。

在电商平台的帮助下，曹县人看到了全球木制品的需求。田油坊行政村通过跨境电商平台向海外销售木艺木制酒盒，年销售额超过了 2 000 万元。宇光工艺品有限公司利用跨境电商，让木质置物架成为海外"爆款"，销量比以前翻了 20 倍。曹县在海外电商上的巨大成功，让亚马逊在曹县开设了跨境电商运营中心。

从 2010 年到 2020 年，曹县的 GDP 从 122 亿元暴涨到 464 亿元，省内排名从第 108 名快速上升到第 55 名。"全民电商"的丁楼村,更是在 2018 年实现了人均收入超过 10 万元的"壮举"。相信曹县在未来会越来越"牛"。

试分析:

(1)山东曹县采用了何种细分标准进行市场细分?细分市场是什么?

(2)山东曹县采用了何种目标市场策略?该策略有何优缺点?

▶ 5.6 业务技能训练

5.6.1 自测习题

1. 单选题

(1)企业按照年龄、性别、收入、职业、教育水平、家庭生命周期、宗教、种族、国籍等来细分消费者市场,属于( )。

    A. 地理细分   B. 心理细分   C. 人口细分   D. 行为细分

(2)市场细分是根据( )的差异对市场进行的划分。

    A. 买方   B. 卖方   C. 产品   D. 中间商

(3)采用( )模式的企业应具有较雄厚的资源和较强的营销实力。

    A. 市场集中化   B. 市场专业化

    C. 产品专业化   D. 市场全面覆盖

(4)采用无差异性营销战略的最大优点是( )。

    A. 市场占有率高   B. 成本的经济性

    C. 市场适应性强   D. 需求满足程度高

(5)集中性市场战略尤其适合于( )。

    A. 跨国公司   B. 大型企业   C. 中型企业   D. 小型企业

2. 判断题

(1)目标市场是市场细分的基础。   ( )

(2)市场细分的实质是细分消费者需求。   ( )

(3)市场细分就是将整体市场进行分割,分割出来的细分市场越小越好。 ( )

(4)把目标市场定在与竞争者相似的位置,同竞争者争夺同一细分市场的策略称为"填空补缺式"策略。   ( )

(5)评估一个细分市场,除了考虑细分市场的规模与增长力之外,还应该考虑细分市场的吸引力。   ( )

5.6.2 课堂训练

1. 什么是市场细分?市场细分的作用有哪些?

2. 简述市场细分的程序。

3. 消费品市场细分标准、工业品市场细分标准各有哪些？

4. 目标市场策略有哪几种？各有什么特点？企业应如何选择？

5. 什么是产品市场定位？产品市场定位有哪几种方法？

5.6.3　实训操作

1. 江苏天地木业有限公司生产各种档次、规格的复合地板，产品出口到世界各国。

试分析：地板市场的细分变量有哪些？江苏天地木业有限公司具体应选择何种变量进行市场细分？

2. 常州国林国际旅行社特色旅游考虑了哪些细分变量？其市场定位的依据是什么？

3. 无锡华林电缆公司的竞争优势体现在哪些方面？应该采取何种目标市场营销策略？

4. A 连锁超市的目标市场是社区商圈内的家庭主妇，商品以日常生活用品为主，最大限度地满足居民家庭日常生活"一次购足"的需要。A 连锁超市北京店位于朝阳区北三环东路，紧邻中国国际展览中心，这里交通方便，多条公交线路可以到达。但是在上下班高峰时间，该路段交通拥挤，堵车时间较长。其停车场较小，停车不方便，虽然位置较好，但很多人都是骑车或乘车前往。社区内百姓是该店的主要客源，开车前来的购物者有减少的态势。A 超市的客单价为 200 元。

B 超市与其他仓储商店一样，起初是以小商贩和集团购买者为目标市场的，因此实行批量销售或捆绑式销售。B 超市一号店位置略偏远，但仍有 14 路、66 路汽车从市区到达这里，而且它庞大的停车场有 400 多个车位。很明显，B 超市的目标顾客与 A 超市的目标顾客不同，B 超市重点是吸引社区外、开车前来批量购物的小商贩及机关、单位和部分家庭消费者。B 超市的客单价为 300 元，比 A 超市高 100 元。

试分析：

(1) A 超市与 B 超市的目标市场有什么不同？

(2) 造成 A 超市与 B 超市经营上不同的主要原因是什么？

5. 选择一个具有 50 年以上历史的知名品牌，通过网络来认识和了解它的发展历程，描述它的关键产品市场定位的主要变化，并分析变化的原因。

情境 3 制定营销策略

任务 6 制定企业产品策略

●●●● 思维导图

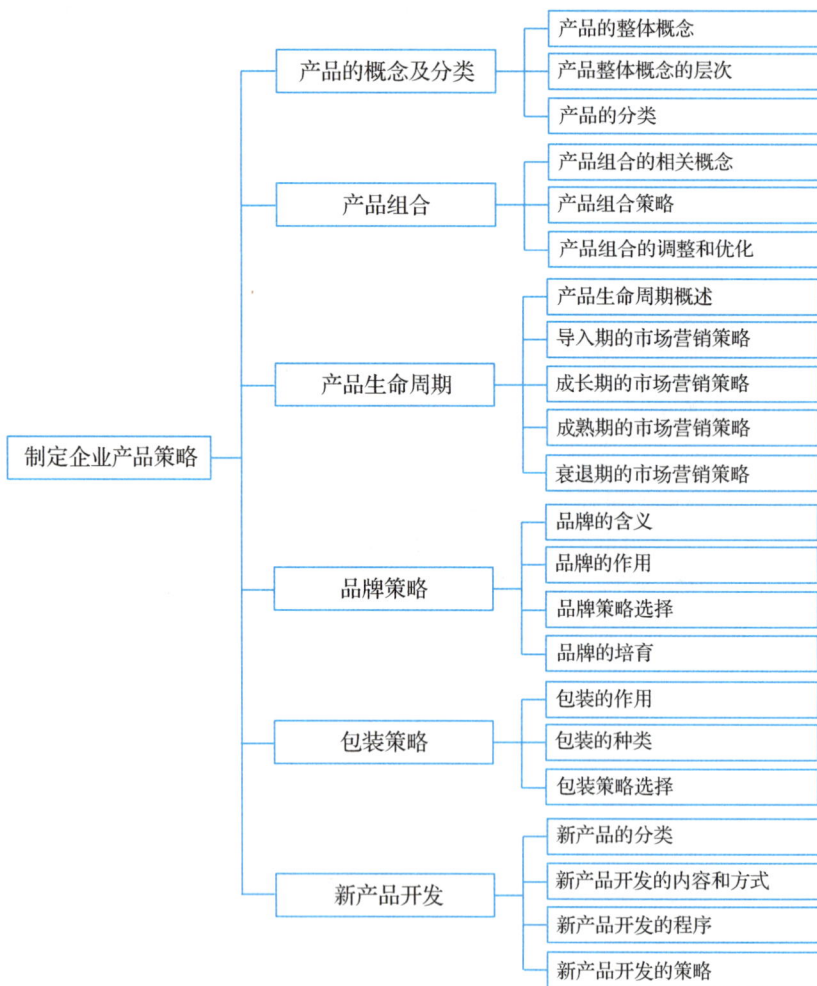

●●●●● **知识目标**

1. 掌握产品整体概念和产品组合概念；
2. 熟悉产品生命周期理论；
3. 了解产品的品牌策略和包装策略的内容。

●●●●● **能力目标**

1. 能对产品所处的生命周期阶段作出分析；
2. 能制定产品生命周期各阶段的营销策略；
3. 能制定产品的包装策略。

●●●●● **素质目标**

1. 具备观察能力、想象能力、思维能力和创新能力；
2. 增强质量意识、服务意识和责任意识；
3. 树立市场竞争意识，具备耐挫折的能力。

▶ 6.1　任务描述与分析

6.1.1　任务描述

随着苹果、小米和华为不断推出新款手机，天一公司的手机销售遇到了很大的困难。现在公司决定对产品策略作出重大调整，张总经理要求市场部先做一个预案提交公司领导决策。市场部把任务分给了几个年轻人。

沈建龙他们四人分成两组。沈建龙和小王一组，分析目前公司的产品线应如何进行调整，明确在现有的产品系列中，哪些产品应该逐步降低产量，哪些产品应该立即淘汰，确定开发新产品的方向；小杨和小顾负责对目标市场和产品定位，初步完成产品包装和品牌设计的改进方案。

6.1.2　任务分析

产品是市场营销组合因素中最重要的因素，因为企业之间的激烈竞争是以产品为中心展开的。产品策略直接影响和决定营销组合中的其他策略。企业只有很好地理解产品的整体概念，明确消费者购买产品的实质需要，才可以拓宽企业视野，使生产的产品真正地满足顾客需求。以此为出发点来设计和开发新产品，创造特色产品。

明确产品在生命周期中的阶段，根据产品的销售、利润及发展前景进行产品组合的调整，淘汰一批、改进一批、开发一批，确保实现企业的营销目标。

现在企业的竞争很大程度上是品牌的竞争，天一公司长期以来一直以自有品牌生产和为外资企业贴牌并重，现在决定加大自有品牌的开发力度，同时调整包装的设计方案，使之符合目标市场顾客的审美，吸引消费者购买。

▶ 6.2　相关知识

6.2.1　产品的概念及分类

1. 产品的整体概念

产品的狭义概念是由一组可辨识的东西所组成，每项产品都有大家可了解、可区别的名称，如汽车、手机、计算机等。

从营销的角度和满足购买者需要的角度出发，产品的广义概念是指企业提供给市场的能满足人们某种欲望和需求的任何事物、服务、场所、组织、思想、主意等。此外，由于这一概念着眼于满足购买者某个或某些基本方面的整体需要，因而也称为产品的整体概念。

广义的产品中包含了服务。菲利普·科特勒对服务的定义：一方能够向另一方提供的基本上是无形的任何活动或利益，并且不导致任何所有权的转移。它的生产可能与某种有形产品联系在一起，也可能无关联。

🖋 讨论

生活中哪些产品是纯实体产品？哪些产品是实体产品与服务产品的结合？哪些产品是纯服务产品？

扫描二维码，获取产品整体概念的微课视频。

微课视频	学习笔记
	_____
	_____
	_____

2. 产品整体概念的层次

产品整体概念包含核心产品、形式产品和附加产品三个层次，如图 6-1 所示。

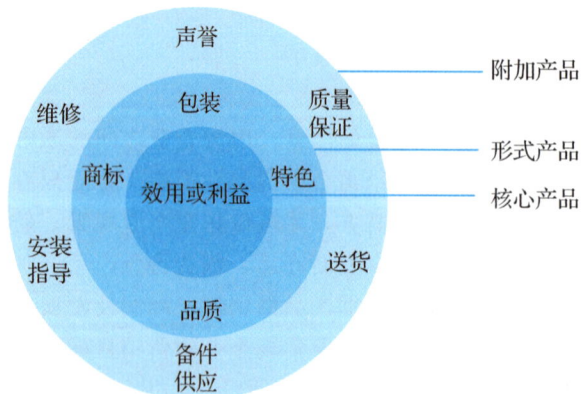

图 6-1　产品整体概念的层次

（1）核心产品。核心产品也称实质产品，是指消费者购买某种产品时所追求的利益，是顾客真正需求的中心内容，是产品整体概念中最基本、最主要的部分。消费者购买某种产品，并不是为了占有或获得产品本身，而是为了获得能满足其某种需要的效用或利益。企业应着眼于顾客购买产品时所追求的效用或利益，以便更好地满足顾客的需要。

讨论

从产品整体概念的层次分析，汽车的核心产品是什么？化妆品的核心产品又是什么？

（2）形式产品。形式产品是核心产品借以实现的形式，即产品实体的具体形态，通常表现为产品质量水平、外观特色、样式、品牌名称和包装等。形式产品的概念不仅适用于有形产品，对于服务也同样适用。

讨论

学校和医院都提供服务，二者的形式产品是什么？

随着人们生活水平的提高和精神生活的丰富，人们对产品的形式也不断提出新的要求。在市场上，款式新颖、色泽宜人、包装精良的产品，往往更能够引起顾客的购买兴趣。

案例6-1

"舒肤佳"肥皂的人性化外形设计

肥皂大多是方方正正的，洗澡的时候容易滑落。舒肤佳的设计人员进行了人性化设计，将肥皂设计成"腰形"，便于握捏，并且不易滑落。人性化的设计或许仅仅是一个简单的调整，却会带给消费者舒适的体验。

（3）附加产品。附加产品是指顾客购买有形产品时所获得的全部附加服务和利益，包括信贷、免费送货、质量保证、安装、售后服务等。

竞争不只是各个工厂生产什么产品，还包括其产品能提供何种附加利益（如包装、服务、广告、顾客咨询、融资、送货、仓储及具有其他价值的形式）。对许多技术含量高的产品而言，卖方提供的安装服务和技术培训的优劣是买方选择购买的决定性因素。

知识链接

科特勒的产品五层次结构说

1994 年，菲利普·科特勒在《市场营销管理——分析、规划、执行和控制》专著的修订版中，将产品概念的内涵由三层次结构说扩展为五层次结构说，包括核心利益（core benefit）、一般产品（generic product）、期望产品（expected product）、扩大产品（augmented product）和潜在产品（potential product），即核心产品（基本功能）、一般产品（产品的基本形式）、期望产品（期望的产品属性和条件）、附加产品（附加利益和服务）和潜在产品（产品的未来发展）。产品的五层次结构理论从全新的角度分析产品，十分清晰地体现了以顾客为中心的现代营销观念。

3. 产品的分类

从营销管理的角度，常对产品作以下分类。

(1)按照是否耐用，产品可分为非耐用品和耐用品。

①非耐用品。非耐用品是指在正常情况下一次或几次使用就被消耗完的有形物品，如文具、牙膏等。非耐用品应当通过更多商业网点出售，方便消费者和用户随时随地购买；毛利要定得低些；大力开展广告活动，诱导消费者和用户喜爱和购买产品。

②耐用品。耐用品是指在正常情况下能多次使用的有形物品，如冰箱、机床等。耐用品通常需要人员推销和服务，毛利可定得高些。

(2)按照用途不同，产品可分为消费品和产业用品。

①消费品。消费品主要是家庭或个人消费的物品。消费品根据消费者的购物习惯，可分为便利品、选购品、特殊品和非渴求物品四类，如表 6-1 所示。

表 6-1　消费品的分类

消费品类别	含　义	举　例
便利品	消费者购买前对便利品的品牌、价格、质量和出售地点等都很熟悉，只花较少的精力和时间去比较品牌、价格，通常购买频繁，希望在需要时立刻买到	食品、报纸、牙膏、电池等日用品
选购品	消费者购买前往往花较多的时间和精力了解与比较商品的花色、样式、质量、价格等；选购品挑选性强，因其耐用程度较高，不需要经常购买	流行时装、家具、耐用家电等
特殊品	特殊品是指在心理上和经济上均相当重要，消费者偏好特定品牌，并且愿意花费精力去搜寻的产品	摄影器材、新款汽车等
非渴求物品	顾客不知道的产品，或者虽然知道却没有兴趣购买的产品	刚上市的新产品、人寿保险等

②产业用品。产业用品是指那些购买者购买后以社会再生产为目的的产品，包括原材料、零部件、生产设备、供应品和服务等。

当然，还有其他一些产品分类方法。根据产品之间的销售关系，产品可分为独立品、互补品(如汽车和汽油)、替代品(如牛肉和羊肉)三种；根据需求量与收入关系，产品可分为高档品(需求量随收入增加而增加的产品，即收入弹性系数为正数的产品)和低档品(需求量随收入增加而减少的产品，即收入弹性系数为负数的产品)。

6.2.2　产品组合

1. 产品组合的相关概念

产品组合是指一个企业提供给市场的全部产品线和产品项目的组合。产品线即产品大类，是指具有密切关系、能满足同类需要、使用功能相近的一类产品。一个企业可以生产经营一条或几条不同的产品线。产品项目是指企业产品目录上列出的各种不同质量、品种、规格和价格的特定具体产品。企业在其产品目录上列出的每一个产品，都是一个产品项目。

扫描二维码，获取产品组合的微课视频。

微课视频	学习笔记

比如，一个企业生产和销售冰箱、洗衣机、空调、彩电、热水器、整体厨房、整体衣柜、计算机、手机，则这个企业有 9 条生产线。如果有 10 个型号的空调，则空调生产线上有 10 个产品项目。

(1)产品组合的长度。产品组合的长度是指一个企业产品组合中所包含的产品项目的总数。企业生产经营的产品项目越多，其产品组合的长度就越长。

(2)产品组合的宽度。产品组合的宽度(广度)是指产品组合中所拥有的产品线的数目。产品组合的宽度表明了一个企业经营的产品种类的多少和经营范围的大小。

(3)产品组合的深度。一条产品线中所含产品项目的数量即产品线的深度。一般用平均数分析，即以产品项目总数除以产品线数就可以得到产品组合的平均深度。

(4)产品组合的关联度。产品组合的关联度是指企业产品组合中的各产品项目在最终用途、生产条件、目标市场、销售方式及其他方面相互联系的程度。

案例6-2

洁丽雅的产品组合

毛巾/浴巾：抑菌毛巾/浴巾、速干毛巾/浴巾、加厚毛巾/浴巾、冷感运动巾、个性提花毛巾/浴巾。

出行用品：便携式毛巾/浴巾、日抛裤、一次性袜子、一次性马桶套、一次性浴袍、可拆卸拖鞋。

床上用品：夏凉被、凉席、床单、床笠、枕头、枕巾、枕套。

厨房用品：多功能清洁巾、双层铁丝清洁布、木浆棉百洁布、厨房手撕抹布、彩条百洁布、一次性厨房抹布。

洁丽雅公司拥有毛巾/浴巾、出行用品、床上用品、厨房用品共 4 条产品线，产品组合的长度为 24，产品组合的宽度为 4，产品组合的平均深度为 6。每条具体的产品线也有深度，如毛巾/浴巾产品线的深度为 5。

讨论：

(1)洁丽雅公司的产品组合的关联度如何？

(2)如果洁丽雅公司想采取扩展产品组合的策略，应如何做？在什么情况下采取此策略？

2. 产品组合策略

产品组合策略是指企业在产品组合的长度、宽度、深度和关联度等方面所采用的策略。产品组合策略一般有以下四类。

(1)单一产品策略。单一产品的生产过程简单，可以采用高效的技术装备和工艺方法，提高自动化程度，进而大批量生产，提高劳动生产率，技术上也易于精益求精，提高产品质量，降低成本，节省销售费用。该策略的缺点是企业对产品的依赖性太大，适应性较弱，风险较大。

（2）有限产品专业性策略。企业集中生产经营有限的产品，以适应和满足有限的市场需要。比如，有的企业只生产高档产品，满足对质量要求较高而不在乎价格的顾客的需要。

（3）产品系列专业性策略。企业重点生产经营某一类产品，围绕产品向上、向下、向前、向后延伸，开发出一系列类似但各不相同的产品，形成不同类型、不同规格、不同档次的产品系列。

由于系列化的产品能更好地满足不同顾客的不同需要，并利用企业原有的优势，节省企业的开发费用，从而扩大产品的市场占有率，增加销量，增强企业的竞争实力。

（4）全面型策略。在企业有能力满足整个市场需要的前提下，企业着眼于向顾客提供他们所需要的一切产品。一般来说，采用全面型策略的大多是大型或超大型企业，目标是推出尽可能多的产品，捕捉市场机会，促进企业发展、壮大。

讨论

哪些企业运用了单一产品策略，哪些企业运用了产品系列专业性策略？

3. 产品组合的调整和优化

市场环境和资源条件变动后，企业应该对产品组合作出相应的调整，适时增加新产品，淘汰部分滞销产品，以保持产品组合的竞争力。

常用波士顿矩阵和通用电气公司法对产品组合进行分类与评价，以确认应当发展、维持，或者缩减、淘汰的具体业务，由此科学地调整和优化产品组合。

6.2.3　产品生命周期

1. 产品生命周期概述

产品从投入市场到最终退出市场的全过程称为产品生命周期（product life cycle）。产品生命周期是指产品的市场寿命，而不是产品的使用寿命。理解产品生命周期还须明确以下四点：①产品的生命是有限的；②产品销售经过不同阶段，每个阶段有不同的销售要求；③在产品生命周期的不同阶段，利润有升有降；④在产品生命周期的不同阶段，产品需要不同的营销策略组合。

产品生命周期一般要经历导入、成长、成熟、衰退四个阶段，如图6-2所示。每个阶段的特点互不相同，如表6-2所示。

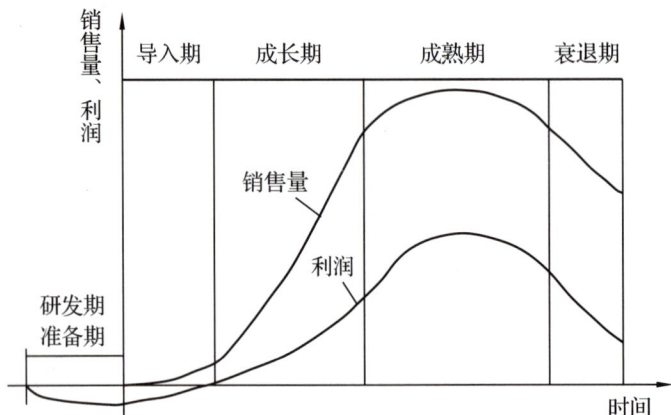

图6-2　产品生命周期

表 6-2　产品生命周期不同阶段的特点

项目	导入期	成长期	成熟期	衰退期
含义	把产品引入市场，销售缓慢增长的时期	销售和利润快速增长的时期	市场增长趋势减缓或饱和的时期，产品已被大多数潜在购买者所接受	产品销售量显著下降，是退出市场前的那段时期
成本	最高	高	低	低
顾客	创新者	采用者	大众	滞后者
竞争者	没有或极少	少数	数量最多	数量减少
营销目标和战略	高产品认知和试销	在大量竞争者进入之前，最大化市场份额	利润最大化的同时保持市场份额	控制成本并榨取最后价值
产品	提供基本产品	扩展产品、服务和保障	提供系列化产品	淘汰劣势产品，通过新功能争取进入新的成长期、成熟期
价格（利润）	价格较高，可能会因为高投入而亏损	价格开始下降，利润随着销售量的增加而增加	匹配或击败竞争者的价格，利润到达顶点后逐渐下降	竞争价格，降价可能导致利润大幅度回落甚至亏损
渠道	排他性或选择性分销渠道	选择性分销渠道	广泛性分销渠道	淘汰不盈利的渠道商
促销	针对早期顾客和渠道商促销，加大促销力度	针对大众顾客促销	强调产品的差异化	降低促销费用

2. 导入期的市场营销策略

导入期一般有四种可供选择的策略。

(1)快速掠取策略。以高价格、高促销费用推出新产品。实行高价格是为了获取最大的利润，投入高促销费用是为了引起目标顾客的注意，加快市场渗透。如果企业成功实施这一策略，可以赚取较高的利润，尽快收回新产品的开发成本。

实施该策略的市场条件：市场上有较大的需求潜力；目标顾客具有求新心理，急于购买新产品，并愿意为此付出高价；企业面临潜在竞争者威胁，需要及早树立品牌。

(2)缓慢掠取策略。以高价格、低促销费用推出新产品。高价格和低促销水平结合可以使企业获得更多的利润。

实施该策略的市场条件：市场规模相对较小，竞争威胁不大；市场上大多数用户对该产品少有疑虑；适当的高价能为市场所接受。

(3)快速渗透策略。以低价格、高促销费用推出新产品，目的在于先发制人，以最快的速度打入市场。该策略可以给企业带来最快的市场渗透率和最高的市场占有率。

实施该策略的市场条件：产品市场容量很大；潜在消费者对产品不了解，并且对价格十分敏感；潜在竞争比较激烈；产品的规模经济效应明显。

(4)缓慢渗透策略。以低价格、低促销费用推出新品。低价是为了促使市场迅速地接受新产品，低促销费用则可以实现更多的利润。

实施该策略的市场条件：需求价格弹性较高、促销弹性较小。

3. 成长期的市场营销策略

产品进入成长期以后，竞争加剧，企业为了维持市场增长率，延长获取最大利润的时间，在加强产品竞争能力的同时，也相应地加大营销成本。因此，在成长阶段，企业面临着"高市场占有率"或"高利润率"的选择。一般来说，实施市场扩张策略会减少企业当前的利润，但加强了企业的市场地位和竞争力，有利于维持和扩大企业的市场占有率，从长期利润观点看，更有利于企业的发展。

(1)改善产品品质。企业根据顾客需求和其他市场信息，不断改善产品品质，努力增加产品的款式和型号，增加产品的新用途，以提高竞争能力，吸引更多的顾客。

(2)寻找新的细分市场。通过市场细分，找到新的尚未满足的细分市场，企业根据其需要进入该市场，以争取更多顾客。

(3)改变营销策略。企业把广告重点从介绍产品转移到介绍产品的新功能上，在巩固原有渠道的基础上，增加新的销售渠道，在适当的时机选择降价策略。

(4)树立品牌形象。企业加强促销，重心从建立产品知名度转移到树立产品形象，主要目标是建立品牌偏好，争取新的顾客。

4. 成熟期的市场营销策略

产品进入成熟期以后，价格相对稳定，利润达到最高峰，开始出现产品过剩的情况。企业在稳住现有市场的同时，应尽力寻求新的增长点，延长成熟期，或使产品生命周期出现再循环。

(1)市场开拓策略(市场改良策略或市场多元化策略)。企业开拓新市场和扩大原有市场份额。

①外延型市场开拓。在现有市场外，通过地域上的外延寻找新的细分市场。一个产品在某一地区已进入成熟期，在另一地区可能刚进入导入期或成长期，企业可以在保持现有地域上的成熟期产品的销量和市场占有率的基础上，通过外延扩张到刚进入导入期或成长期的地区。

②内涵型市场开拓。在现有市场寻找新的顾客。处于成熟期的产品在现有市场内通过内涵细分可以扩展顾客范围，挖掘新的顾客。

(2)产品改良策略。以产品自身的改良来满足顾客的不同需要，吸引新的使用者，或使原有顾客增加购买量和购买的频率，从而使销量回升。

①设计改良。改善原有产品的设计，以提高处于成熟期产品的竞争能力，是产品改良的首要环节。即便只是一个很小的改进，也会使消费者更喜欢这个产品，从而使企业在竞争中领先。

②质量创新。质量创新是设计改良的直接结果，也是工艺改进和原材料改进的结果。通过质量创新来强化产品独特的功能，既可以更好地满足顾客的特定需要，为顾客带来更多的利益，又可以避免竞争者的模仿。

③发展新用途。不改变产品的设计、质量、功能特性等，而只是发掘现有产品的新用途。

（3）营销组合改良策略。企业通过改变定价、销售渠道及促销方式，与顾客建立新的联系，为顾客提供更完善的服务，从而在竞争中取得主动地位。

案例6-3

电视机的延长产品生命周期策略

随着新媒体的广泛发展，通过收看电视来获取信息或观看娱乐节目的人越来越少，电视机的销售量也在逐年下降。据统计，2023年全年，我国电视机市场整体出货量为3 656万台，与2022年相比下降了8.4%。全年市场规模跌破了3 700万台，创十年来新低。电视机生产企业急需通过多种策略延长电视机产品的生命周期。比如，产品改良，从传统电视转型为智能电视、数字电视；再如，扩大适用市场，从家用延伸到商用，将电视机作为小型会议室的播放设备。

5. 衰退期的市场营销策略

（1）集中策略。把资源集中使用在最有利的细分市场、最有效的销售渠道和最畅销的品种与款式上。即缩短战线，在最有利的市场赢得尽可能多的利润。

（2）维持策略。保持原有的细分市场和营销组合策略，把销售维持在一个低水平，待到适当时机，便停止经营，退出市场。

（3）榨取策略。大大降低销售费用，如将广告费用削减为零、大幅度精减推销人员等。虽然销售量有可能迅速下降，但是可以增加当前利润。

任何产品的市场生命周期都有结束之时，企业为了提高自身的竞争能力，应该未雨绸缪、高瞻远瞩，不断开发新产品，并及时将新产品投放市场。如果企业决定停止经营衰退期的产品，应在立即停产还是逐步停产问题上慎重考虑，并应处理好后续事宜，使企业有秩序地转向新产品的经营。

知识链接

产品种类、形式和品牌的生命周期

产品种类是指具有相同功能及用途的所有产品；产品形式是指同一种类中，辅助功能、用途或实体销售方式有差别的不同产品；而产品品牌是指企业生产与销售特定品牌的产品。

一般产品种类的生命周期要比产品形式、产品品牌长，有些产品种类生命周期中的成熟期可能无限延续。产品形式一般表现为比较典型的生命周期过程，即从导入期开始，经过成长期、成熟期，最后走向衰退期。至于品牌产品的生命周期，一般是不规则的，受市场环境及企业市场营销决策、品牌知名度等因素的影响。品牌知名度高的，其生命周期就长，反之亦然。

（资料来源：中国就业培训技术指导中心. 营销师职业资格教程[M]. 北京：中央广播电视大学出版社，2006. 有修改）

想一想：机械手表、电子手表、石英手表与上海牌机械手表，哪个产品的生命周期更长一些？为什么？

6.2.4 品牌策略

1. 品牌的含义

品牌是企业产品的牌子，用以区别产品或服务的名称、标记、符号、图案和颜色等要素或其组合。品牌主要包括品牌名称、品牌标志和商标。

扫描二维码，获取产品品牌的微课视频。

微课视频	学习笔记
	_____
	_____
	_____

品牌名称是指品牌中可用语言称呼的部分，如奔驰、海尔、长虹等。品牌标志是指品牌可以被识别、认识，但不能够用语言称呼表达的部分，包括独特的符号、图案或字体造型等，如奥迪的品牌标志就是四个互扣的环。商标是一个法律术语，品牌或品牌的一部分在政府有关部门依法注册后称为商标，在依法注册并取得专用权后受法律保护。

知识链接

品牌与商标

品牌包含商标，其价值反映企业产品的实力，是企业的无形资产。我国习惯上对一切品牌不论注册与否，统称为商标。这样，就有"注册商标"与"非注册商标"之别。非注册商标是未办理注册手续的商标，不受法律保护。在我国，品牌与商标这两个概念常通用。

品牌与商标的区别：品牌侧重于名称，与企业联系在一起，往往品牌与厂名统一；商标侧重于标志，与具体商品联系在一起。品牌由来已久，商标在近代才出现。

2. 品牌的作用

对企业而言，品牌形象是企业识别的核心，一个成功的品牌是企业最有价值的资产。品牌有助于树立产品和企业形象，保护产品的某些独特特征不被竞争者模仿，有助于产品的销售和占领市场；有助于吸引忠诚顾客；有助于稳定产品的价格，减少价格弹性，增强对动态市场的适应性，减少未来的经营风险；有助于市场细分，进而进行市场定位；有助于新产品开发，节约新产品投入市场的成本。

对消费者而言，品牌有助于消费者识别产品的来源或产品制造厂家，从而有利于消费者权益的保护；有助于消费者规避购买风险，降低消费者的购买成本，从而更有利于消费者选购商品；有利于消费者形成品牌偏好。

扫描二维码，获取产品品牌决策的微课视频。

微课视频	学习笔记

3. 品牌策略选择

(1)品牌化策略。品牌化策略是指企业是否使用品牌，是品牌策略的第一决策。

①无品牌策略。在实践中，有的企业为了节约包装、广告等费用，降低产品价格，吸引低收入购买者和对价格敏感型的消费者，提高市场竞争力，对企业的产品不使用品牌。一般认为，在下列几种情况可以考虑不使用品牌：大多数未经过加工的原料产品；生产简单，无一定技术标准、选择性不大的产品；一次性或临时性产品；不同生产者具有均匀质量的产品；消费者在购买时不会过多地注意品牌的产品等。

②使用品牌策略。如今，企业特别看重品牌的商业作用，品牌化迅猛发展，已经很少有产品不使用品牌了。像水果、大米等过去从不使用品牌的商品，现在也被冠以品牌出售。使用品牌策略的缺点是使企业的成本和费用增加。

(2)品牌归属策略。品牌归属策略是指品牌归谁所有。一般有三种选择策略。

①采用制造商品牌。在制造商具有良好的市场声誉、拥有较大的市场份额的条件下，应多使用制造商品牌。

②使用经销商品牌。经销商的品牌日益增多，如京东经销的许多商品都用自己的品牌。同时，许多实力较强的批发商也使用自己的品牌，增强对价格、供货时间等方面的控制。

③同时采用制造商品牌和经销商品牌。多数大型零售商和部分批发商既购入受欢迎的制造商品牌产品，又保有自有品牌产品。

(3)品牌名称策略。品牌名称策略是指企业决定所有的产品使用一个或几个品牌，还是不同产品分别使用不同的品牌。大致有以下四种策略。

①统一品牌。对于那些享有高声誉的知名企业，全部产品采用统一品牌，可以充分利用其品牌效应，降低成本，使企业所有产品畅销。同时，企业宣传介绍新产品的费用开支也相对较低，有利于新产品进入市场。统一品牌更容易建立品牌优势。比如，小米公司的产品采用"小米"作为品牌名称。这种品牌策略的缺点在于一个不良产品可能会损害相同品牌的其他所有产品的声誉。

②个别品牌。企业的不同产品使用不同的品牌。每种产品寻求不同的市场定位，有利于增加销售额和对抗竞争对手，还可以分散风险，使企业的整个声誉不因某种产品表现不佳而受到影响。比如，宝洁公司的洗衣粉使用了"汰渍""碧浪""象牙雪""格尼"等名称。

③分类品牌。企业经营的各大类产品分别使用不同的品牌。在企业的各大类产品的消费用途差异很大，且品牌名称又带有一定的字面含义时，使用统一品牌策略就会给广告促销等带来不便。比如，"舒肤佳"是香皂的品牌，如果饼干也用这个品牌显然不合适。在这种情况下，企业应该采用分类品牌策略。

④企业名称加个别品牌。企业不同类别的产品分别采取不同的品牌名称,且在品牌名称之前都加上企业的名称。企业多把此种策略用于新产品的开发。在新产品的品牌名称前加上企业名称,可以使新产品享受企业的声誉,而采用不同的品牌名称,又可使各种新产品显示出不同的特色。比如,海尔集团推出过"大王子"海尔洗衣机、"小王子"海尔洗衣机和"小小神童"海尔洗衣机。

(4)品牌延伸策略。品牌延伸策略是指将现有成功的品牌用于新产品的策略。

品牌延伸并非只借用表面上的品牌名称,而是对整个品牌资产的策略性使用。品牌延伸使新产品迅速被消费者认识和接受,大大降低了促销费用,同时也降低了新产品的市场风险。比如,上海乒乓球厂把"红双喜"的知名商标扩大到球网、球台、球拍上,形成"红双喜"品牌商标系列产品;海尔公司在海尔冰箱取得成功后,把"海尔"这个品牌成功地用于空调、电视机等产品。

品牌延伸通常也有风险,一个品牌取得成功的过程,就是消费者对企业所塑造的这一品牌的特性逐渐认同的过程。企业把强势品牌延伸到和原市场不相容或者毫不相干的产品上时,就有悖消费者的心理定位,不容易被市场接受,还会损害原有品牌的形象。比如,把药品中的品牌延伸到啤酒上,或者把饮料的品牌延伸到服装上,消费者就难以接受。

📖 案例6-4

"大白兔"的品牌延伸之路

"大白兔"作为一个1959年就开始发售的中国本土糖果品牌,是很多人童年的记忆。它的品牌形象深入人心,产品受众广泛。但随着国外品牌的不断进入,大白兔单一的品牌形象和产品已经不再受年青一代消费者的青睐。

在2018年9月举办的"第十二届中华老字号博览会"上,大白兔奶糖与美加净合作推出美加净牌大白兔奶糖味润唇膏。作为"大白兔"的第一次试水,润唇膏一经推出,大受欢迎。随后,开售大白兔奶糖口味的冰激凌,一天半内销售达1 000个冰激凌球。在社交媒体上"大白兔"品牌的热度指数达到32.53,微博话题产生了近4.8亿的阅读量、4.2万的讨论量。继"大白兔"奶糖味的唇膏和冰激凌外,"大白兔"奶糖味的香水、身体乳、沐浴露、护手霜、车载香氛等产品也陆续推出。

4. 品牌的培育

(1)提升品牌显著性——形成品牌认知。品牌培育的第一步是提升品牌显著性,旨在加深客户对品牌认知的深度和广度。品牌认知深度是指该品牌被客户认出的容易程度,品牌认知广度则是指客户能想起购买和使用该品牌的情境范围的大小。例如,当王老吉出现在客户面前时,大多数客户能认出它,这是品牌认知的深度;当想喝凉茶时,客户会想到王老吉,无论何时想喝既不上火又解渴的饮品时,客户都会想到王老吉,这便是品牌认知的广度。

(2)构建品牌形象——形成品牌判断。品牌培育的第二步是构建品牌形象,以便使客户形成对品牌的判断。品牌形象更多地是指品牌的无形资产。品牌形象由几个要素构成:客户形象、购买渠道与使用条件、个性与价值、品牌历史与发展历程。例如,网易严选以"好的生活,没那么贵"作为企业的品牌口号,甄选高品质原材料和国际一流制造商,致力于为客户提供高品质产品和服务,同时,还执行30天无忧退货政策。过硬的产品质量、可接受的价格、宽松的退货政策为网易严选树立了良好的品牌形象和企业信誉，自然也赢得了广大客户的喜爱。

（3）培育品牌忠诚——形成品牌共鸣。品牌培育的第三步即培育品牌忠诚，旨在让客户与品牌形成共鸣。在这一层次上，客户与品牌形成了较强的依赖、情感和共鸣。这是每个企业都希望达到的境界。

6.2.5 包装策略

包装包括为产品提供容器或外部包装和对产品进行包装两方面的内容。一般来说，商品包装应该包括商标或品牌等要素。此外，包装上还应标有产品的主要成分、生产厂家、生产日期、有效期和使用方法等。

扫描二维码，获取产品包装的微课视频。

微课视频	学习笔记

1. 包装的作用

首先是保护功能，这是包装最基本的功能，使商品不受各种外力的损坏；其次是便利功能，商品包装应便于使用、携带、存放和处理；最后是销售功能，包装是无声的推销员，良好的包装能吸引消费者的注意，激发消费者的购买欲望。

2. 包装的种类

包装的分类方法有很多，营销学中按包装在流通中的作用，将包装分为以下三类。

（1）小包装。一个商品销售单位的包装形式，随同商品一起卖给消费者。小包装起着直接防护、美化、促销的作用，如牙膏的软管、啤酒瓶等。

（2）中包装。若干个单体或小包装组成的整体包装，介于小包装与大包装的中间包装。中包装一部分在销售过程中被消耗掉，一部分跟随商品出售。中包装主要起方便计量的作用，同时可以进一步地保护商品，如达能闲趣饼干一箱内有12袋。

（3）大包装（运输包装）。产品的最外层包装，起保护商品和方便运输的作用。

案例6-5

互联网时代的销售包装

2000年出生的人都已成年，迅速成长为这个时代的消费主力。他们的喜好不同于他们的兄辈、父辈。

江小白抓住这类消费群体年轻、时尚，同时又追求一种简单而不失高贵的生活特点，在包装上没有采用传统白酒的奢华与高贵的风格，而是采用了青春洋溢、富有时尚的包装，既青春时尚又充满朝气。配上短小幽默的文字，使包装更加新鲜、另类，让江小白赢得了年轻消费者的喜爱与青睐。

如今，过度包装已经成为一个环境问题。人们关心的问题主要有包装耗费天然资源、包装材料有害健康、包装拆卸后的处理、欺骗包装及高成本包装等。如果企业可以在绿色包装上下些功夫，可以给消费者留下良好的印象。

3. 包装策略选择

(1)类似包装策略。企业生产经营的所有产品，在包装外形上都采取相同或相近的图案、色彩等，使消费者通过类似的包装联想起这些商品是同一家企业的产品，具有同样的质量水平。类似包装策略不仅可以节省包装设计成本，树立企业整体形象，扩大企业影响，而且还可以充分利用企业已经拥有的良好声誉，消除消费者对新产品的不信任感，进而带动新产品的销售。

扫描二维码，获取产品包装策略的微课视频。

微课视频	学习笔记

(2)等级包装策略。企业对不同质量等级的产品分别设计和使用不同的包装，使包装质量与产品质量等级相匹配。对高档产品采用精致包装，对低档产品采用简单包装。这种做法适应不同需求层次消费者的购买心理，便于消费者识别、选购商品。

知识链接

分类包装策略

企业根据消费者购买目的不同，对同一种产品采用不同的包装。例如，购买商品用作礼品赠送亲友，可精致包装；若购买者自己使用，则可简单包装。

(3)配套包装策略。企业将几种有关联性的产品组合在同一包装内。这种策略能够节约交易时间，便于消费者购买、携带与使用，有利于扩大产品销售。家庭小五金工具产品组合、女士化妆品盒就是典型的配套包装。

(4)再使用包装策略(多用途包装策略)。包装在产品消费完后还能另做他用。这种包装策略符合当前的环保潮流，同时在包装物的再使用过程中，包装上的企业标志还能够继续宣传企业和产品。

(5)附赠品包装策略。附赠品包装策略是指在包装内附有赠品以刺激消费者重复购买的策略。包装物中的赠品可以是玩具、图片，也可以是奖券、小包装的商品。该包装策略对儿童和青少年及低收入者比较有效。这也是一种有效的营业推广手段。

此外，还有多种其他包装策略。一般而言，企业应保持包装设计的稳定，但也应该随着市场需求的变化而改变。企业在修正包装策略的同时，还要考虑包装的发展趋势，如新材料的应用、特殊形式的包装及包装密封方式等。

6.2.6 新产品开发

1. 新产品的分类

随着市场竞争的加剧和科学技术的进步，产品生命周期不断缩短，企业必须不断开发新产品来满足市场需求的变化，保证企业不断成长。

市场营销中新产品的范畴很广泛，不仅仅指新发明创造的产品。凡是企业向市场提供的能给顾客带来新的满足、新的利益的产品，都被视为新产品。

对新产品，可以从不同角度、用不同的标准进行分类。一般把新产品分为全新新产品、换代新产品、改进新产品和企业新产品四类，如表 6-3 所示。

表 6-3 新产品的分类

分 类	含 义	特 点	举 例
全新新产品	新发明和创造，利用新原理、新结构、新技术、新材料制造的产品	从研究到生产，要花费很长的时间、巨大的人力和财力支出，绝大多数企业都很难提供这种全新的产品	电话、飞机、计算机等第一次进入市场
换代新产品	在原有产品的基础上，部分采用新技术、新材料制成的性能有显著提高的产品	多数换代新产品是老产品部分的质变，中小企业由于技术、财力等原因，对产品的更新换代投入也较少	从黑白电视机、彩色电视机到液晶电视机
改进新产品	对现有产品在质量、结构、品种、材料等方面作出改进的产品	改进新产品是老产品的一种量变，满足各种消费者的不同需要	新款式的服装，从普通牙膏到药物牙膏等
企业新产品	企业对国内外市场上销售的产品进行模仿生产的产品	中小企业引进和仿制国外的新产品，能大大缩短和国际先进水平之间的差距，但是应符合专利法等法律、法规的规定	中国企业模拟开发国外企业的沙滩电动车等

案例6-6

告别千篇一律，设计自己的特色产品

智能手机对于现代人来说已经是一个再熟悉不过的产品，给我们的日常生活带来了颠覆性的改变，各种新型手机层出不穷。

2021 年，各手机厂家不断更新技术，推出各具特色的新款手机。华为推出了折叠屏手机，实现了手机与平板电脑之间的转换，扩展了手机的用途。中兴在屏下摄像头技术上取得突破，中兴 Axon 30 Pro 采用屏下摄像头技术，引领全面屏时代新趋势。小米自主研发拥有 17 项技术专利的隔空充电系统，手机不插线、不用底座，支持边玩边充、多设备同时充，有遮挡也不影响，能远距离无线充电。"一加9"使用高端骁龙 888 芯片组，配备 48MP(百万像素)主摄像头、超宽幅数码摄像头和第 3 支摄像头，配备更高的屏幕刷新率，具有超强的防水性能。OPPO Find X3 Pro 配备像显微镜一样的微距数码相机，具有 25 倍变焦和环形闪光照明，还具有高端音响等功能，手机的正面和背面都可以使用 NFC(近场通信)，可以将显示屏与终端相对，而不是仅能使用背面。

2. 新产品开发的内容和方式

(1)新产品开发的内容。企业新产品开发的内容非常广泛,既包括新产品的结构、功能、品种花色和使用方式的开发,又包括与新产品开发有关的科学研究、工艺设备、原材料及零部件的开发,还包括新产品销售中的商标、广告、销售渠道和技术服务等方面的开发。

企业新产品的开发可以概括为以下三方面的内容。

①产品整体性能的开发。整体性能开发是新产品开发活动中最重要、最基本的部分,直接决定着产品开发的成败。不断扩大产品整体性能开发的深度和广度,对搞好新产品的开发具有十分重要的意义。

②产品技术条件的开发。技术条件的开发是新产品开发的基础性活动,为产品整体性能的开发提供了必要的条件和手段。

③产品市场条件的开发。产品市场条件的开发对于实现产品价值,提高产品的效益性、竞争性具有重要的作用。

(2)新产品开发的方式。企业根据自身的特点和条件可以选择不同的开发方式,一般有独立研制、联合研制、技术引进、独立研制与技术引进相结合、仿制五种方式。

不同企业或同一企业在开发不同的新产品时,可根据情况量力而行,分别采用不同的研制方式,以取得最好的经济效益。

3. 新产品开发的程序

企业新产品的开发过程是一个充满矛盾、风险和创新的工作过程,也可以说是一项十分复杂的系统工程。从新产品的构思、筛选、设计、试制、鉴定、试销、评价直到全面投产、上市,工作内容和环节相当多,涉及面非常广。

📖 知识链接

新产品试销

通过试销,可以实地验证新产品进入市场的措施是否见效,可以观察消费者是否愿意购买投放市场的新产品。一次必要和可行的试销,可以比较可靠地测试或掌握新产品销路的各种数据资料,从而对新产品的经营目标和营销策略作出适当的修正;可以根据不同地区的特点和市场变化趋势,选择最佳的组合模式或销售策略;有助于新产品正式投产的批量和发展规模决策的作出。

4. 新产品开发的策略

新产品开发贵在创新。企业在开发新产品时,应考虑、分析与其他同类产品的差异性,从而向消费者提供特色明显的新产品,以此增强产品的吸引力和竞争力。

在营销活动中,新产品开发的策略主要有以下几种。

(1)领先开发策略。领先开发策略是指企业具备强烈的占据市场"第一"的意识,利用消费者先入为主的优势,率先推出新产品,最先建立品牌偏好,利用新产品的独特优点,占据市场上的有利地位,从而取得丰厚的利润。

采用领先开发策略的企业必须实力相对雄厚,或者是科研实力,或者是经济实力,抑或是两者兼备。同时,具备对市场需求及其变动趋势的超前的、准确的调研与预测机制。

（2）模仿开发策略。模仿开发策略就是企业等市场上的其他企业推出新产品后，立即加以仿制和改进，然后推出自己的产品。这要求企业必须具有快速反应机制，不能失去"尾随"创新的机会。

这种策略不需要企业投资研究新产品，绕过新产品开发这个环节，模仿市场上畅销的新产品，并加以许多建设性的改进。这样，既避免了市场风险，又可以借助竞争者领先开发新产品的声誉，顺利进入市场，以此分享市场收益，还有可能后来者居上。

注意

新产品开发中的专利问题

首先，不管是模仿开发还是完全独创地开发新产品，企业应该事先进行周密的专利调查，调查是否已存在与将要研发的这款新产品相关的专利。如果已有这样的专利，则需要了解专利的类型、专利权的保护范围、是否与这款新产品有相同或相近的技术内容。

其次，盲目模仿极可能引发专利侵权纠纷。一旦侵犯他人的专利权，将会面临罚款、没收违法所得等诸多不利后果。因此，企业应当注意避免盲目地模仿国内外同类产品，以免构成专利侵权行为。

再次，企业在研发新产品的过程中，如果确实遇到了无法绕开的专利障碍，可以根据需要，向专利权人寻求专利技术的许可或者转让。在相关专利无效的条件下，企业可以依法请求国家知识产权局复审和无效审理部宣告专利权无效。

最后，企业研发新产品实现技术突破后，应申请专利，取得法律的保护。

（3）定制式开发策略。定制式开发策略是以消费者需要为中心，根据顾客个性化需求设计和研制满足每位顾客需要的新产品。

采用这种策略的企业必须建立数据库，以便及时收集、分析顾客的各种需求信息，迅速地设计和生产顾客所需的个性化新产品。

思政园地

海尔集团的定制式生产

海尔是采用定制式新产品开发策略取得成功的典型。海尔根据顾客的需要开发了"地瓜洗衣机""抽屉式冰柜""带酒瓶架的冰箱"，以及根据顾客的需要设计不同颜色的冰箱等各类定制式新产品。正是由于采用了这种能满足顾客个性化需要的新产品开发策略，海尔的产品才能在市场上畅销不衰。

新产品开发策略还有很多，每种策略都有其优缺点和适用范围。企业决策者应根据顾客的需要、竞争对手的情况、企业的资源及市场环境等选择相应的新产品开发策略。

▶ 6.3　任务实施与心得

6.3.1　任务实施

1. 正确制定处于成熟期产品的营销策略

目前，国产手机处于产品成熟期，中国已经形成全球最大的手机产业群和手机零件产业链。天一公司充分发挥自身优势，制定相应的营销策略，利用其明显的价格优势和设计优势，以短、平、快方式切入市场。

2. 加快品牌建设

天一公司部分产品采取贴牌生产，以解决企业的产能过剩问题；部分产品使用自有品牌。通过对"天意"品牌的投入建设，谋求企业的长远发展，希望进一步提高产品的利润率。

3. 独特的外形和包装设计

随着手机的普及使用，手机的外观设计、时尚理念、产品定位等对消费者的影响越来越突出。天一公司针对国内消费者的特点，一方面，以产品的差异为卖点进行大力宣传，专攻外观和应用软件，制造时尚主题；另一方面，广告开路、拉动需求，渠道让利，努力使"天意"手机成为国产手机中的名牌产品。

6.3.2　实施心得

1. 品牌的命名要合理

理想的品牌名称一般应具有以下特点：①应当让人联想到产品的质量和利益；②应当易于发音、识别和记忆，简短的开音节的品牌名称效果较好；③名称应当独特、鲜明，如金牛座、柯达、埃克森；④品牌应当便于延伸到相关产品，同时要方便译成外文，有的品牌具有丰富的内涵和美好的意义(如纳爱斯、幸福牌等)，有的则是没有含义的，仅仅是简单的发音(如索尼、海尔等)；⑤应取得法律的保护。

2. 精心设计产品包装

产品的包装是最好、最直接的广告，能够直接影响顾客购买心理。包装设计涵盖产品容器设计、产品内外包装设计、吊牌和标签设计等。礼品包装设计、拎袋设计等也是提升产品销量的重要因素。

产品包装要和产品定位、品牌、价格等策略相匹配。包装的装潢应该给人以美感，具有艺术性，以唤起消费者的购买欲望，提高产品的竞争力。

包装上的文字、图案、色彩等不能和目标市场的风俗习惯、宗教信仰及国家的政策、法律、法规等相抵触。

▶ 6.4　知识拓展：服务营销策略

服务产品是以各种劳务形式表现出来的无形产品，如理发、美容、旅游、信息咨询、法律服务、金融服务等。一般来讲，服务产品除了具有无形性特征外，还具有生产过程和消费过程的同步性、服务质量的差异性和所有权的不可转移性等特征。

服务业是现代产业的重要组成部分，服务业的高质量发展是建设现代化经济体系的关键力量。服务业包括生产性服务业和生活性服务业，金融服务业、交通运输业、现代物流业、电子商务、文化产业、旅游业、健康服务业、家庭服务业、养老服务业等均在列。

2018 年，服务业在我国国民经济的份额占比为 52.2％，已成为国民经济的支柱产业；服务业就业占全社会就业的比重为 46.3％，成为吸纳劳动就业最大的部门；服务业已经成为固定资产投资的主战场，占比为 56％。我国已经进入服务经济时代。

随着服务市场竞争的日趋激烈，营销者必须了解服务营销的特点，根据地理、人口、心理、产品等标准来细分市场，在确定目标市场后进行市场定位，选择合适的服务产品营销组合策略。

在有形产品的 4P 策略组合的基础上，服务营销增加了人员（people）、有形展示（physical evidence）、服务过程（process）三个策略，从而形成了服务营销的 7P 策略组合。

1. 产品策略

服务产品组合策略的各项要素应该根据服务目标市场的特点来制定，并随着环境的变化而不断地调整和优化。同样，服务型企业也可以加强服务生命周期的管理，尽量延长其成长期和成熟期。例如，维萨（Visa）在信用卡行业进入成熟阶段后，努力开拓信用卡的新用法，鼓励客户在各种支付场景下使用 Visa 信用卡付款，从而维持了较高的增长率。

2. 价格策略

在制定价格策略时，要考虑服务的需求和供应之间的关系、竞争的影响，同时还应考虑顾客对服务质量的感觉与消费者的心理价位。服务定价具有较大的灵活性。

服务的生产和消费是同时进行的，服务不能够储存。因此，当需求处于低谷时，服务企业往往通过降低价格以充分利用过剩的生产能力。典型的案例就是航空公司的差别定价。

3. 分销策略

由于服务产品具有无形的特征，无须担心储存、运输和存货控制，通常使用较短的分销渠道或直接分销。另外，营销人员必须与顾客保持长期的、私人化的关系，使顾客感到满足，提高顾客的满意度和忠诚度。

随着互联网等信息技术的发展，服务营销也越来越多地采用中介机构代理、代销等形式。比如，货运代理在国际运输中很普遍。它们以较大的折扣从运输公司集中购买舱位，然后卖给各个进出口商。

4. 促销策略

服务促销包括广告、人员推销、宣传和公共关系等，促销应将顾客所得的利益成功传递，找出与竞争对手所不同的特征和利益。但应避免过度吹嘘自己的服务产品，因为过高的期望容易导致顾客的不满意。

5. 人员策略

服务人员直接与顾客接触，提高服务人员的素质就可以大幅度降低顾客的投诉率，提高服务的美誉度和企业形象。企业必须加强员工的招聘、培训和管理工作，激励员工提高工作效率和质量，展开个性化服务，向顾客提供一流的服务，满足顾客的要求。

人员策略除了研究企业员工的工作贡献和成本价值外，还包括对中间商的管理等。中间商也是服务产品构成的一部分，是顾客眼中的形象代言人。同时，企业还需要重视顾客与顾客之间的关系，一位顾客对服务质量的评价也会影响到其他顾客。

6. 有形展示策略

无形的服务需要借助服务场景(如营业大厅、装潢、陈设等)、设备、有形的沟通工具或资料、标志象征、参与服务生产和消费的人(包括人数及人员的仪表、行为等)、价格等来向顾客传递相关信息。有针对性地安排有形展示的内容，为顾客消除购买服务的疑虑，帮助顾客感知服务产品，增强顾客从服务中得到的满足感。

7. 服务过程策略

服务过程是指与服务生产、交易和消费有关的程序、操作方针、组织机制、管理规则，对顾客参与的规定与指导原则、流程等。服务人员和顾客的心理状态会受到社会因素和环境因素变化的影响，导致服务具有不稳定性。因此，企业需要对服务的过程进行规范化处理。

企业应建立严格的服务过程标准和规范，对服务过程及其质量进行全面监控，促进服务质量的提高。例如，企业在提供课程培训时，需要明确报名程序、开课的时间与地点、授课人员、授课内容、课程进度、考试的时间与方式等，让客户对服务流程有可观察的衡量标准。在教师授课过程中加强教学质量的监督，确保学员学有所得。

▶ 6.5　思政案例

老字号新策略：御用宫剪张小泉线上玩定制

"北有王麻子，南有张小泉。"同为老字号剪刀品牌，王麻子在2013年宣布破产，而创于1628年的张小泉不仅活了下来，在新零售时代还活得很好。

针对市场消费升级中出现的新现象——"旧的传承"与"新的市场"快速磨合，老字号与年轻人的距离拉近，拥有中国传统元素的东西开始受到追捧。2011年，张小泉成立60人的电商团队。电商渠道的产品多为标品，由专门的车间生产。从生产到出厂，一把剪刀要经历45天共20多道工序。线上消费者偏年轻化，线下消费者年龄偏大。因此，张小泉根据不同消费者的使用需求和身体结构对产品做了调整。例如，刀具的锋利程度会有所不同，或者刀头弯度不一样。

为了和年轻消费群体互动，公司设计了一系列戴着墨镜的祖师爷的卡通形象，同时扩张品类，上架了筷子、菜板、美甲等产品。张小泉天猫旗舰店推出一年两次的定制活动，可以在刀、剪上刻字和头像。1 000把限量菜刀，一分钟不到就抢完了。如今，张小泉成立子公司单独运营电商业务，团队依旧维持在60人左右。2016年线上全渠道销售额达到1.3亿元，其中天猫店销售超过5 000万元。

试分析：

(1)从产品整体概念对张小泉的产品进行分析。

(2)张小泉线上定制产品与线下产品有何区别？为什么张小泉会制定线上定制化的产品策略？

▶ 6.6　业务技能训练

6.6.1　自测习题

1. 单选题

(1)产品说明书、保证、安装等属于(　　　)。

　　A. 核心产品　　　　　B. 潜在产品　　　　　C. 延伸产品　　　　　D. 期望产品

(2)产品生命周期结束的标志是(　　　)。

　　A. 产品更新换代　　　B. 产品退出市场　　　C. 产品报废　　　　　D. 替代产品出现

(3)品牌中可以用语言称呼、表达的部分是(　　　)。

　　A. 品牌　　　　　　　B. 商标　　　　　　　C. 品牌标志　　　　　D. 品牌名称

(4)采用新原理、新结构、新技术、新材料制成的产品称为(　　　)。

　　A. 换代产品　　　　　B. 仿制产品　　　　　C. 改进产品　　　　　D. 全新产品

2. 判断题

(1)所有产品的生命周期都必须经过投入期、成长期、成熟期和衰退期四个阶段。

　　　　　　　　　　　　　　　　　　　　　　　　　　　　　　　　　　　(　　　)

(2)开发新产品，应先提出目标，收集"构想"。　　　　　　　　　　　　　(　　　)

(3)畅销产品就是名牌产品。　　　　　　　　　　　　　　　　　　　　　(　　　)

(4)名牌腕表、特殊品牌和特殊造型的奢侈品，以及收集者要收集的特殊邮票和钱币等都属于选购品。　　　　　　　　　　　　　　　　　　　　　　　　　(　　　)

(5)体育用品商店的产品组合，其宽度较宽、深度较深。　　　　　　　　　(　　　)

6.6.2　课堂训练

1. 产品整体概念是什么？包含哪几个层次？

2. 产品生命周期的概念是什么？包含哪几个阶段？

3. 可以采用什么办法延长产品成熟期？

4. 企业的品牌策略主要有哪些？

5. 企业的包装策略主要有哪些？

6.6.3　实训操作

1. 针对现在的低碳经济、绿色和谐的发展思路，江苏天地木业有限公司应该开发哪些地板产品？

2. 无锡华林电缆公司专业生产机器人电缆、电梯电缆和计算机电缆等200多个品种的电缆，是集科研、生产、销售、服务于一体的电线电缆公司。试分析该公司的产品组合策略。

3. 请分析苏州虎丘电脑培训学校的产品组合策略。今后苏州虎丘电脑培训学校想进一步延伸自己的培训内容，可向哪些方向延伸？学校的名称应该做什么样的改变？

4. 海尔是全球大型家电品牌。2021年，海尔集团全球营业额为3 327亿元，海尔的用户遍布世界 100 多个国家和地区。其生产和销售的产品涵盖了冰箱、冰柜、洗衣机、空调、彩电、热水器、手机、电脑等。试分析海尔公司的产品组合策略。

5. 走进学校附近的大型超市，调查洗发水、巧克力、白酒这三类产品分别使用了哪些包装策略，并给其中一类产品提出改进包装策略的建议。

6. 上网查询上一年度的世界著名品牌的价值、我国著名品牌的价值。谈谈你对此有何感想。

任务 7 确定产品价格策略

●●●● 思维导图

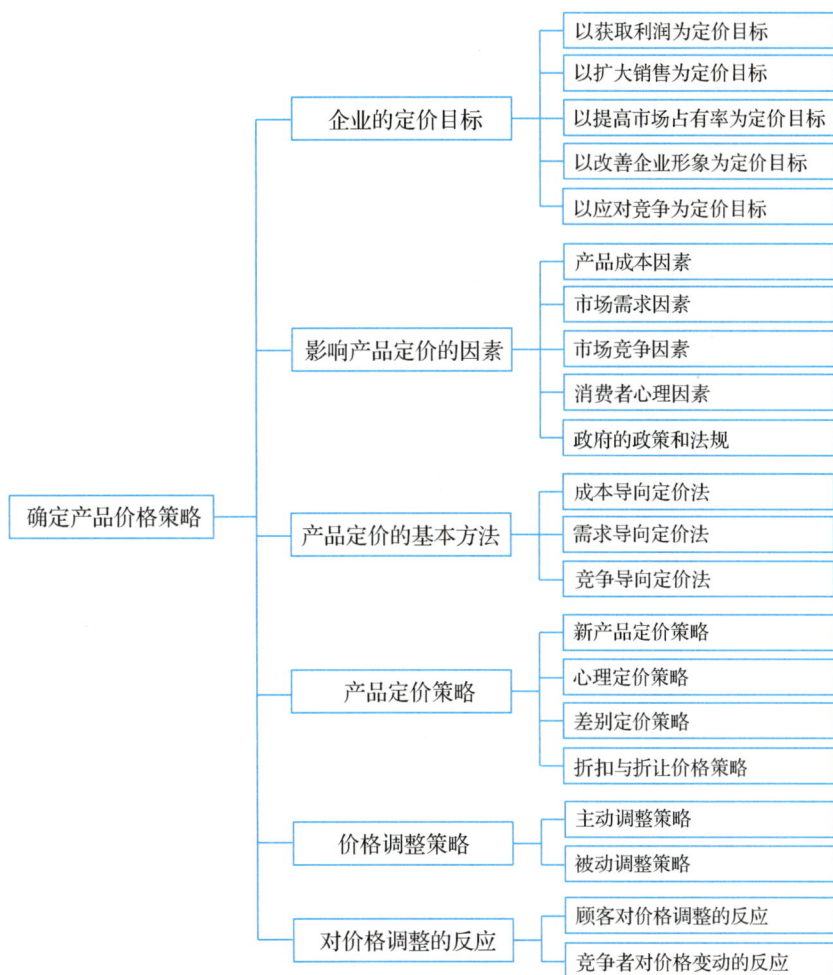

●●●● 知识目标

1. 熟悉定价程序的步骤;

2. 了解制定价格的方法;

3. 掌握产品价格策略的种类和内容。

●●●● 能力目标

1. 学会为新产品制定合理的价格；
2. 能够为产品选择合适的定价方法；
3. 能够结合竞争对手与市场情况及时调整价格。

●●●● 素质目标

1. 树立团队协作精神；
2. 具备精益做事的工匠精神；
3. 提高创新思维能力与灵活应变能力。

7.1　任务描述与分析

7.1.1　任务描述

天一公司的市场部经理在沈建龙、小王、小杨和小顾工作一段时间以后，交给他们四人一项任务，让他们调查公司的主要产品——"天意"手机的定价是否合理，近期有无必要进行价格调整，同时要求他们对即将上市的 S866 型号手机进行定价。沈建龙等人接到任务以后，首先调查竞争对手的产品价格，了解其定价目标及价格策略，然后对本公司产品的价格作深入了解，掌握企业制定价格的程序及方法，定价策略的运用及如何进行价格调整等。

7.1.2　任务分析

企业产品价格是否合理，会极大地影响企业的竞争力、销售收入和利润，也会影响企业的生存及发展。

定价决策是根据企业经营战略的要求确定定价目标，并按照一定的程序和方法制定价格，最后确定定价策略和价格调整方法的决策过程。

定价程序通常可分为以下几个步骤：明确企业的定价目标，分析影响产品价格的基本因素，在特定的定价目标指导下，根据对成本、供求等一系列基本因素的研究，运用价格决策理论，确定定价方法。还必须对灵活多样的各种定价策略和技巧进行研究，按某一种定价方法为产品确定合理的价格。定价程序的步骤，如图 7-1 所示。

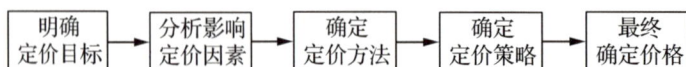

明确定价目标 → 分析影响定价因素 → 确定定价方法 → 确定定价策略 → 最终确定价格

图 7-1　定价程序

定价方案制定以后，还应拟订具体的实施计划并组织实施。同时，通过有效的监督，了解定价是否符合市场的实际情况，发现问题要及时反馈，并迅速作出价格调整的决策，最终保证企业定价目标的实现。

▶ 7.2　相关知识

7.2.1　企业的定价目标

在成熟的市场上，产品的价格对企业的销售额、市场占有率和利润有很大影响。因此，企业在定价之前，首先要考虑企业的定价目标，并把它作为确定价格策略和定价方法的依据。

扫描二维码，获取企业定价目标的微课视频。

微课视频	学习笔记

企业的定价目标可分为以下五类。

1. 以获取利润为定价目标

根据企业对利润期望水平的不同，利润定价目标又可分为获取适当利润定价（目标利润定价）和追求最大利润定价。

（1）适当利润定价。适当利润定价就是企业对某一产品或服务的定价能保证其达到既定目标利润额或目标利润率。采用这种定价目标，一是要确定合理的利润率；二是企业的产品必须是畅销产品，同时不担心竞争对手。

（2）最大利润定价。最大利润定价就是企业期望通过制定较高的价格，迅速获取最大利润。采用这种定价目标的企业，其产品多处于有利地位。例如，新产品刚上市时，企业希望快速收回投资、获取高额利润，则可采取此种定价目标。

2. 以扩大销售为定价目标

企业将定价目标主要着眼于产品销售量的扩大，如在新产品刚进入市场阶段，只有迅速扩大销售才能形成规模效应，降低产品成本。此时，企业不宜将利润目标定得太高，而应制定市场能够接受的价格，迅速打开市场。此外，在产品的成熟期或衰退期，为了迅速出清存货，进行产品结构调整，有时也会以较低价格来吸引消费者，促进销售。

3. 以提高市场占有率为定价目标

市场占有率是反映企业市场地位的重要指标，影响企业的市场形象和盈利能力。与同类企业或产品比较，市场占有率高，表明在竞争过程中企业拥有一定优势，即使在单位利润水平不高的情况下，企业仍具有较强的盈利能力。因此，许多企业常以维持或扩大其市场占有率为定价目标。

知识链接

市场占有率与利润的关系

市场占有率与利润的相关性很强。市场占有率与利润一般存在以下关系：①当市场占有率为10%以下时，投资收益率大约为8%；②当市场占有率为10%(含)～20%时，投资收益率大约为14%；③当市场占有率为20%(含)～30%时，投资收益率大约为22%；④当市场占有率为30%(含)～40%时，投资收益率大约为24%；⑤当市场占有率为40%及以上时，投资收益率大约为29%。

因此，企业以市场占有率为定价目标，具有获取长期较高利润的可能性。

(资料来源：蒲冰. 市场营销实务 [M]. 成都：四川大学出版社，2016. 有修改)

4. 以改善企业形象为定价目标

价格是消费者判断企业形象及产品形象的一个重要因素。为优质、高档商品制定高价，有助于确立产品高端形象，吸引特定目标市场的顾客。适当运用低价或折扣价，则能帮助企业树立平价企业形象。激烈的价格竞争从短期看可能会给消费者带来一定好处，但是它破坏了市场的正常供求关系，长此以往终究不利于消费者。在此情况下，如果有企业为稳定市场价格作出努力并取得成效，就会在社会上树立良好的形象。

案例7-1

同仁堂采取多种措施稳定产品价格

近年来，随着中药市场不断扩大和竞争加剧，同仁堂面临原材料和人工成本不断上涨的压力。同仁堂采取多种措施来维持价格稳定：一方面，加强对原材料的采购管理，确保原材料质量和供应的稳定性；另一方面，通过优化生产流程和提高生产效率来降低生产成本，从而保持产品价格的稳定，赢得消费者的信任和支持。

5. 以应对竞争为定价目标

企业根据竞争需要来确定定价目标。一般来说，企业对竞争者的行为都十分关注，尤其关注对方的价格策略。在市场竞争日趋激烈的形势下，企业在定价前都会仔细研究竞争对手的产品和价格情况，然后有意识地通过自己的定价去对付竞争对手。

在实际工作中，根据实际情况企业有时会单独选用以上一种定价目标，有时也会配合使用两种或两种以上定价目标。

讨论

新手机上市时适合采用什么样的定价目标？

7.2.2　影响产品定价的因素

扫描二维码，获取产品定价的影响因素的微课视频。

微课视频	学习笔记
	_____
	_____
	_____

影响产品定价的因素主要有以下五个。

1. 产品成本因素

企业在制定产品价格时，考虑较多的是产品成本。产品成本是产品定价的基础，是企业盈亏临界点。定价大于成本，企业就能获得利润；反之则会亏本。

定价中考虑的成本主要有以下四种，如图 7-2 所示。

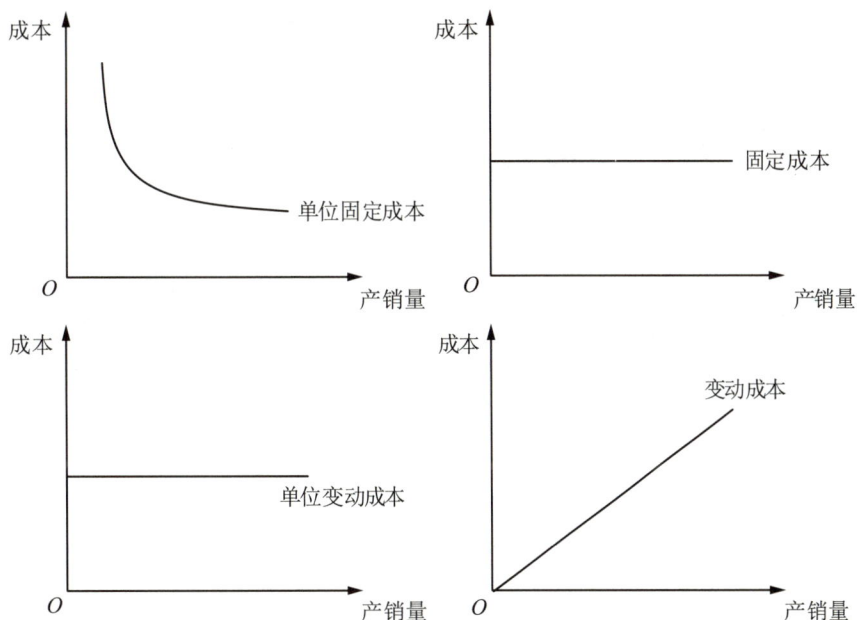

图 7-2　定价中考虑的成本

固定成本是指不随产量变化而变化的成本，如固定资产折旧、机器设备租金、管理人员费用等。变动成本是指随产量变化而变化的成本，如原材料、直接营销费用、生产经营人员的工资等。

单位固定成本是指单位产品分摊固定成本，随着产销量的增加而相应减少。单位变动成本是指单位产品的变动成本，在一定的经济技术条件下是不变的。

总成本、固定成本、变动成本的关系为：

$$总成本＝固定成本＋变动成本$$

2. 市场需求因素

市场需求主要包括市场商品供求状况和商品需求特性等。在正常情况下，市场需求会按照和价格相反的方向变动，价格提高，市场需求量就会减少；反之，市场需求量会增多。

知识链接

价格弹性对价格的影响

价格弹性大的商品，价格稍微调整，即会引起市场需求量的较大变化；而价格弹性小的商品，价格的微小变化不会引起市场需求量的强烈变动。一般情况下，便利品价格弹性较大；特殊品的价格弹性则较小；选购品的价格弹性比便利品小，但比特殊品大。

3. 市场竞争因素

在市场竞争过程中，企业为产品定价或调价，必然会引起竞争对手的关注。为了使产品价格具有竞争力和盈利能力，企业在产品定价或调价前，对竞争对手产品及其价格进行分析是十分必要的。对竞争者的分析，主要考虑同类市场中主要竞争者的产品特征、价格水平和竞争实力等。

知识链接

竞争地位不同的企业的竞争定价方法

力量较弱的企业，可采用与竞争者相同的价格或略低于竞争者的价格出售产品的方法；力量较强的企业，在扩大市场占有率时，可采用低于竞争者价格出售产品的方法；实力雄厚并拥有特殊技术或产品品质优良，或能为消费者提供较多服务的企业，可采用高于竞争者价格出售产品的方法；为了防止新的竞争，在一定条件下，实力较强的企业往往一开始就把价格定得很低，从而迫使小企业退出市场或阻止对手进入市场。

4. 消费者心理因素

消费者的心理会影响其消费行为，企业定价必须考虑消费者心理因素。

（1）消费者的预期心理。当预测产品有涨价趋势，消费者会争相购买；反之，则会持币观望。

（2）消费者的认知价值。消费者在购买产品时常常把产品的价格与自身的认知价值相比较，当确认价格合理、物有所值时才会作出购买决策，产生购买行为。

同时，消费者还存在求新、求奇和求名等心理。这些心理也会影响其认知价值。

5. 政府的政策和法规

政府的相关政策和法规对企业定价也会产生约束作用。因此，企业在定价前一定要了解政府对商品定价方面的有关政策和法规。比如，在某些特殊时期，政府利用行政手段对某些特殊产品实行最高限价、最低保护价政策。

讨论

除上述五个因素外，还有哪些因素可能会影响产品定价？

7.2.3　产品定价的基市方法

定价方法是在定价目标指导下，根据对成本、供求等一系列基本因素的研究，运用价格决策理论，对产品价格进行计算的具体方法。定价方法一般有以成本为导向、以需求为导向和以竞争为导向三种，企业应根据实际情况选择使用。

1. 成本导向定价法

成本导向定价法是以成本为中心，按卖方意图定价的方法。在定价时，先考虑收回企业在生产经营中投入的全部成本，再考虑获得一定的利润。

(1)成本加成定价法。这是一种最简单的定价方法，就是在单位产品成本的基础上，加上一定比例的预期利润作为产品的售价，售价与成本(包含税金)之间的差额即利润。其计算公式为：

$$产品单价＝单位产品总成本×(1＋加成率)$$

加成率为预期利润占产品成本的百分比。

例 7-1：某种产品的单位产品成本为 100 元，加成率为 20%，则产品单价＝100×(1＋20%)＝120(元)。

这种方法简便易行，可以保证企业取得正常的利润，保障企业生产经营的正常进行。这种方法不足之处在于从卖方利益角度出发进行定价，没有考虑市场需求和竞争因素的影响。企业在应用这种方法时，应当根据市场需求、竞争状况等变化来调整加成率。

(2)售价加成定价法。这是以产品的最后销售价为基数，按销售价的一定百分比来计算利润，最后得出产品的售价。其计算公式为：

$$产品单价＝单位产品总成本÷(1－加成率)$$

例 7-2：某种产品的单位产品成本为 100 元，如果要获取售价的 20% 的利润，则产品单价＝100÷(1－20%)＝125(元)。

对零售商来说，此种方法容易计算商品销售的毛利率。一般商业部门尤其是零售部门较多采用这种定价方法。由于需求弹性的变动，加成率也应随之调整。

(3)目标利润定价法。该方法又称目标收益定价法或投资收益率定价法，是在企业投资额的基础上，根据企业投资总额、预期销售量、投资回收期等因素来计算价格的方法。其计算公式为：

$$产品单价＝(总成本＋目标利润)÷预计销售量$$

例 7-3：某企业年生产能力为 100 万件甲产品，估计未来市场可接受 60 万件，其总成本为 1 000 万元，企业的目标利润率为 20%。请问甲产品单价应为多少元？

解：目标利润＝总成本×利润率＝10 000 000×20%＝2 000 000(元)。

单位产品价格＝(总成本＋目标利润)÷预计销售量＝(10 000 000＋2 000 000)÷600 000＝20(元)。

因此，该企业产品的定价应为 20 元。

目标利润定价法的优点是可以保证企业既定目标利润的实现；缺点是只从卖方的利益出发，没有考虑竞争因素和市场需求情况。

目标利润定价法一般适用需求价格弹性较小的产品，适用于市场占有率较高或具有垄断性质的企业。政府通常为保证稳定的收益率，允许大型公用事业单位采用目标利润定价法进行定价。

(4)保本定价法。保本定价法又称盈亏平衡定价法或收支平衡定价法，是指在销量既定的条件下，企业产品的价格必须达到一定的水平才能做到盈亏平衡、收支相抵。

保本定价法是企业在市场不景气或特殊竞争阶段，或在新产品试销阶段所采用的一种特殊定价方法。它是在保本的基础上制定价格，即保本价格。其计算公式为：

$$保本价格＝企业固定成本÷预计产销量＋单位变动成本$$

例7-4：某产品固定成本10 000元，单位变动成本为5元/件，若销量为500件时，保本价格＝企业固定成本÷预计产销量＋单位变动成本＝10 000÷500＋5＝25(元)。

一般来说，在成本不变的情况下，价格高于保本价格，企业就盈利；而价格低于保本价格，则必然出现亏损。这种方法只说明了企业在既定产量时什么价格是保证不亏损的最低限度，并没有考虑在这种价格水平上这个产量能否销售出去。

(5)变动成本定价法。这是以变动成本为基础的定价方法，又称边际贡献定价法。边际成本是指每增加或减少一个单位生产量所引起总成本的变化量。其计算公式为：

$$边际贡献＝价格－变动成本$$

$$利润＝边际贡献－固定成本$$

$$单位产品价格＝单位变动成本＋单位边际贡献$$

单位产品价格大于单位变动成本的部分，称为单位边际贡献。当利润为零时，边际贡献等于固定成本。

在市场竞争激烈，产品供过于求、订货不足时，企业为了生存和提高竞争能力，采用变动成本定价法是非常灵活有效的。

例7-5：某企业甲产品的生产能力为每年1 000台，全年固定成本总额为50万元，单位变动成本为1 000元，单位成本为1 500元，每台售价为2 000元，已有订货量为600台，有40%的闲置生产能力。现有一家外商提出订购400台，但每台出价只有1 200元。试分析外商的订购是否可以接受。

解：如果按照以往的定价方法，外商的出价低于成本，显然不能接受，但是，如果采用变动成本定价法的思想，这批订货就可完全接受。

如果不接受，企业的利润＝销售收入－变动成本－固定成本＝600×2 000－600×1 000－500 000＝100 000(元)。

如果接受的话，企业的利润＝600×2 000＋1 200×400－600×1 000－400×1 000－500 000＝180 000(元)，即接受订货比不接受多挣80 000元。这时只要单位售价大于单位变动成本，新订单的边际贡献即企业的新增利润。

2. 需求导向定价法

这是一种以需求为中心、以顾客对商品价值的认知为依据的定价方法。

扫描二维码，获取需求导向定价法的微课视频。

微课视频	学习笔记

(1)认知价值定价法。这种方法认为，决定商品价格的关键因素是顾客对商品价值的

认知水平，而不是卖方的成本。在定价时，先要估计和测量顾客心目中的认知价值，根据其认知价值制定商品的初始价格，再预测商品的销售量和目标成本，最后把预测的目标成本与实际成本进行对比，以此来确定价格。

认知价值定价法的关键是准确地确定消费者对所提供商品价值的认知程度。目前主要有以下三种方法判断顾客对商品价值的认知程度。

①直接评议法。邀请顾客、中间商及企业等对商品的价值进行直接评议，得出商品的认知价值。

②相对评分法。邀请顾客、中间商等有关人员用某种评分方法对多种同类产品进行评分，然后再按分值的相对比例和现行平均市场价格推算、评定产品的认知价值。

③诊断评议法。用评分法对产品的功能、质量、外观、信誉、服务水平等多项指标进行评分，找出各因素指标的相对认知价值，再用加权平均法计算出产品的认知价值。

例 7-6：假设甲、乙、丙三家企业制造同一种开关，抽样选出一组工业用户为对象，邀请这些用户的采购员来检查和评价这三家企业产品的价值。这里有三种可供选择的方法。

方法一：直接评议法。采用这种方法，采购员们为每种开关估计一个他们认定的能从这些企业购买这种开关的价格。他们评议的结果：甲、乙、丙三家企业开关的价格分别为 2.55 元、2.00 元和 1.52 元。

方法二：相对评分法。采用这种方法，采购员们给三家企业的产品以满分 100 分为标准分别进行打分，以此来反映购买每家企业开关的总价值。假设甲、乙、丙三家企业分别获得 42 分、33 分、24 分（平均分 33 分）。如果一个开关的平均市场价格为 2 元，三家企业的价格分别为（约为）2.55 元（2×42/33）、2 元（2×33/33）和 1.45 元（2×24/33），这反映了认知价值的变化。

方法三：诊断评议法。采用这种方法，采购员们对三家企业提供的一组产品属性进行评价。他们对每种属性，按 100 分标准给三家企业打分，产品的各属性分别占有不同的权重，结果如表 7-1 所示。

表 7-1　产品属性评价表

权 重	属 性	产品		
		甲	乙	丙
25	产品耐用性	40	40	20
30	产品可靠性	33	33	34
30	交货可靠性	50	25	25
15	服务质量	45	35	20
100	认知价值	41.65	32.65	25.7

把对每家企业的评分乘以权重，然后加总，我们可以发现，甲开关的认知价值约为 42 分，高于平均分；乙开关的认知价值约等于平均分；丙开关的认知价值则低于平均分。

显然，在客户眼里，甲企业的产品具有更高的认知价值，可以定较高的价格。甲企业希望按其认知价值定价，可以将甲企业产品的认知价值与平均认知价值进行对比后定价，定价为 2.55 元(2×42/33,其中,"2"元为平均价格,"33"为平均认知价值)。

(2)反向定价法。反向定价法是指企业依据消费者能够接受的最终销售价格,逆向推算出产品的零售价和批发价,最终推算出企业产品的出厂价格。这种定价方法不以实际成本为主要依据,而是以市场需求为出发点,力求使价格被消费者所接受。分销渠道中的批发商和零售商多采用这种定价方法。

例 7-7:消费者对某品牌电视机的可接受价格为 4 500 元,电视机零售商的经营毛利为 20%,批发商的批发毛利为 5%。计算该电视机的出厂价格。

解:零售商可接受价格=消费者可接受价格×(1-20%)=4 500×(1-20%)=3 600(元)。

批发商可接受价格=零售商可接受价格×(1-5%)=3 600×(1-5%)=3 420(元)。

因此,该品牌电视机的出厂价格为 3 420 元。

3. 竞争导向定价法

这是企业为了应对市场竞争而采取的一种特殊定价方法。

(1)随行就市定价法。根据同行业企业的现行价格水平定价,是一种比较常见的定价方法。一般是由于产品的成本测算比较困难,竞争对手不确定,以及企业希望得到一种公平的报酬,在不愿打乱市场现有正常秩序的情况下,采用的一种行之有效的方法。

采用这种方法既可以追随市场领先者定价,也可以按照市场的一般价格水平定价。这要根据企业产品的特征和产品的市场差异性而定。

(2)垄断定价法。这是指垄断企业为了控制某项产品的生产和销售,在价格上作出的一种反应。垄断定价法分为垄断高价定价法和垄断低价定价法。

垄断高价定价法是指几家大的垄断企业,通过垄断协议或默契方式,使商品的价格大大高于商品的实际价值,获得高额垄断利润。

垄断低价定价法是指垄断企业在向非垄断企业及其他小企业购买原料或配件时,把原料或配件的价格定得很低。

(3)密封投标定价法。这是指招标者(买方)先发出招标信息,说明招标内容和具体要求。参加投标的企业(卖方)在规定期间内密封报价和其他有关内容,参与竞争。其中,密封价格就是投标者愿意承担的价格。这个价格主要考虑竞争对手的报价,而不能只看本企业的成本。在投标中,报价的目的是中标,所以报价要力求低于其他竞争者。这种方法主要用于建筑包工、产品设计和政府采购等方面。

此外,还有倾销定价法和拍卖定价法。倾销定价法是为了进入或占领某国市场,打击竞争对手,以低于国内市场价格,甚至低于生产成本的价格向国外市场抛售商品而制定的价格。倾销定价法容易引发贸易争端,往往被对方国家征收反倾销税,所以不建议采用该方法。

拍卖定价法常见于古董、珍品、高级艺术品或大宗商品的拍卖交易中。拍卖有经典拍卖和反向拍卖两种。经典拍卖是指买家通过提供最高价格来获得商品;反向拍卖是卖方在反向定价机制中决定是否接受买方设定的价格,形成反向定价机制。

讨论

哪种定价方法适合于天一公司的手机产品?

7.2.4 产品定价策略

产品定价策略是指企业为实现其产品定价目标，在定价方面采取的谋略和措施。在确定定价的基本方法后，还必须对灵活多样的各种定价策略和技巧进行研究，灵活而巧妙地处理好在商品销售过程中出现的各种价格问题。这样才能保证企业产品定价目标的顺利实现。

1. 新产品定价策略

在激烈的市场竞争中，企业开发的新产品能否及时打开销路、占领市场并获得满意的利润，不仅取决于适宜的产品策略，还取决于价格策略等其他营销策略的协调配合。常用的新产品定价策略有以下三种。

(1)撇脂定价策略。这是一种高价格策略，是指在新产品上市初期，价格定得很高，以便企业在较短的时间内获得最大利润。

撇脂定价策略的优点：新产品初上市，竞争者还没有进入，利用顾客求新心理，以较高价格刺激消费，开拓早期市场；由于价格较高，因而可以在短期内取得较大利润。同时，由于定价较高，在竞争者大量进入市场时，便于主动降价，增强竞争能力，也符合顾客对价格由高到低的预期心理。

案例7-2

佰草集的撇脂定价策略

佰草集是上海家化联合股份有限公司旗下的中草药个人护理品牌，主打中草药护肤理念。佰草集太极系列采用了撇脂定价策略，其中一款产品的零售价高达 1 280 元。这样的高价策略非但没有降低消费者的购买意愿，反而吸引了大量对高品质、高档次化妆品有需求的消费者。通过售卖此款产品，企业不仅获得了较高的利润，还树立了高品质、高档次的品牌形象。

撇脂定价策略的缺点：在新产品尚未建立起声誉时，高价不利于打开市场，有时甚至会无人问津；如果高价投放市场销路很好，很容易引来竞争者，加速本行业竞争，容易导致价格下跌，不易长期经营。

知识链接

撇脂定价策略的一般适用情况

(1)拥有专利或专有技术的产品。研制这种新产品难度较大，用高价策略也不怕竞争者迅速进入市场。

(2)高价仍有较大的需求，而且具有需求价格弹性不同的顾客。例如，初上市的单反相机、高清电视机等，先满足部分价格弹性较小的顾客，然后再把产品推向价格弹性较大的顾客。由于这种产品是一次购买、使用时间长，因此市场也能接受高价。

(3)生产能力有限或无意扩大产量。尽管低产量会造成高成本，高价格又会减少一些需求，但由于采用高价格，仍然有较多收益。

(4)对新产品未来的需求或成本无法估计，定价低则风险大。因此，先以高价试探市场需求。

(2)渗透定价策略。这是一种低价格策略，即在新产品投入市场时，价格定得较低，以便消费者容易接受，很快打开局面并占领市场。

采用渗透定价策略，一方面，可以利用低价迅速打开产品销路，占领市场，从大的销量中增加利润；另一方面，低价可以阻止竞争者进入，有利于控制市场。但是这种策略的投资回收期较长，见效慢、风险大。

知识链接

渗透定价策略的适用条件

(1)制造新产品的技术已经公开，或者易于仿制，竞争者容易进入该市场。企业利用低价驱赶竞争者，占领市场。

(2)企业新开发的产品，在市场上已有同类产品或替代品，但是企业拥有较大的生产能力，并且该产品的规模效益显著，大量生产会降低成本，收益有上升趋势。

(3)供求相对平衡，市场需求对价格比较敏感。低价可以吸引较多的顾客，扩大市场份额。

企业应根据市场需求、竞争情况、市场潜力、生产能力和成本等因素，综合考虑采用哪种策略更为合适。各影响因素及特性，如表7-2所示。

表7-2　新产品定价策略影响因素及特性

因素的特性	渗透定价策略	撇脂定价策略
市场需求水平	低	高
与竞争产品的差异性	不大	较大
价格需求弹性	大	小
生产能力扩大的可能性	大	小
消费者购买力水平	低	高
市场潜力	大	不大
仿制的难易程度	易	难
投资回收期长度	较长	较短

(3)满意定价策略。这是一种介于撇脂定价和渗透定价之间的定价策略。这种策略因能使生产者和顾客都比较满意而得名。采用这种定价策略的产品价格比撇脂价格低、比渗透价格要高，因而比前两种策略的风险小，成功的可能性大。

三种新产品定价策略的价格与销量的关系，如图7-3所示。

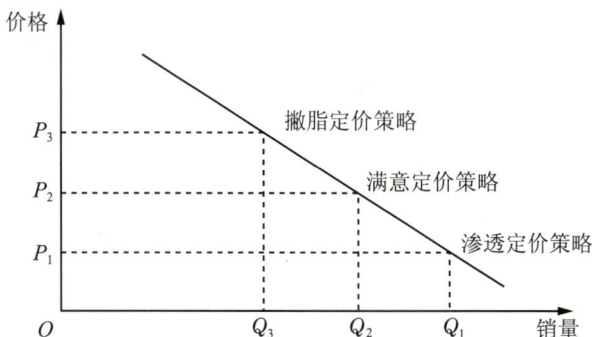

图 7-3 新产品定价策略的价格与销量的关系

讨论

新手机可以采用哪种新产品定价策略?

2. 心理定价策略

这是运用心理学原理，依据消费者在购买商品时的不同心理来制定价格，以诱导消费者增加购买，扩大企业的销售量。常用的心理定价策略有以下六种。

(1)整数定价策略。把商品的价格定成整数，使消费者产生"一分价钱一分货"的感觉，以满足消费者心理需求，提高商品的形象。这种策略主要适用于高档商品或消费者不太了解的商品。例如，一台电视机的定价为 4 500 元，而不是 4 499 元。

(2)尾数定价策略。尾数定价策略又称非整数定价策略，是指在商品定价时取尾数，而不取整数的定价方法，使消费者购买时在心理上产生较为便宜的感觉。例如，标价 99.99 元的商品和 100 元的商品，虽然仅差 0.01 元，但消费者感觉前者还不到 100 元，认为前者商品价格低、便宜，更易于接受。同时，带有尾数的价格会让消费者认为企业定价非常认真、精确，对企业产生一种信任感。

(3)分级定价策略。在定价时，把同类商品分为几个等级，不同等级的商品价格不同。这种定价策略能使消费者产生货真价实、按质论价的感觉，因而容易被消费者接受。采用这种定价策略，等级的划分要适当，级差不能太大或太小，否则起不到应有的分级效果。

(4)声望定价策略。在定价时，把有声望的商店、企业的商品价格定得比一般商品高。在长期的市场经营中，有些商店、企业的商品在消费者心目中有了威望，产品质量好，服务态度好，不经营伪劣商品、不坑害顾客等。因此，这些企业经营的商品可以制定高价格。

(5)招徕定价策略。在多品种经营的企业中，对某些商品定价很低，以吸引顾客，目的是招徕顾客购买低价商品的同时，也购买其他商品，从而带动其他商品的销售。

案例7-3

"99 美分商店"的招徕策略

美国有家"99 美分商店"，一般商品均标价 99 美分，每天还以 99 美分的价格出售 10 台彩电，极大地刺激了消费者的购买欲望，商店每天门庭若市。1 个月下来，每天按每台 99 美分的价格出售 10 台彩电的损失不仅完全补回，而且还有很高的利润。

(6)习惯定价策略。有些商品在顾客心目中已经形成了一个习惯价格。这些商品的价格稍有变动，就会引起顾客不满。提价时，顾客容易产生抵触心理，降价会被认为降低了质量。因此，对于这类商品，企业可在商品的包装、容量等方面进行调整，而不采用调价的办法。

讨论

新手机适合采用哪些心理定价策略？

3. 差别定价策略

差别定价策略是根据不同的顾客、产品、地点、时间等制定不同的价格，如表7-3所示。

表7-3　差别定价策略

类　别	特　点	具体形式
顾客不同	对不同的消费者，可以采用不同的价格	对老客户和新客户采用不同价格，对老客户给予一定的优惠
产品形式不同	不同花色品种之间的价格主要依据产品的市场形象和需求状况来定价	国外有的商人把同一种香水装在造型奇特的瓶子里，然后将价格提高1～2倍
地点不同	对质量相同、成本费用相等的同一商品按不同的地点制定不同的价格	影院、运动场、球场或游乐场等因地点或位置的不同，价格也不同
时间不同	对同一产品或服务，在不同的时间或不同季节制定不同的价格	宾馆、饭店在旅游旺季和淡季的收费标准不同

扫描二维码，获取差别定价策略的微课视频。

微课视频	学习笔记
	＿＿＿＿＿＿＿＿＿＿＿＿＿＿＿＿＿＿＿＿＿＿
	＿＿＿＿＿＿＿＿＿＿＿＿＿＿＿＿＿＿＿＿＿＿
	＿＿＿＿＿＿＿＿＿＿＿＿＿＿＿＿＿＿＿＿＿＿

讨论

请列举一些生活中常见的采用差别定价策略的产品。

案例7-4

电影票的差别定价

目前，很多电影院会根据电影的类型、放映时间、放映厅的大小等因素来设定不同的票价。例如，3D电影的票价可能会比普通电影的票价高一些，工作日晚间场次的票价可能会比白天场次的票价高一些，大型放映厅的票价可能会比小型放映厅的票价高一些，自带按摩椅座位的票价可能会比一般座位的票价高一些。还有部分影院把价格划分为"默认分区29.9元"和"优享区43.9元"，两档价差14元。也有一些影院把放映厅里的观影区域划分为特价区、优惠区、默认区和黄金区，价格分别为43元、44.9元、50.9元、55.9元，最高价与最低价的差距为12.9元。

4. 折扣与折让价格策略

价格折扣与折让就是企业为了更有效地吸引顾客、扩大销售，在价格方面给予顾客的优惠。

扫描二维码，获取折扣定价的微课视频。

微课视频	学习笔记

（1）现金折扣。企业为了加速资金周转，减少坏账损失或收账费用，给现金付款或提前付款的顾客在价格方面有一定优惠。例如，某企业规定，提前10天付款的顾客，可享受2%的价格优惠；提前20天付款，可享受3%的价格优惠。

（2）数量折扣。企业给大量购买的顾客在价格方面的优惠。购买量越大，折扣越大，以鼓励顾客大量购买。数量折扣又分为以下两种形式，如表7-4所示。

表7-4 数量折扣

类型	概念	作用	适用产品	适用企业
累计折扣	在一定时期内，购买商品累计达到一定数量所给予的价格折扣	鼓励顾客经常购买，稳定顾客，建立与顾客的长期关系	适宜推销过时、滞销或易腐易坏的商品	批发业务中经常采用
非累计折扣	规定每次购买达到一定数量或一定金额时给予的价格折扣	鼓励顾客大量购买，扩大销售，减少交易次数和时间，节省人力、物力等方面的费用，增加利润	适宜日用品或流通成本较高的商品	零售业务中经常采用

案例7-5

商超常用的价格折扣策略

随着市场竞争越来越激烈，各大超市和商场也各显神通，采取多种价格折扣策略。

（1）一刻千金——让顾客蜂拥而至："10分钟内所有货品1折"。超市给客户抢购的商品是有限的，但大量客流却可以带来无限商机。

（2）降价加打折——给顾客双重实惠："所有光顾本店购买商品的顾客满100元减10元，并且还可以享受八折优惠"。100元若直接打6折，损失利润40元；满100减10元再打8折，却只损失28元，但这种双重实惠会诱使更多的顾客前来消费。

（3）让顾客着急："销售初期1～5天全价销售，5～10天降价25％，10～15天降价50％，15～20天降价75％，直至售完为止"。这种自动降价促销方案抓住了顾客的消费心理。消费者会担心如果不及时购买，就会错过这次促销机会，从而使得商场的销量大增。

（3）职能折扣。职能折扣又称同行折扣或贸易折扣，是指生产企业给予中间商或零售商的价格折扣。例如，某生产企业的产品报价为200元，按价目表给批发商和零售商的职能折扣分别为20％和15％，以鼓励他们经销自己的产品。

（4）季节折扣。企业为鼓励批发商、零售商或顾客在淡季购买而给予的价格优惠。采取这种策略，可以减少企业的仓储费用，加速资金周转，使企业实现均衡生产和经营。

（5）推广折扣。生产企业为了鼓励中间商在广告宣传、展销等推广方面作出努力，在价格方面给予一定比例的优惠。

（6）以旧换新折让。企业回收顾客交回本企业生产的旧产品，在新产品价格上给予顾客折让优惠。

📖 案例7-6

海尔的价格折扣策略

海尔集团主要生产各类家电产品。该企业在经营过程中经常采用不同的价格折扣，如季节折扣，顾客在冬季购买电风扇、空调等产品时给予一定折扣；又如推广折扣，零售商在当地为海尔产品做宣传，从而扩大了海尔产品的销售，海尔为鼓励和报答零售商的努力而给零售商一定比例的折扣，以弥补零售商支付的宣传费；再如以旧换新折让，一台新洗衣机的售价为1 480元，如果顾客交回本厂生产的旧洗衣机，那么厂方规定新洗衣机的售价为1 320元，给予顾客160元的价格折让。

讨论：新手机上市时是否可以采用价格折扣策略？如果可以，应该采用哪种价格折扣策略？

7.2.5　价格调整策略

调整价格主要有两种：一种是主动调整，市场供求环境发生了变化，企业认为有必要对自己产品的价格进行调整；另一种是被动调整，竞争者的价格发生了变动，企业不得不作出相应的调整，以适应市场竞争的需要。

1. 主动调整策略

企业对价格主动进行调整，有主动调高价格和主动调低价格两种策略。

（1）主动调高价格策略。企业调高价格的最主要原因是应对成本上涨。其他原因包括：通货膨胀、货币贬值；企业通过技术革新，改进了产品性能，增加了产品功能；产品供不应求；竞争策略的需要，以产品的高价格来显示高品位。

主动调高价格的方式与技巧有以下四种。

①公开真实成本。企业通过公共关系、广告宣传等方式，在消费者认知的范围内，把产品的各项成本上涨情况如实地告诉消费者，以获得消费者的理解，减少消费者的抵触情

绪。有的企业趁成本上涨之机，过分夸大成本上涨幅度，从而过高地提高商品价格。这种做法容易引起消费者的反感。

②提高产品质量。为了减少涨价给顾客带来的压力，企业应在产品质量上多下功夫，如改进原产品、设计新产品，在产品性能、规格、样式等方面给顾客更多的选择机会，使消费者认识到企业提供了更好的产品，提高价格是应该的。

③增加产品分量。涨价的同时增加产品供应分量，使顾客感到产品分量增多了，价格自然要上涨。

④附送赠品或优待。涨价时，以不影响企业正常的收益为前提，随产品赠送一点小礼物，或提供某些特殊优待，如买一赠一、有奖销售等。这种方式在零售商店最常见。

(2)主动调低价格策略。企业调低价格的主要原因包括：在竞争对手降价或者新加入者增多的强大竞争压力下，企业的市场占有率下降，迫使企业以降价方式来维持和扩大市场份额；企业的生产能力过剩，需要降价以扩大销售；企业的成本比竞争者低，企业希望通过降价方式来提高市场占有率，扩大生产和销售，从而控制市场；企业产品需求曲线的弹性大，降价可以扩大销量、增加收入；在经济紧缩的形势下，价格总体水平下降，企业的产品价格也应降低。

主动调低价格的方式与技巧有以下四种。

①承担额外费用支出。在价格不变的情况下，企业承担运费支出，实行送货上门，或免费安装、调试、维修及为顾客办理保险等。这些费用本应该从价格中扣除，因而实际上降低了产品的价格。

②改进产品的性能，提高产品的质量。在价格不变的情况下，实际上等于降低了产品的价格。

③增加或增大各种折扣比例。增加折扣或者在原有的基础上增大各种折扣比例，实际上降低了产品的价格。

④馈赠礼品。在其他条件不变的情况下，给购买商品的顾客馈赠某种礼品，如玩具、工艺品等。

2. 被动调整策略

被动调整是指在竞争者率先调价之后，经过对竞争者和企业自身的分析研究，企业在价格方面所作出的反应。

(1)对竞争者调价的研究。对竞争者调价的研究主要考虑以下四个方面：第一，竞争者变动价格的目的是什么；第二，竞争者的价格变动是长期的，还是暂时的；第三，其他竞争者对此会作出什么反应；第四，本企业对竞争者的调价作出反应后，竞争者和其他企业又会采取什么措施。

(2)对企业自身状况的分析。一是分析企业的竞争实力，包括产品质量、售后服务、市场份额、财力状况；二是分析企业产品的生命周期及需求的价格弹性；三是分析竞争对手调价对本企业的影响。

企业在面对竞争者的价格变动时，往往没有很多的时间去进行分析。因此，企业应事先预计可能发生的竞争者价格变动并制定相应的应对措施。企业一般对竞争者涨价很少作出反应，更多的是在竞争者降价后作出相应的价格调整。企业对竞争者降价的应对模型，如图 7-4 所示。

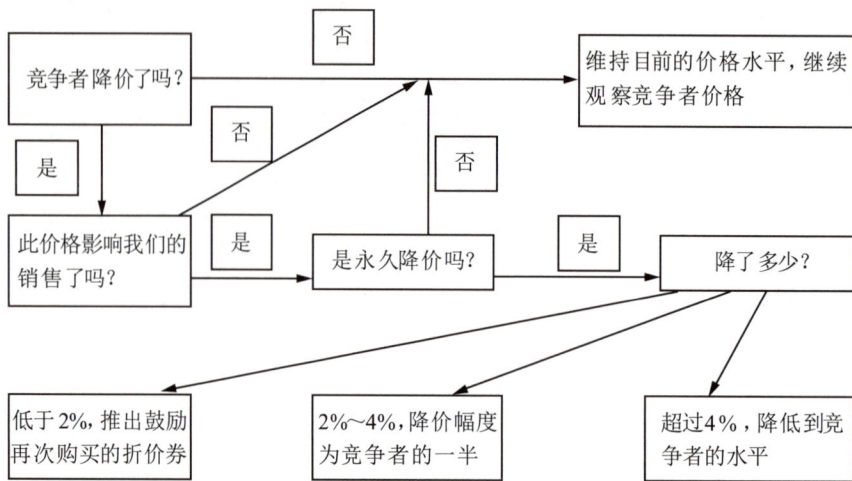

图7-4 企业对竞争者降价的应对模型

7.2.6 对价格调整的反应

1. 顾客对价格调整的反应

顾客对价格调整的反应是检验调价是否成功的重要标准。分析顾客对调价的反应,既要看顾客的购买量是否增加,又要研究顾客的心理变化。通过分析需求的价格弹性和顾客的感知因素,可以预测顾客反应。

(1)需求的价格弹性(Ed)。这是指需求量变化的百分比与价格变动的百分比的比值。价格弹性与需求量及销售收入之间,存在一种简单而又非常密切的关系,如表7-5所示。

表7-5 价格弹性与需求量及销售收入之间的关系

类 型	富有弹性($Ed>1$)	单位弹性($Ed=1$)	缺乏弹性($Ed<1$)
价格上升 需求量下降	价格上升百分比小于需求量下降百分比,销售收入减少	价格上升百分比等于需求量下降百分比,销售收入不变	价格上升百分比大于需求量下降百分比,销售收入增加
价格下降 需求量上升	价格下降百分比小于需求量上升百分比,销售收入增加	价格下降百分比等于需求量上升百分比,销售收入不变	价格下降百分比大于需求量上升百分比,销售收入减少

(2)顾客的感知因素。顾客对调高价格的心理感知有:厂家想多获利,商品质量好才提价,商品供不应求。

顾客对降低价格的心理感知有:商品质量有问题,卖不出去了;商品样式过时了,有新的替代品;还会再降价,可持币观望;企业经营不善,维持不下去,以后的售后服务没有着落。

2. 竞争者对价格变动的反应

竞争者对价格变动的反应,也是企业调整价格时需要认真考虑的重要因素。调价前,企业必须了解竞争者目前的财务状况，近年来的生产、销售、顾客的忠实程度和企业目标等情况。不同竞争者对企业调价的理解不同，不同的认知导致竞争者不同的应对行为。

📖 案例7-7

小米公司的价格调整策略

2012 年 8 月 14 日，雷军发布微博称，小米一代手机的售价将下调 700 元，直接降价到 1 299 元。小米手机在产品的初推阶段，以"小米手机，专为'米粉'制造的手机"为口号，通过 1 999 元这个性价比比较高的价格，迅速吸引了大批粉丝。同时，以产能限制原因营造出了饥饿营销的效果，在上市几个月的时间里一直对外声称缺货状态，而其通过网络预订的方式早已销售了几十万台的小米手机。

待"米粉"们的热情逐步减弱退去且产能不断扩充后，小米公司凭借自身网络营销的能力，以 1 999 元的价格不限制敞开供应。随后，小米公司开始以网站抽奖的方式变相降价，通过这种方式来争夺对价格比较敏感的潜在消费者。在小米公司第二代小米手机即将发布前，第一代小米手机大幅降价到 1 299 元，这不仅可以吸引对价格更敏感且无品牌忠诚度的消费者迅速来购买，还可帮助小米公司消化库存，并为第二代小米手机的发售让路。

2020 年 12 月 28 日，小米 11 正式发布，"8GB＋128GB"的标准版价格定为 3 999 元。小米 10"8GB＋128GB"的上市时发售价格为 3 999 元，而从 2020 年 4 月底开始调整价格，售价直降 400 元。截至 2021 年 6 月，其价格已下调至 3 399 元，并且价格调整仍在持续。

▶ 7.3 任务实施与心得

7.3.1 任务实施

1. 天一公司确定现有产品定价较高，需要进行价格调整

沈建龙他们首先对竞争对手进行调查。2021 年 6 月，小米 11 青春版手机价格为 2 099 元，OPPO 的 Reno5 系列的旗舰机价格在 2 699～3 999 元。明确了消费者对竞争对手公司产品的认知价值，发现消费者对竞争对手产品的感知价值较高，而天一公司手机的认知价值低于竞争对手。

根据这一情况，沈建龙他们提出建议：公司手机的价格不能和竞争对手一样，应对价格进行调整，使其低于竞争对手的价格。公司结合自身情况，对手机进行降价调整。

2. 天一公司确定了对新手机的定价

(1)分析新手机的目标市场，主要以年轻消费者为主。

(2)确定以应对竞争和扩大市场占有率为公司的定价目标。

(3)影响新手机价格的因素主要有：新手机的成本；市场需求状况，由于近几年消费者对手机需求的增长，市场需求量呈现增长趋势；竞争对手的价格状况；消费者对新手机的认知价值。

(4)新手机可以采用认知价值的定价方法进行定价，并且采用渗透定价策略以应对竞争。

(5)结合其他定价策略来确定新手机的最终价格。

7.3.2　实施心得

企业在制定价格时，要充分研究市场竞争、消费者需求特点，采用正确的定价方法和定价程序，从而使价格成为企业营销活动的一把"利器"，发挥其最大的作用。

根据企业选择的目标市场进行分析，考虑具体影响价格的因素，结合企业与竞争对手情况来确定相应的定价目标。在此基础上选择合适的定价方法及定价策略，确定符合企业要求的价格，确保企业利润目标的实现。

价格调整时要考虑竞争对手的情况，避免发生"价格战"，导致恶性竞争。同时，还要考虑价格弹性的影响，只有合理调整价格，才能保证产品销量的提高，保证企业的利润。

▶ 7.4　知识拓展：产品组合定价策略与地理定价策略

1. 产品组合定价策略

对多品种生产经营的企业来说，如何从企业总体利益出发，为产品组合定价，发挥组合产品定价的作用，是定价过程中经常遇到的问题。

(1)产品大类定价策略。产品大类中每个产品都有不同的特色，确定这类商品的价格差额，一般要分析各种产品成本之间的差额、顾客对商品的评价、竞争者的价格等。如果产品大类中两个关联产品的价格差额较小，顾客就会更多地购买性能较先进的产品。所以，价格差额的确定是否合理直接关系到各产品的销量，也决定了企业的利润。

(2)任选品定价策略。任选品是指那些与主要产品密切关联的可任意选择的产品。例如，顾客去饭店吃饭，除了会点饭菜之外，可能还会点酒、饮料等。在这里，饭菜是主要产品，酒、饮料等就是任选品。企业为任选品定价有两种策略可供选择，一种策略是为任选品定高价，靠它来盈利；另一种策略是定低价，把它作为招徕产品。

(3)连带产品定价策略。连带产品又称互补产品，是指必须与主要产品一同使用的产品。例如，剃须刀架是剃须刀的连带产品。企业采用这种策略时，往往把主要产品定较低价格，而连带产品定较高价格。以高价的连带产品获取高利，补偿主要产品因低价造成的损失。

(4)副产品定价策略。副产品是指企业生产主产品时附带产生出来的产品。在生产加工肉类、石油产品和其他化学产品时，常常有副产品。由于副产品是企业生产主产品时的附带产品，其产出并未增加企业原有成本，其销售收入反而能补偿一部分成本，从而降低主产品的成本，有助于企业在激烈竞争时制定较低的产品价格。因此，副产品定价往往较低。

2. 地理定价策略

地理定价策略主要是在价格上灵活反应和处理运输、装卸、仓储、保险等多种费用。这种策略在对外贸易中更为普遍运用。根据商品的流通费用在买卖双方中分担的情况，表现为各种不同的价格，如表 7-6 所示。

表 7-6　地理定价策略

定价策略	内　容	特　点	适用对象
产地价格/离岸价格（FOB）	顾客按产地出厂价购买产品，卖主负责将产品运至顾客指定的运输工具上，交货前的有关费用由卖方负担，交货后的有关运费、保险费等由买方负担	运费、保险费等由买方负担	常用于运输费用较大的商品。我国进口商品时，多选择这种方式
买主所在地价格/统一运送价格（CIF）	企业的产品不管卖向何方，也不管买方路途远近，一律实行统一运送价格，即把商品运到买方指定的目的地	到达目的地前的一切运费、保险费等费用均由卖方负担	适用于运费低廉、运输费用占变动成本比较小的商品，如电子元件等
基点价格	企业选定某些城市作为基点，然后按照出厂价加上从基点城市到顾客所在地的运费来定价，而不管产品实际上是从何处起运的	有利于产品扩展到远方市场，增加竞争力	适用于笨重、需求弹性小、运费占成本的比例很高的产品
区域运送价格	把整个市场划分为几个大的价格区域，在每个区域内实行统一价格	便于管理和做全地区统一价格的广告	适用于原材料和农产品等
运费补贴价格/津贴运费价格	卖方对距离远的买方给予适当的价格补贴，以补偿买方较高的运输费用	可减轻较远地区中间商的运费负担	适用于距离远的中间商

▶ 7.5　思政案例

心脏支架的带量采购价格由 13 000 元降到 700 元

心脏支架是经皮冠脉介入治疗的耗材。根据 2019 年《中国心血管健康与疾病报告》，目前中国有 3.3 亿人患心血管疾病；2009 年至 2019 年，中国接受冠心病手术的病例从 23 万人增加到 100 万人，年均增长 10%～20%。面对巨大的需求，13 000 元的心脏支架给许多家庭带来沉重的负担，让许多病人望而却步。

在 2020 年高值医用耗材集中采购开标会上，心脏支架价格由均价 13 000 元大幅下调至 700 元左右，下调幅度超过 90%。降价不降质，保质保量，确保病人用得起、用得放心。2021 年 1 月起，患者开始使用中选的心脏支架。

以往全国范围的心脏支架费用负担，每年超过 150 亿元。此次由 13 000 元降至 700 元后，按意向采购量计算，预计每年可节省资金 109 亿元。

试分析：

(1) 心脏支架的价格受哪些因素的影响？

(2) 心脏支架的价格采用何种定价方法进行定价？

(3) 心脏支架的降价给病患者带来哪些影响？对我们医疗改革有哪些启示？

▶ 7.6 业务技能训练

7.6.1 自测习题

1. 单选题

(1)价格构成中最基本、最主要的因素是(　　)。

　　A. 生产成本　　　　B. 流通费用　　　　C. 税金　　　　D. 利润

(2)平均固定成本是总固定成本被(　　)均分的份额。

　　A. 总成本　　　　B. 平均总成本　　　　C. 可变成本　　　　D. 产品总量

(3)商店经营以下四类产品,其中(　　)适宜采用声望定价。

　　A. 日常生活用品　　B. 高档化妆品　　　C. 小食品　　　　D. 文具用品

(4)当企业的成本费用低于竞争对手,试图控制市场或提高市场份额,从而进一步扩大生产和增加销售量、降低成本费用时,可以考虑(　　)。

　　A. 维持原价　　　　B. 削价　　　　C. 提高价格　　　　D. 观望竞争对手的动向

(5)将某产品价格定为1 000元,而不是999.95元,则采用的定价策略属于(　　)策略。

　　A. 整数定价　　　　B. 尾数定价　　　　C. 声望定价　　　　D. 习惯定价

2. 判断题

(1)企业以追求盈利最大化为定价目标,从而制定尽可能高的价格。　　　　　(　　)

(2)市场上没有替代品或者没有竞争者的产品,其需求往往富有弹性。　　　　(　　)

(3)根据需求价格弹性理论,价格下跌就会造成产品需求量的上升,价格上涨就会造成产品需求量的下降。　　　　　　　　　　　　　　　　　　　　　　　　(　　)

(4)在任何时期,企业制定的价格都有利润存在,只不过有时多、有时少。　　(　　)

(5)由于服务的不可储存性、需求波动大等特点,服务企业必须使用优惠及降价的方式。

　　　　　　　　　　　　　　　　　　　　　　　　　　　　　　　　　　　(　　)

7.6.2 课堂训练

1. 影响企业定价的因素有哪些?

2. 产品定价方法有哪些?

3. 新产品定价策略有哪些?

4. 当竞争对手调整价格时,企业应如何应对?

5. 案例分析

2013年年底,中国恒大集团推出了首个跨界快消领域产品——恒大冰泉,计划2014年销售100亿元,2016年达到300亿元。但是这个出身"豪门"的产品,并没有取得预想中的成绩,2014年目标100亿元,实际销售近10亿元(9.68亿元),而从2013年1月到2015年5月累计亏损达40亿元。

恒大冰泉主打冰山水,面向中高端市场消费人群,上市之初零售价是4.5元/瓶,品牌推广和广告方面,都在强调其"天然矿泉水"的健康品质。恒大冰泉于2013年11月9日借恒大亚冠夺冠庆典面世,先后成为恒大淘宝足球俱乐部、中国国家排球队、拜仁慕尼黑足球俱乐部的官方指定用水。"长白山天然矿泉水""一处水源供全国""饮水泡茶做饭""我们搬运的不是地表水""一瓶一码保质量"等广告语,都是在围绕健康饮水理念。结果,恒大冰泉的高调最后成了业绩的尴尬!

2015 年 9 月,恒大冰泉召开发布会宣布旗下产品全线降价,其中恒大冰泉主打的 500 mL 产品由此前的 4 元调为 2.5 元,350 mL、1.25 L、4 L 产品的全国零售价也分别从此前的 3.8 元、6 元、25 元调整为 2.5 元、5 元和 12.5 元。

恒大冰泉在价格战略上犯了大的错误——降价,而且降价幅度巨大。针对大幅度的降价,恒大自始至终也没有给消费者一个合理的理由。恒大冰泉的核心价值没有清晰地被消费者感知到,盲目降价并不起作用。恒大冰泉的水源地和品质是足以支撑高价位的,恒大冰泉需要做的是精准定位,提炼核心价值,通过持续不断的一致性传播将恒大冰泉的定位植入目标消费者心目当中,让消费者心甘情愿地掏钱购买。

试分析:

(1)恒大冰泉与昆仑山、依云这样的矿泉水相比有何优劣势?恒大应采取何种定价策略来发挥优势、避开劣势?

(2)恒大冰泉在销售受挫后进行了什么样的价格调整?

(3)矿泉水市场是否存在高档品市场?恒大冰泉为什么没有做好高端矿泉水市场?

7.6.3　实训操作

1. 江苏天地木业有限公司将推出一款高档次的新型高科技复合地板。该产品应该采取什么样的定价策略?

2. 无锡华林电缆公司的竞争对手为了抢夺市场,对产品进行了降价,并且降价幅度达到了 10%。面对竞争对手的降价,无锡华林电缆公司要如何应对才能保持其原有的市场份额?

3. 苏州虎丘电脑培训学校要确定什么样的定价目标来面对同行业的竞争?采取哪种定价方法和策略才能在市场竞争中取胜?

任务 8　选择产品分销渠道

● ● ● ● ● **思维导图**

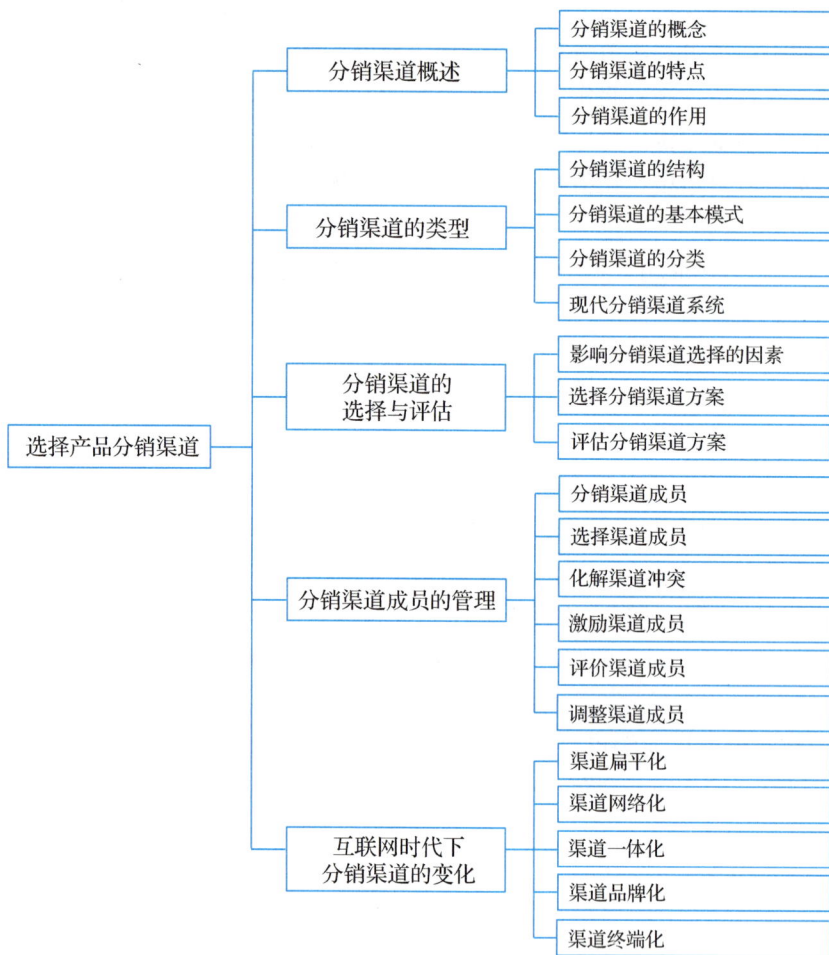

● ● ● ● ● **知识目标**

　　1. 熟悉分销渠道的模式和类型；

　　2. 掌握影响分销渠道选择的因素。

● ● ● ● ● **能力目标**

　　1. 能选择合适的分销渠道；

　　2. 能选择并管理分销渠道成员。

●●●●● **素质目标**

1. 提高系统思维、互联网思维、逻辑思维能力；
2. 具备承受失败的打击能力和积极进取的竞争意识。

▶ 8.1　任务描述与分析

8.1.1　任务描述

沈建龙、小王、小杨和小顾四人在天一公司市场部工作一段时间以后，发现公司手机的销售情况并不乐观，市场占有率不高。通过调查发现，手机销售不佳的原因不仅在产品本身，分销渠道也是影响手机销售的主要原因之一。公司张总经理要求沈建龙等人在一个月之内递交一份分销渠道的报告，分析公司现有分销渠道存在的问题，并对调整分销渠道提出建议。

8.1.2　任务分析

"在未来，市场的赢家是拥有渠道的人。可以说，拥有渠道就拥有天下。"这句话充分说明了渠道在产品营销中的重要作用。分销渠道的职能就是在适当的时间把适当的产品送到适当的地点，方便消费者购买。

选择分销渠道，需要从以下四个方面进行决策。

1. 分析影响渠道因素

公司在选择分销渠道前，要考虑分销渠道的目标和各种影响因素，即市场因素、生产企业本身的因素、中间商因素、竞争者因素，以及政府的有关立法和政策规定等。

2. 构建分销渠道方案

构建分销渠道方案时，应先考虑分销渠道的类型，选择一条或多条分销渠道；然后确定分销渠道的中间商，如代理商、批发商、零售商等。

3. 评估分销渠道方案

分销渠道方案确定后，需要对分销渠道成员进行评估。评估的标准是经济性、可控性和适应性，其中经济性标准最重要。通过评估分销渠道方案，找出最有效的分销渠道。

4. 分销渠道的实施与调整

分销渠道方案实施后，需要对分销渠道进行管理，并适时对分销渠道进行调整。

分销渠道方案就是围绕上述四个方面进行的。合适的分销渠道方案可以加快产品流通，降低流通费用，提高产品的市场占有率。

▶ 8.2　相关知识

8.2.1　分销渠道概述

1. 分销渠道的概念

菲利普·科特勒认为："一条分销渠道是指某种货物或服务从生产者向消费者移动时，取得这些货物或服务的所有权或帮助转移其所有权的所有企业和个人。一条分销渠道主要包括商人中间商(取得商品所有权)和代理中间商(帮助转移所有权)，还包括处于渠道起点的生产者和终点的消费者，但不包括供应商和辅助商。"

因此，分销渠道是产品从制造商转移至消费者手中所经过的各中间商连接起来的通道。

扫描二维码，获取分销渠道概念的教学动画。

教学动画	学习笔记

2. 分销渠道的特点

(1)分销渠道反映某一特定产品或服务价值实现的全过程。其一端连接生产，另一端连接消费，使产品通过交换进入消费领域，满足用户需求。

(2)分销渠道是由一系列相互依存的组织按一定目标结合起来的网络系统。制造商、批发商、零售商、消费者及其他支持分销的机构，为实现其共同目标发挥各自的营销功能，因共同利益而合作，也会因利益发生矛盾和冲突，因而需要协调和管理。

(3)分销渠道的核心业务是购销。产品在渠道中通过一次或多次购销转移所有权或使用权，流向消费者。

(4)分销渠道是一个多功能系统。它不仅要发挥调研、购销、融资、储运等多种职能，提供产品或服务，而且要通过各渠道成员的营销努力，开拓市场、刺激需求，还需要有自我调节与创新功能。

3. 分销渠道的作用

制造商通过分销渠道实现产品销售。这个销售过程消除了产品与消费者之间在时间、地点和方式等方面的缺口。分销渠道发挥的主要作用，如表8-1所示。

表8-1　分销渠道的作用

作　用	具体内容
信息沟通	收集、分析和发布有关消费者、竞争对手等相关的调研信息
订货联系	渠道成员同制造商进行有购买意向的沟通

续表

作　用	具体内容
促销激励	传播促销信息和产品信息，鼓励消费者购买
分类匹配	供应的货物符合购买者需要，包括制造、装配、包装等活动
谈判协商	达成有关价格及其他条件的最后协议，实现所有权或持有权转移
实体分销	从事商品的运输、储存等
财务融资	获得和使用资金，弥补分销渠道的成本费用
风险承担	承担与渠道工作有关的各种风险

　　分销渠道的作用通过渠道流程来完成，流程将所有的渠道成员联系起来。分销渠道的作用可以由不同成员承担，渠道流程协调的关键是渠道成员信息共享。分销渠道是一个大规模劳动分工系统。图 8-1 显示了九种广义的渠道流程。

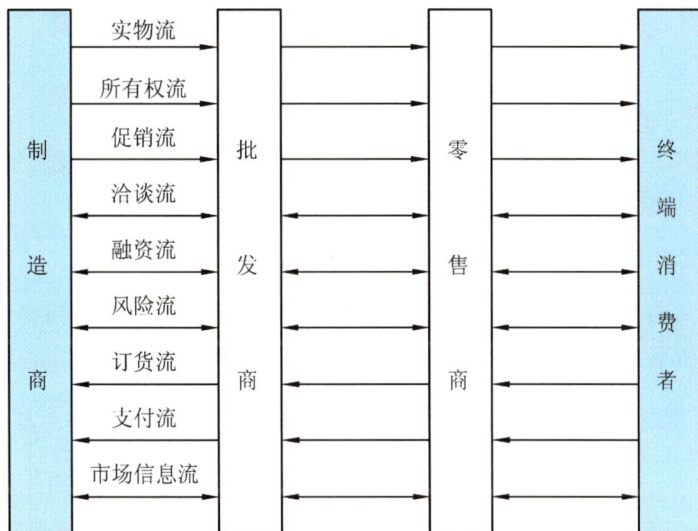

图 8-1　分销渠道系统流程

8.2.2　分销渠道的类型

1. 分销渠道的结构

　　分销渠道的结构是指分销渠道的长度结构、宽度结构和广度结构三个方面。分销渠道结构的长度、宽度和广度构成了分销渠道设计的三大要素或称为渠道变量。

　　(1)渠道的长度结构。即层级结构，是指产品销售包含多少中间环节。每一个环节就是一个渠道层级。渠道层级越少，长度越短；渠道层级越多，长度越长。

　　按渠道层级，可以将分销渠道分为零级、一级、二级和三级四个层级。

　　①零级渠道。直接渠道，产品销售无中间商参与，制造商直接出售。

　　②一级渠道。产品销售中包含一级中间商，如制造商→零售商→消费者。

　　③二级渠道。产品销售中包含两级中间商，走批发、零售路线，如制造商→批发商→

零售商→消费者。

④三级渠道。产品销售中包含三级中间商，如制造商→代理商→批发商→零售商→消费者。

(2)渠道的宽度结构。人们用在分销渠道的同一层级上使用中间商的数量多少来表示渠道的宽度。中间商数目越多，渠道越宽，市场覆盖面越大；中间商数目越少，渠道越窄，市场覆盖面越小。渠道的宽度结构受产品性质、市场特征、用户分布等因素的影响。

(3)渠道的广度结构。制造商采用多少种渠道来销售产品，就是多少种销售渠道的组合。

2. 分销渠道的基本模式

产品可分为消费品和工业品，分销渠道也可分为消费品分销渠道和工业品分销渠道两种基本模式。

消费品分销渠道主要有四种形式，如图 8-2 所示，更长的消费品分销渠道不多见。

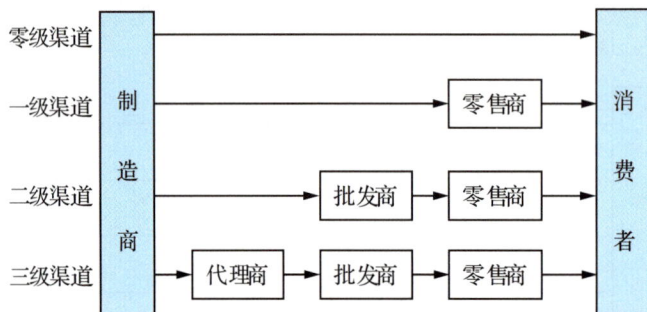

图 8-2　消费品分销渠道

由于工业品本身的特点，其分销渠道的模式相对简单。工业品分销渠道也可列出四种形式，如图 8-3 所示。

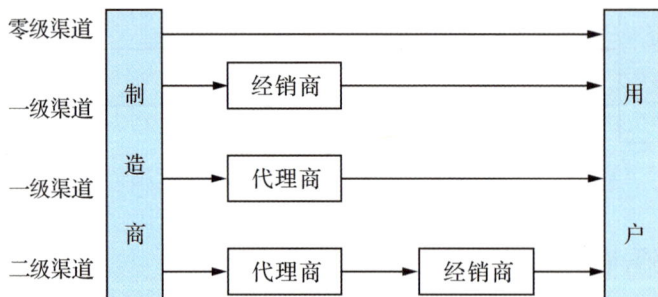

图 8-3　工业品分销渠道

3. 分销渠道的分类

按不同的标准，分销渠道可以有多种类型：按分销活动是否有中间商参与，可分为直接渠道和间接渠道；按渠道的长度，可分为长渠道和短渠道；按渠道的宽度，可分为宽渠道和窄渠道；按选用的渠道是否唯一，可分为单渠道和多渠道。各种类型分销渠道的具体内容如表 8-2 所示。

表 8-2　分销渠道的类型

分类标准	渠道类型	具体介绍	举例
有无中间商参与	直接渠道	产品不通过中间商，直接销售	制造商直接销售、上门推销、电话销售、电视直销和网上直销等
	间接渠道	产品通过中间商销售	电器等产品通过批发、零售方式销售
渠道的长度	长渠道	中间商环节在两个以上	酒类等产品通过批发、零售，或代理、批发、零售
	短渠道	直接销售或仅通过一个中间商层级销售产品	戴尔电脑的直销，或通过苏宁、国美等零售商销售的电视机
渠道的宽度	宽渠道	同一层级上选择尽可能多的中间商销售产品	方便食品、饮料、牙膏等通过广泛的零售商销售
	窄渠道	同一层级上只选择少数几个中间商甚至一个中间商销售产品	计算机、空调等商品通过少数零售商销售
渠道是否唯一	单渠道	只通过一条渠道分销	大型机床等工业品，通常采用单渠道直接销售的方式
	多渠道	通过多条渠道分销	海澜之家的服装采用线下专卖店、线上京东自营店和天猫官方旗舰店相结合的多渠道模式

📖 **案例8-1**

中国保险销售渠道的变革

　　1992 年之前，我国的保险业务主要通过保险公司的业务人员到单位进行团体销售，类似于一般企业的"大客户"销售渠道，属于直接销售模式。1992 年，友邦保险公司将个人代理销售保险模式引入中国，至今该模式仍是其主要销售模式。中国的银行保险渠道自 2000 年开始出现，迅速成为重要的保险分销渠道。同年，北京江泰、上海东大和广州长城三家保险经纪机构成立，标志着中国保险经纪业正式起步。保险专业中介有助于规避保险市场中的不规范行为。

　　2006 年，电话销售保险的时代正式开启，国内各大保险公司均有电话销售平台，主要销售业务为车险。网络销售保险比电话销售出现得更早，但由于当时中国互联网设施和网民能力等因素一直发展不快。从 2008 年开始，各大保险公司开始发力网络销售业务并取得了较大发展。相对于消费者被动消费的电话销售模式，网络销售属于消费者主动消费，发展前景更佳。

　　想一想：中国保险业经历了哪些渠道的变革？

4. 现代分销渠道系统

　　传统渠道成员（制造商、批发商和零售商）之间的系统结构比较松散，每个成员都作为独立的企业实体追求自身利益的最大化，容易出现渠道冲突。对渠道成员进行程度不同的一体化整合，形成现代分销渠道系统。

　　现代分销渠道系统按照分销的组织形式来划分，有水平渠道系统、垂直渠道系统和多渠道营销系统三种，如图 8-4 所示。

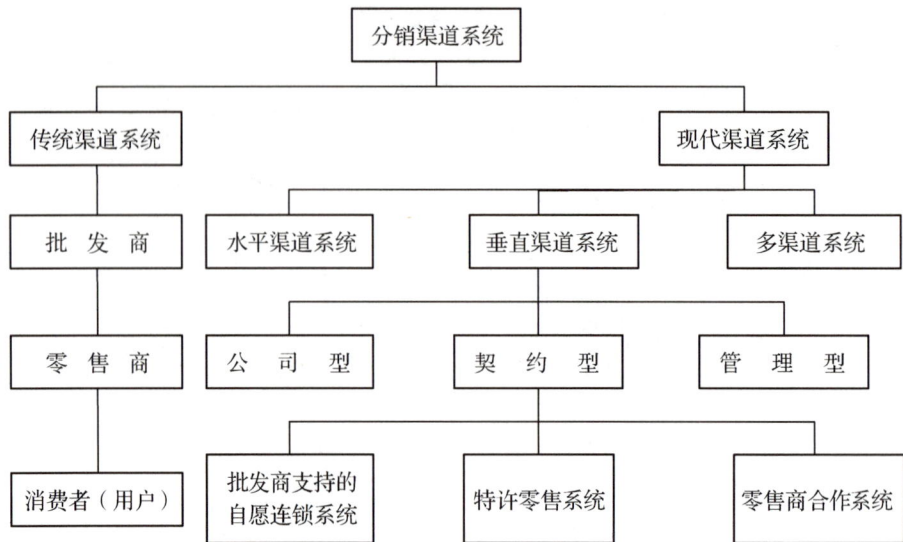

图 8-4　分销渠道的系统结构

（1）水平渠道系统。这是由两家或两家以上的公司横向联合，共同开拓新的市场。这些公司或因资本、生产技术、营销资源不足，无力单独开发市场；或因惧怕承担风险；或因与其他公司联合可实现最佳协同效益，因而组成共生联合的渠道系统。这种联合可以是暂时的，也可以组成一家长期经营的新公司。

（2）垂直渠道系统。垂直渠道系统也称纵向联合，是由制造商、批发商、零售商纵向整合组成。垂直渠道系统中的某一渠道成员居于控制和主导地位，称为渠道领袖。渠道领袖可以协调和控制渠道中其他成员的行为，减少渠道成员因追求各自利益引起的冲突，更好地协调产品的流通。

垂直渠道系统又可分为公司型、契约型和管理型三种。这三种类型的形成方式各不相同，公司型通过股权方式，契约型通过合同方式，管理型通过信用方式来进行整合。

①公司型垂直系统。公司型垂直系统中的渠道领袖依靠股权机制，拥有和管理若干工厂、批发和零售机构。渠道领袖控制渠道，进行统一分销。公司型垂直系统主要通过制造商对中间商，或中间商对制造商的控股、参股形式进行控制，形成工商一体化或者商工一体化渠道。

②契约型垂直系统。契约型垂直系统是指不同层次的制造商和中间商以签订合同为基础形成的联合体。合同中明确渠道成员各自的权利和责任，如备货水平、定价政策等，但销售具有独立性。这是一种最常用的垂直渠道系统，发展也最快。

契约型垂直系统有三种形式：一是批发商倡办的自愿连锁组织，该组织由批发商发起，与许多独立零售商建立一种合同关系，零售商同意联合进行采购、备货和销售；二是零售商合作组织，一群独立的零售商联合成立零售商合作组织，集中采购、联合促销，提高竞争力；三是特许经营组织，特许经营组织已经发展成合作经营的一种主要模式，如金拱门(麦当劳)、肯德基的特许经营。

案例8-2

KFC 特许经营加盟条件

KFC 是百胜公司旗下的品牌，百胜公司拥有该品牌在中国市场的独家运营和授权经营权，授权加盟商在特定的区域内或市场渠道内开设品牌餐厅。百胜公司认为特许加盟商需要认同百胜公司的企业文化和价值观，有良好的商业意识，具有发展餐饮行业的意愿和规划，有一定的管理能力和渠道市场经营资源。符合要求的加盟商还需要完成规定的申请流程，如图 8-5 所示。通过特许经营审核的加盟商需要缴纳加盟费用、培训费用及开店投资费用，在经营期间还需要按餐厅营业额的一定比例缴纳特许经营持续费用、服务费和广告基金。

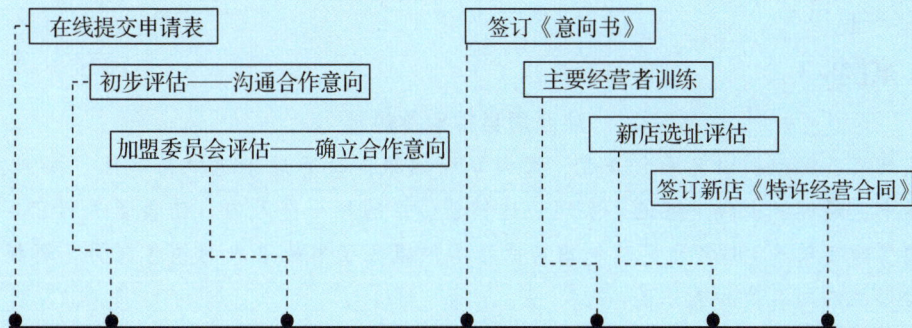

图 8-5　KFC 特许经营申请流程

③管理型垂直系统。管理型垂直系统是指由一家规模大、实力强的企业来组织、协调和管理整个营销渠道的运作。渠道成员相互间存在依赖关系，愿意接受渠道领袖的统一领导，并分享利润。

（3）多渠道营销系统。多渠道营销系统是指一个企业建立两条或两条以上分销渠道，以进入一个或多个不同的目标市场。多渠道营销系统可以增加产品的市场覆盖面，降低渠道成本，提供定制化的销售。

多渠道营销系统大致有两种形式：一种是制造商通过两条以上的竞争性分销渠道销售同一商标的产品，如可以从联想专卖店购买联想电脑，也可以从苏宁、国美等处购买联想电脑；另一种是制造商通过多条分销渠道销售不同商标的差异性产品，如常州黑牡丹（集团）股份有限公司在线上销售的牛仔裤品牌为 ERQ（牛仔时光），线下销售的牛仔裤品牌为 ROADOR（诺爱德）。

8.2.3　分销渠道的选择与评估

分销渠道的选择与评估是在考虑影响分销渠道选择的因素和对中间商等渠道成员分析的基础上，确定分销渠道的长度和宽度，并按一定的标准对分销渠道实施评估，以达到企业的营销目标。

1. 影响分销渠道选择的因素

企业选择分销渠道考虑的主要因素有产品因素、市场因素、企业因素、中间商因素和环境因素等。

(1)产品因素。价格、款式、体积、重量等产品因素会直接影响分销渠道的选择。

一般来说，产品单价越低，渠道越长；产品单价越高，渠道越短。因此，价格昂贵的工业品、耐用消费品、奢侈品，采用短渠道；价格较低的日用品、一般选购品，选择长渠道。

新鲜食品等易坏和易过时产品、技术性强的产品、体积庞大和笨重的大型机械设备，以及有特殊要求的定制产品、非标准化的专用产品等应该选择短渠道或直销渠道。

新产品试销时，许多中间商不愿经销或者不能提供相应的服务，企业采取直接分销渠道以探索市场需求，尽快打开新产品的销路；当产品进入成长期和成熟期后，产品销量增加，市场范围扩大，竞争加剧，就应采用长渠道；当产品进入衰退期，就要压缩分销渠道，减少经营损失。

📖 案例8-3

陕西眉县猕猴桃热销

陕西眉县猕猴桃以其果形美观、果肉翠绿细腻、口感酸甜适中而著称。在2023年销售季中，通过线上线下渠道，实现快速销售。在短短一个月内，销售量达到250万千克，销售额突破3 000万元。这一销售成绩不仅减轻了当地果农的销售压力，还提高了眉县猕猴桃的知名度和美誉度。

📖 案例8-4

"无人面馆"——面条销售新模式

"只要60秒就能根据你的口味，煮一碗热腾腾的面条。"在一些城市的街头出现没有做面条的师傅，也没有服务人员的"无人面馆"。在"无人面馆"中售卖面条的是无人售面机，顾客可以根据自己的喜好选择面的种类和口味，付款后，等待1分钟就能享受一碗美味的面条。

无人售面机的工作原理类似于自动贩售机，所有的调料都是设定的用量。面条是在工厂中提前加工到九成熟，并与新鲜蔬菜一起运送放入售面机中。当顾客点单后，售面机就会根据订单要求，自动搭配制作一碗面条。专业的冷链配送团队保证蔬菜的新鲜，智能化的设备确保能在缺货的情况下及时通知企业补货。"无人面馆"开辟了吃面的新渠道。

想一想：为什么会出现"无人面馆"？

(2)市场因素。市场因素包括潜在市场规模、目标市场分布、消费者购买习惯等。

潜在顾客数量多，顾客分布范围广而密，消费者购买频率高、每次购买数量小，需要较多的中间商转售，选择长而宽的渠道策略；顾客分布少数几个地区，消费者愿花时间和精力去大型商场购买，购买次数也较少，则可选择短而窄的渠道。

(3)企业因素。企业因素包括企业的规模和声誉、营销能力和经验、服务能力、控制渠道的愿望等。

企业的规模大、声誉高、资金雄厚，具有较丰富的市场销售知识与经验，渠道可长可短。如果企业有能力为最终消费者提供很多服务项目，如维修、安装、调试、广告宣传等，则可以取消一些中间环节，采用短渠道或直接渠道。有时，企业为了有效地控制分销渠道，宁愿花费较高的直接销售费用来自设销售机构，宣传本企业产品，有效地控制产品零售价格和服务质量。

经济实力有限的中小企业，则应发挥中间商的作用，其渠道一般较长。

知识链接

渠道控制

渠道控制是通过对渠道的管理、考核、激励及渠道冲突的解决等一系列措施，对整个渠道系统进行的综合调控。制造商建立起渠道系统，仅是完成了分销目标的第一步，而要确保公司分销目标的顺利完成，还必须对建立起来的渠道系统进行适时的渠道控制。

渠道控制的目标：渠道成员的合作与支持，在渠道控制中拥有主动权。

渠道控制的基本方法：沟通控制、利益控制、库存控制、服务控制、营销方案控制和终端控制等。

渠道控制构成了营销渠道管理的核心内容。渠道结构及渠道搭建是相对容易的事情，而渠道控制则贯穿渠道系统运行的整个生命周期。

(4)中间商因素。中间商因素包括中间商的经营能力、利用成本、服务能力等。

如果中间商经营能力与服务能力强，能够帮助制造商把产品及时、准确、高效地送达消费者手中，则可选择较长、较宽的分销渠道；如果利用中间商的成本太高，或是中间商压价采购，或是中间商要求的上架费用太高，就可以考虑较短、较窄的渠道。

知识链接

分销渠道设计的误区

误区之一：肥水不流外人田。有些企业认为自建渠道网络比利用中间商好，但事实未必如此。由于路途遥远和信息阻隔，总部未必完全清楚分支机构的所有情况；各分支机构相互间缺少协调，各自为政；信息传递及决策缓慢；实际运作中的人员开支、广告、市场推广等费用的浪费现象屡见不鲜。

误区之二：认为渠道越长越好。的确，渠道长有长的好处，但这不意味着渠道越长越好，原因是战线拉得过长，管理难度加大；交货时间会被延长；产品损耗会随着渠道的加长而增加；信息传递不畅，难以有效掌握终端市场信息；企业的利润被瓜分。

误区之三：认为中间商越多越好。实际上，中间商过多会使企业对其控制力减弱，如市场狭小，"僧多粥少"，经常出现"同室操戈"（窜货、恶性降价等）的现象；渠道政策难以统一；服务标准难以规范等。

误区之四：覆盖面越宽越好。在这个问题上，有以下五点需要认真考虑。一是企业是否有足够的资源、能力去关注每一个网点的运作；二是企业是自建网络，还是借助于中间商的网络；三是企业的渠道管理水平是否与之相匹配；四是单纯追求覆盖面，难免产生疏漏或薄弱环节，容易给竞争者留下可乘之机；五是万一被竞争对手攻击，自己是否能有效反击。需要指出的是，覆盖面宽不是坏事，但需要精耕细作，不断整合。

（资料来源：邹树彬. 决胜销售渠道[M]. 深圳：海天出版社，2000. 有修改）

（5）环境因素。环境因素极其广泛，如一个国家的政治、法律、经济、人口、技术、社会文化等环境因素及其变化，都会不同程度地影响分销渠道的选择。

除了上述因素之外，制造商在选择分销渠道时，还必须根据企业的营销战略，进行统筹兼顾，综合评价。影响分销渠道的主要因素，如表 8-3 所示。

表 8-3　选择分销渠道时应考虑的影响因素

选择因素		渠道长度		渠道宽度		选择因素		渠道长度		渠道宽度	
		长	短	宽	窄			长	短	宽	窄
产品	价格	低	高	低	高	企业	企业规模	小	大	大	小
	属性	稳定	不稳定	稳定	不稳定		营销能力	弱	强	强	弱
	体积重量	小	大	小	大		控制愿望	小	强	小	强
	技术性	弱	强	弱	强	中间商	经营能力	高	低	高	低
	通用性	高	低	高	低		渠道成本	低	高	低	高
	产品生命周期	后期	前期	后期	前期		服务能力	强	弱	弱	强
市场	市场规模	大	小	大	小	环境	经济形势	好	差	好	差
	市场分布	分散	集中	分散	集中		国家政策	依法选择分销渠道			
	购买习惯	便利	选购	便利	选购						

2. 选择分销渠道方案

选择分销渠道方案是在明确分销渠道目标的基础上，确定分销渠道的长度、分销渠道的宽度、渠道成员的权利和责任三个方面的内容。

（1）确定分销渠道的长度。分销渠道越短，制造商承担的营销职能就越多，但容易控制和管理，有利于信息传递和提高营销效率；反之，分销渠道越长，制造商可以越充分地利用中间商的优势，但管理难度加大，信息传递慢，产品流通时间长。

制造商可以采用本行业传统分销渠道和中间商，也可以开辟新渠道，采用网络代理商、网络批发商等新型中间商。

案例8-5

OPPO 和 vivo 的渠道模式

2016 年，步步高旗下的 OPPO 与 vivo 强势崛起，曾一举超越华为，跃居中国智能手机出货量第一。其成功离不开线下渠道的功劳。

OPPO 与 vivo 在渠道控制中改变了传统、简单的代理关系，通过入股，将上下级结成利益休戚相关的共同体。除正常的经营利润以外，各层级还将获得与股份相当的可观分红。若想获得 OPPO 与 vivo 的代理权，所有的省总代理需要出资认购总公司股份，市总代理需要出资认购省总代理股份，县总代理需要认购市总代理股份，依此类推。每一层级都将产品的销售视作自己的产业，认真做好市场开拓、推广和服务，形成了具有极强战斗力的渠道销售团队。

(2)确定分销渠道的宽度。人们以制造商在分销渠道的同一层级上使用中间商的数量多少来表示渠道的宽度。中间商数量越多，渠道越宽，市场覆盖面越广；中间商数量越少，渠道越窄，市场覆盖面越小。确定渠道中间商的数量，应该考虑产品、市场、中间商、企业情况等。通常有密集分销(广泛性分销)、选择性分销、独家分销(排他性分销)三种策略，如表 8-4 所示。

表 8-4 分销渠道宽度结构的三种策略类型

类 型	含 义	特 点	举 例
密集分销策略	在同一层次上选择尽可能多的中间商来分销自己的产品	品牌充分曝光，方便购买。但渠道管理难度增加，成本较高	消费品中的便利品，如方便食品、饮料、牙膏等；工业品中的办公用品、小工具等
选择性分销策略	在某地区市场，选择几家中间商来分销自己的产品	节省渠道费用；减少中间商之间的竞争，有利于维护产品声誉。中间商提供较多的服务，并承担一定的市场风险	选择性较强的耐用消费品、高档消费品和技术服务要求较高的工业品，如冰箱、彩电、计算机、高档白酒等
独家分销策略	在某一区域市场上的一段时期内只选择一家中间商来销售自己的产品	易于控制市场价格，中间商的积极性高，关系紧密。但对中间商的依赖性大，市场覆盖面窄，销售额难以扩大	技术性强、价格较高及需要提供特殊服务的产品

(3)确定渠道成员的权利和责任。制造商在确定了分销渠道的长度和宽度之后，还要进一步规定渠道成员彼此之间的权利和责任。比如，对不同地区、不同类型的中间商和不同规模的购买量给予不同的价格折扣，提供质量保证和跌价保证，规定交货、结算条件及彼此为对方提供的服务等。

3. 评估分销渠道方案

分销渠道的基本方案确定之后，需要对渠道结构进行评价，找出最优的渠道线路。通常评估分销渠道方案的标准有经济性、可控性和适应性三个，如表 8-5 所示。

表 8-5 分销渠道评估标准

标 准	具 体 内 容
经济性	最重要的评估标准。通过每个渠道方案实现的销售额、渠道的成本费用和实现的利润来衡量渠道方案的价值。首先评估不同方案实现的销售量，其次评估不同方案在不同销售量下的成本费用，最后通过比较销售量和成本费用，得到不同渠道可能的利润，以利润作为最终选择标准
可控性	企业对渠道控制能力的评估
适应性	渠道对环境变化的适应性评估。一般来说，企业应选择适应性强的或比较容易调整的分销渠道

想一想

在评估产品分销渠道时，如果评估标准在经济性、可控性和适应性三者之间存在矛盾，该如何选择？

8.2.4　分销渠道成员的管理

分销渠道建成以后，企业还需要对渠道实施有效的管理，以加强渠道内部各成员的协调与合作，及时化解渠道成员之间的冲突。分销渠道的管理一般考虑以下六个方面。

1. 研究渠道成员

分销渠道成员主要包括生产企业、中间商、消费者等。渠道成员的作用，如图 8-6 所示。

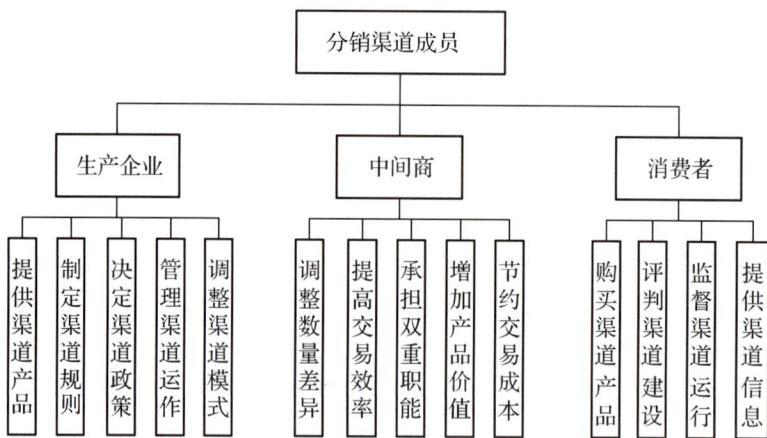

图 8-6　分销渠道成员及其作用

分销渠道成员构成中最重要的就是中间商。分销渠道策略所研究的内容就是如何选择中间商，才能将产品有效地从生产企业转移到消费者或用户手中。

（1）经销商与代理商。按照是否拥有产品的所有权，中间商可以分为经销商和代理商两大类。

①经销商。经销商是指某一区域只拥有销售产品或提供服务的单位或个人。经销商具有独立的经营机构，拥有产品的所有权。经销商在规定的区域内转售时，货价涨跌等经营风险由经销商自己承担。

经销商可以分为普通经销商和特约经销商。制造商对普通经销商的经销行为没有特别的约定，对特约经销商在销售额、产品价格、不得经销与其相竞争的其他制造商产品等方面有特别约定。

②代理商。代理商是指企业授权在某一区域有资格销售产品的商家。代理商不拥有产品的所有权，而是代企业转卖产品，并获取企业支付的佣金。

代理商和经销商的区别主要在于是否需要从企业购买产品，取得产品的所有权。经销商从企业购得产品，取得产品的所有权后进行销售；而代理商是代理企业进行销售，本身并不购买企业的产品，也不享有该产品的所有权。代理商是代理厂家进行销售，并通过销售获取佣金。还有一点就是产品销售的风险，经销商需要自行承担产品无法售出的风险，代理商并不承担产品无法售出的风险。

（2）批发商与零售商。按照流通过程中的地位和作用，中间商可以分为批发商和零售商两大类。

①批发商。批发商专门从事商品转卖或生产加工商品的各种销售活动。批发商处于商品流通的起点和中间阶段，交易对象是生产企业和零售商。一方面，它向制造商收购商品；另一方面，它又按批发价格向零售商批售商品。其经营业务结束后，商品仍处于流通领域中，并不直接服务于最终消费者。批发商是商品流通的"大动脉"，是连接制造商和商业零售企业的枢纽，是调节商品供求的蓄水池，是连接供求的重要桥梁。

②零售商。零售商是把商品直接销售给最终消费者的中间商，处于商品流通的最终阶段。零售商的基本任务是直接为最终消费者服务，交易结束后，商品退出流通领域，进入消费阶段。

2. 选择渠道成员

企业选择合适的中间商，必须了解中间商的优劣和发展潜力。

（1）中间商的信誉、知名度和美誉度。制造商应把信誉好、知名度大、美誉度高的中间商作为首要选择对象。

（2）中间商的实力。中间商的实力包括资金、人员素质、营业面积、仓储和运输能力等。现代市场营销要求一体化服务，包括运输、安装、调试、保养、维修和技术培训等各项服务相结合。中间商是否拥有懂得专业技术的人员为消费者提供良好的服务，更是制造商选择中间商时要重点关注的内容之一。

（3）预期的合作程度。中间商与制造商双方合作愉快，就会积极主动推销产品，否则可能会产生各种矛盾，甚至发生冲突。预期的合作程度取决于双方的互依程度，即双方在目标、理念、角色认知和文化方面的契合程度。

（4）中间商的财务状况和管理能力。中间商能否按时结算货款，包括在必要时预付货款，主要取决于中间商的财力状况。中间商的销售管理是否规范、高效，关系营销活动的成败，并影响制造商的发展。

除了上述因素外，对中间商的可控性和适应性也要作出一定的评价。

扫描二维码，获取中间商选择的微课视频。

微课视频	学习笔记
	_____ _____ _____

3. 化解渠道冲突

渠道冲突是指一部分渠道成员发现其他渠道成员从事的活动阻碍或者不利于企业实现自身的目标，从而发生的矛盾和纠纷。企业对于渠道冲突应该客观看待和处理，分析企业自身状态。不同的渠道建设阶段，渠道冲突带来的不一定是消极负面的影响，也可能促进企业渠道的建设和改善。

(1)渠道冲突的类型。渠道冲突有水平渠道冲突、垂直渠道冲突和不同渠道之间的冲突三种类型，如表8-6所示。

表8-6 渠道冲突的类型

类 型	含 义	举例说明
水平渠道冲突	同一渠道模式中同一层次中间商之间的冲突	南京地区经营格力空调的门店，可能认为在南京销售格力空调的另一家门店促销力度更大，抢了他们的生意
垂直渠道冲突	同一渠道中不同层次中间商之间的冲突	2004年2月，成都国美电器在没有征得格力电器同意的情况下，擅自将格力两款空调降价1 000元左右，造成空调巨头格力和家电零售巨头国美之间的冲突
不同渠道之间的冲突	不同渠道服务于同一目标市场时所产生的冲突	联想电脑原来通过特约经销店销售，当它决定将开设天猫商城旗舰店时，特约经销店表达了强烈的不满

(2)化解渠道冲突的办法。化解渠道冲突应当以预防为主，渠道选择和设计上要根据市场环境和企业自身资源情况，确立适合自己的分销体系和管理原则；根据标准严格挑选渠道成员，明确界定各渠道成员的权利、责任和活动范围；建立信息强化机制，通过各种方式和手段，加强渠道成员之间的沟通，增强渠道成员对企业产品和文化的认同；当出现渠道冲突时，可以根据预先设定的方案，通过第三方调解和仲裁等方式解决，或者进行渠道调整、重组等。

4. 激励渠道成员

对中间商进行激励，满足中间商的需要，可以减少双方矛盾，扩大销售。应当从了解中间商的心理状态与行为特征入手，避免激励过分与激励不足。激励中间商的方法很多，但从长远考虑，最有效的方法是跟中间商确定战略伙伴关系。所以，倡导关系营销理念和有效激励中间商十分必要。中间商的激励主要有以下三种类型。

(1)合作。制造商与中间商实行“风险共担，利益均沾”的利润分配原则，制定相应的激励制度，并对中间商适当地提供扶持，其主要方法有以下几种。

①提供促销费用。特别是对于新产品，为了激励中间商多进货、多销售，制造商可以提供广告费用、公关礼品、营销推广费用。

②价格折扣。在制定价格时，充分考虑中间商的利益，满足中间商的要求，给产品价格制定一个合理的浮动范围，主动让利于中间商。

③年终返利。对中间商完成销售指标后的超额部分，按照一定的比例返还。

④实施奖励。对于销售业绩好、真诚合作的中间商成员给予奖励。奖励可以是现金，也可以是实物，还可以是价格折扣等。

(2)合伙。制造商与中间商在销售区域、产品供应、市场开发、财务要求、市场信息、技术指导、售后服务等方面合伙，按中间商遵守合同程度给予激励。

(3)分销规划。建立一个有计划、实行专业化管理的垂直市场营销系统，把制造商的需要与经销商的需要结合起来。企业的分销规划部门同分销商共同规划营销目标、存货水平、场地及形象化管理计划、人员推销、广告及促销计划等。

5. 评价渠道成员

要定期评价中间商的工作绩效。评价目的是及时了解情况，发现问题，以便制造商更有针对性地对不同类型的中间商实施激励和推动工作。对长期表现不佳者，则可果断终止合作关系。

评价标准一般包括销售额、市场覆盖率、平均存货水平、促销和培训计划的合作情况、货款回款情况及为顾客提供的服务等。其中，一定时期内各经销商实现的销售额是一项重要的评价指标，具体有三种评价方法。

（1）横向比较。制造商可将中间商的销售业绩分期列表排名，目的是促进落后者力争上游、领先者努力保持领先。

（2）纵向比较。将中间商的销售业绩与其前期进行比较。

（3）定额比较。根据每个中间商所处的市场环境和它的销售实力，分别确定其可能实现的销售定额，再将其销售实绩与销售定额进行比较。

6. 调整渠道成员

由于产品更替、市场变化、新渠道的出现，或企业营销目标的调整及中间商的表现不佳，制造商有必要对现行分销渠道结构及时作出相应的调整，使之适应市场，并提升市场业绩。渠道调整方式主要有以下三种。

（1）增减分销渠道中的中间商。制造商在增减分销渠道中的中间商时要考虑其他中间商的反应。比如，生产商决定在某地区市场增加一家批发商，不仅要考虑能增加多少销售额，还要考虑对现有批发商的销售量、成本和情绪会带来什么影响。当中间商经营管理不善、合作不积极，导致企业市场占有率下降、影响渠道效益时，可以中断与中间商的合作关系。

（2）增减某一种分销渠道。如果发现通过增减中间商不能解决根本问题时，就需要增减一种分销渠道。比如，企业开发的新产品，若利用原有渠道难以迅速打开销路，则可增加新的分销渠道，提高竞争力。

（3）调整分销渠道的模式。当原有分销渠道的部分调整已经不能适应市场的变化时，就要改变制造商的整个分销渠道。分销渠道的通盘调整，不仅涉及渠道的调整，而且产品策略、价格策略、促销策略也要作相应的调整。比如，宝洁公司曾把以广州为中心的华南地区、以北京为中心的华北地区、以上海为中心的华东地区、以成都为中心的西部地区的渠道组织结构，分别调整为分销商渠道、批发渠道、主要零售渠道、大型连锁渠道和沃尔玛渠道。

总之，分销渠道是否需要调整、如何调整，取决于整体分销效率。因此，不论进行哪一层次的调整，都必须进行经济效益分析。

8.2.5　互联网时代下分销渠道的变化

渠道观念的更新和渠道模式的变革已经成为企业必须解决的问题。渠道创新的速度越来越快，营销渠道出现了很多新的发展趋势。

1. 渠道扁平化

渠道扁平化就是分销渠道的长度越来越短，销售网点越来越多。扁平化的实质并非简单地减少某一个中间环节，而是对原有的渠道系统进行优化，剔除其中没有增值的环节，使渠道系统从供应链向价值链转变。

实行渠道扁平化的优势：第一，可以及时了解市场信息，更好地满足消费者的需求；

第二，有利于对渠道的控制和与中间商的合作；第三，有利于终端促销活动，开展深度分销，建立品牌，提高市场占有率。

2. 渠道网络化

如今互联网已经成为人们工作和生活不可分割的一部分。网络既是构建营销渠道的工具，同时本身也构成渠道。与传统渠道方式比较，网络营销渠道具有营销市场广、效率高、费用低、环境开放，以及营销方式方法的多样性、交互性等诸多优势。

但企业在渠道网络化转型的过程中也会遇到麻烦。网络渠道作为新兴渠道，对传统渠道的挤压是必定存在的，而且网络渠道携互联网之快速传播的优势和省去中间环节的价格优势，让传统渠道对它有"敌意"。互联网带来的价格优势是线下渠道反应激烈的原因，网络渠道与线下渠道面临的客户群体重叠，这是二者冲突的根源。

解决线上和线下渠道冲突的方法：①做好渠道优化，提升运作管理水平，避免主体利益不明确，分配机制不合理，分工协作体系混乱；②做好产品区隔与价格管理，设定最低价格；③做好市场推广和促销活动的协调配合；④做好客户服务策略优化与协同实施，提供一致的服务内容和标准，优化服务的方式与手段，降低服务成本；⑤做好线上和线下服务的维护与管理。

案例8-6

线上线下融合　海澜之家全渠道发展成效显著

近年来，海澜之家根据终端营销渠道的升级和变革，不断优化线下门店的渠道布局，加大购物中心门店的拓展力度，加速线上线下全渠道互通，构建起顺应新零售时代发展的营销网络体系。截至2024年10月，该公司线下门店遍布31个省(自治区、直辖市)，覆盖80%以上的县、市，并进一步拓展到东南亚及非洲等海外市场。

国内市场方面，该公司在保持线下门店总数稳定的情况下，坚持以"精布局、高品质、强体验"为指引，重点突出新开门店质量，优化存量门店选址，稳步提升购物中心等直营门店占比，以渠道质量提升门店运营质效。

海外市场方面，该公司积极推动品牌"出海"，在深耕马来西亚、泰国、越南、新加坡等成熟市场的同时，根据品牌海外发展战略，扩大海外市场版图，并成功进驻马尔代夫、肯尼亚等海外市场。

同时，该公司努力抓住线上线下融合的新机遇，聚焦个性化需求，将品牌优势与互联网思维相结合，实现了在传统电商、社交电商及其他自媒体的多平台运营，为消费者提供了多触点、便捷化的多场景购物方式，有效推进线上和线下融合、优势互补、相互加持的全渠道发展。

试分析：为什么海澜之家会进行这样的渠道调整？

3. 渠道一体化

渠道一体化是制造商和中间商开展渠道战略合作的运作方法。制造商和中间商不以短期利益为中心，而是通过渠道体制变革，建立战略合作伙伴关系，追求共同成长、永续发展，强调双方相互融合、渗透和职能的协调。渠道一体化促使制造商整合资源、降低成本、提高效率。

4. 渠道品牌化

产品、服务需要品牌，分销渠道同样需要品牌。特许专卖店作为渠道品牌化的重要方式正在迅速扩张。特许专卖店实际上就是渠道建设品牌化、一体化和专业化结合的产物。这种形式在 IT 企业的销售中非常多。通过设立特许专卖店，企业可以建设统一、有个性的品牌文化，实现渠道增值。特许专卖店可以作为一个产品的展示中心，提升品牌形象，促进销售；可以作为一个推广中心，使消费者对产品有更多的了解；可以作为培训中心，对客户进行讲解和培训；当然也是销售中心。

5. 渠道终端化

渠道扁平化、一体化、品牌化的最终目的都是接近消费者。掌握市场的变化，强调以终端市场建设为中心来运作市场。

产品(服务)最终需要通过消费者来实现其价值，因而渠道体系中最能体现价值的部分是"终端"。渠道的中间组成从某种意义上讲是为渠道终端服务的。拥有渠道的终端，就意味着能够拥有更大的市场份额，渠道终端的高效管理可能会使企业形成独特的竞争优势。

▶ 8.3　任务实施与心得

8.3.1　任务实施

手机已经成为大众消费品。天一公司最终采用多渠道、少环节、扁平化的分销渠道模式。调整后的公司分销渠道如图 8-7 所示。

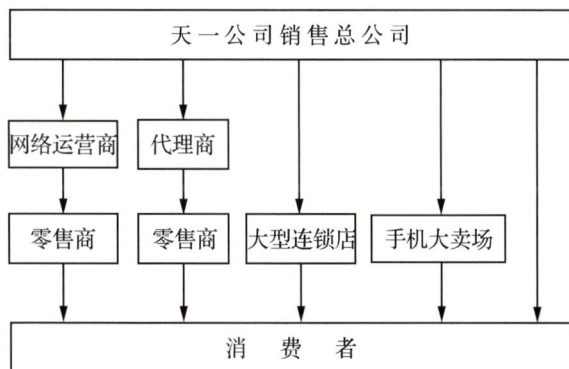

图 8-7　天一公司分销渠道模式

8.3.2　实施心得

在中间商的选择上，既要考虑中间商的市场范围、地理位置、财务状况及管理水平，又要考虑与中间商预期的合作程度。选择好中间商后，每隔一段时间公司要对中间商进行考核，并制定相应的激励措施。

手机已经从奢侈品进入大众消费品行列，削减手机渠道的中间环节，实行渠道扁平化已成为一种发展趋势。在手机渠道整合的过程中应注意：第一，抓住重点销售终端，和国美、苏宁等家电卖场，迪信通等手机专业卖场，中国移动、中国联通、天翼的营业厅合作，强化在淘宝网、京东商城和苏宁易购等线上渠道的建设力度；第二，可以借助网络运营商的品牌知名度，通过手机定制生产、与话费业务捆绑销售；第三，要加强渠道创新，发掘并利用成本低、效率高的新型渠道；第四，要加强渠道的信息化建设，提高渠道的运营效率，降低渠道的运营成本。

▶ 8.4　知识拓展：全渠道策略

在全渠道策略下，线上和线下渠道之间的界限被打通，渠道之间可以互相渗透和配合。采取实体渠道、电子商务渠道和移动电子商务渠道整合的方式销售商品或服务，向顾客提供无差别的购买体验。消费者可以在任何时候(如早上、下午或晚间)、在任何地点(如家中、办公室、地铁站、商业街)以任何方式(如手机、电视、电脑)购买到需要的商品或服务。

1. 全渠道策略的特征

全渠道策略包含全程、全面、全线三大特征。

全程：企业从消费者接触产品到最后购买的过程保持与消费者的全程、零距离接触。对于消费者来说，有搜寻、比较、下单、体验、分享五个关键环节。

全面：企业可以跟踪和积累消费者的购物全过程的数据，在这个过程中与消费者及时互动，掌握消费者在购买过程中的决策变化，给消费者个性化建议，提升其购物体验。

全线：实体渠道、电子商务渠道、移动商务渠道的线上与线下的融合。

2. 全渠道策略的优势

全渠道营销就是依托大数据技术，构建客户画像，洞悉消费者需求，实现线下、线上一体化渠道下的精准营销。

线下渠道在用户体验、售后、维修等方面具有优势，可以帮助企业提高销量，但是需要投入大量的人力、物力和财力，运营成本相对较高 。

线上渠道的优势在于可以随时、随地与消费者互动，不受时空的限制，推广成本相对较低。但无法让消费者直接触摸商品，消费者无法获得产品的真实体验。

O2O(Online to Offline)营销模式可以被视为线上渠道和线下渠道之间的融合，并且它打破了沟通渠道与交易渠道的边界，实现了沟通与销售交易的渠道融合。O2O 模式可以是线上营销、线上购买带动线下经营和线下消费，也可以是线下体验带动线上交易。O2O 通过打折、提供信息与服务预订等方式，把线下商店的消息推送给互联网用户，从而将他们转换为自己的线下客户。这就特别适合必须到店消费的商品和服务，如餐饮、健身、看电影和演出、美容美发、摄影等。

O2O 模式的优势在于订单在线上产生，每笔交易可追踪，推广效果透明度高，消费者可在线上选择心仪的服务再到线下享受服务。

▶ 8.5　思政案例

扶贫助农：从需求侧到供给侧的"拼多多变革"

做生鲜农产品起家的电商平台拼多多，在扶贫助农领域，积极响应党中央的号召。在这场攻坚战中，切实履行社会责任，积极主动参与，从需求侧变革引发供给侧变革，不断改进供应链，在农产品上行领域探索出了一套高效、独特的新模式。

"拼多多模式"致力精简农产品上游流通环节，让农户和消费者都能得到实惠。在传统的分销流通结构下，农产品从田间地头到城镇居民餐桌，要经历"农民→农产品经纪人→大型批发商→商超供应商→大型超市、便利店→消费者"等多个层级。一是周转环节多，农产品的保鲜度低；二是从产地到餐桌，层层加价，有的达30%以上，农民没增收，市民没买到便宜的农产品；三是经过层层流转，农产品损耗很大。在这种传统结构下，农民经常被迫提早收获农产品，或用化学品处理以延长保质期。消费者不仅要支付高价，买到的产品品质还较差。

传统电商的产销链条大致是"生产→品牌方→代运营→物流→消费者"。作为新电商，拼多多提供了更精简的产地直发方案，即"生产→商家→物流→消费者"。

拼多多进一步与邮政合作，激励邮政物流公司直接成为拼多多商家，探索出了"大国企＋大平台"的"渭南模式"。2016年8月，渭南邮政在拼多多开店，尝试通过电商平台扶贫。

由于渭南邮政开设了官方店铺，全国各地消费者下单后，渭南邮政邮件处理中心即刻打单，两米外的工人在传送带上即刻贴单，传送带尽头连着邮政物流车，装满即发。全流程中，好几个环节真正以秒计算。这彻底消除了人们曾经对"邮政只做物流""国企效率不够高""邮政不够快"的成见。渭南邮政分公司的"极速发件模式"平均发货时长比同行短17.78小时，签收时间比同行快15.75小时，到货时长比同行快29.22小时。

这样的"拼多多模式"，进一步精简了供应链环节，大幅提升了农产品流通效率，降低了资源的无谓损耗，从而形成了让利供需两端的空间。很多商品类目中，拼多多的供应链做到了极致精简，没有中间消耗。这也是为什么拼多多平台大部分产品都能实现全网低价的原因之一。

试分析：

(1)拼多多在渠道策略上有哪些变革？

(2)渠道的变革能给企业带来哪些优势？传统企业如何借鉴拼多多渠道的变革策略？

(3)"三农"是中国社会稳定发展的压舱石。试讨论其他电商平台如何利用"互联网＋"助力乡村振兴，解决农产品流通问题。

▶ 8.6　业务技能训练

8.6.1　自测习题

1. 单选题

(1)利用(　　)从事的分销行为被称为直接销售。

　　A. 零级渠道　　　B. 一级渠道　　　C. 二级渠道　　　D. 三级渠道

(2)制造商在对自己的分销渠道进行评估时会有各种标准，这些标准中最重要的是(　　)。

　　A. 经济性标准　　B. 控制性标准　　C. 适应性标准　　D. 及时性标准

(3)由生产者、批发商和零售商整合成的公司属于(　　)。

　　A. 垂直渠道系统　B. 水平渠道系统　C. 多渠道系统　D. 交叉渠道系统

(4)分销渠道的每个层次使用同种类型中间商数目的多少,被称为分销渠道的(　　)。

　　A. 宽度　　　　　　B. 长度　　　　　　C. 深度　　　　　　D. 关联度

2. 判断题

(1)对分销渠道的基本要求是少渠道、多环节。　　　　　　　　　　　　　　(　　)

(2)垂直渠道系统是一种传统的分销渠道。　　　　　　　　　　　　　　　　(　　)

(3)尽管通过中间商进行分销增加了产品成本,但同时也增加了产品价值,所以每家企业仍需要通过中间商进行分销。　　　　　　　　　　　　　　　　　　　(　　)

(4)折扣商店就是削价出售的商店。　　　　　　　　　　　　　　　　　　　(　　)

(5)生产者市场多采用间接渠道,消费者市场多采用直接渠道。　　　　　　　(　　)

8.6.2　课堂训练

1. 什么是分销渠道?简述分销渠道的特点和作用。

2. 选择分销渠道需要考虑的因素有哪些?

3. 分销渠道宽度策略有哪几种?

4. 如何选择和激励渠道成员?

5. 企业如何解决线下渠道与线上渠道的冲突?

8.6.3　实训操作

1. 以小组为单位,走访学校附近的一家制造企业,熟悉其产品的分销渠道模式,了解渠道的管理情况。

(1)各小组在调查资料的基础上,总结受访企业的渠道模式。

(2)指出该企业现有渠道管理中存在的问题。

(3)针对渠道管理中存在的问题,提出具体的解决措施。

2. 走访零售企业,寻找商店零售、无店铺零售及零售组织的实例,调研这些企业的分销产品和经营状况。

3. 某绿植企业最近研发了一款小盆栽绿植,该产品具有净化空气、种植方便等优点。该企业打算将这款产品在江苏省内进行销售,主打大学生市场。请为该企业设计分销渠道。

4. 某家政服务公司主要提供家庭保洁服务。请为该公司设计在当地的分销渠道并阐明理由。

5. 以服装行业为例,分析在产品不同生命周期应采用何种分销渠道策略。

任务 9　设计产品促销组合

●●●●● 思维导图

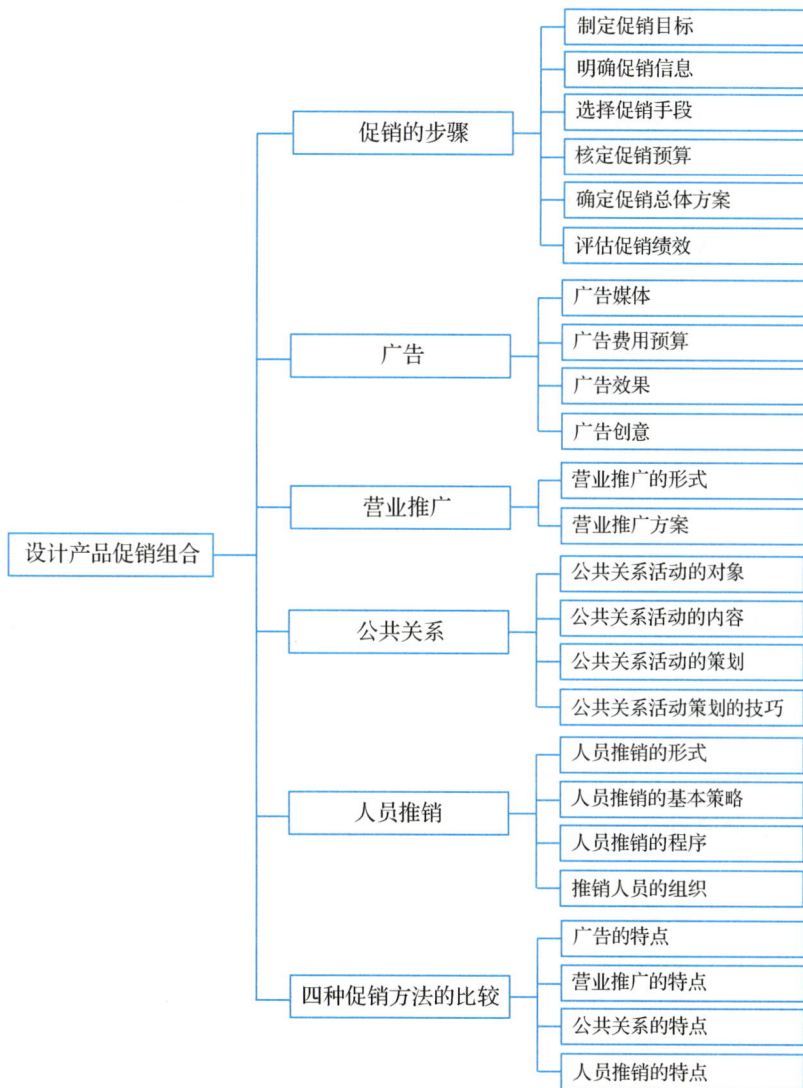

●●●●● 知识目标

1. 熟悉常用的促销方式种类及其特点；
2. 了解常用的广告形式和营业推广的形式；
3. 掌握人员推销的具体流程。

● ● ● ● **能力目标**

1. 能选择合适的促销方式组合;
2. 能设计企业营业推广方案;
3. 能组织和培训推销人员。

● ● ● ● **素质目标**

1. 提高沟通能力、洞察力、控场力;
2. 具备商务礼仪、语言表达和文字撰写能力;
3. 提高团队合作意识和规则意识。

▶ 9.1 任务描述与分析

9.1.1 任务描述

2021 年下半年天一公司开发了一款新手机,品牌、包装、价格、分销等工作都已经完成,但产品在市场中的销售情况仍不理想。公司通过市场调查发现,新产品在市场中的认知度较低,很多消费者都不知道这款新手机;在与同类型产品的竞争中,也没有任何的促销优势可言。

公司决定通过一系列的促销活动来打开市场,提升该款手机的市场表现。张总经理安排市场部来完成这项工作。冯部长要求沈建龙、小王、小杨和小顾查看公司原先的一些促销方案,讨论并设计出新手机的促销组合方案。

9.1.2 任务分析

促销即促进销售,是指通过人员及非人员的方式传播产品或服务信息,帮助消费者熟悉产品或服务,并促使消费者对产品产生好感,最后产生购买行为的一切活动。促销的实质是信息沟通。

企业的促销策略就是指将各种促销方式和手段在不断变化的市场环境中灵活运用与系统谋划。常用的促销方式有广告、营业推广(销售促进)、公共关系和人员推销。企业根据促销的需要将以上四种促销方式进行适当的选择和综合,以达到最好的促销效果,此种选择和综合就是促销组合。

扫描二维码,获取促销与促销组合的微课视频。

微课视频	学习笔记

▶ 9.2　相关知识

9.2.1　促销的步骤

1. 制定促销目标

促销目标是目标市场对促销活动所作出的反应，如促销使消费者获取购物优惠券并进行购物。企业单次的促销活动目标可以是提升企业和产品的知名度，吸引潜在顾客，唤醒老客户等，并不一定都能在短期内提高企业产品的销售量，但通过一系列活动或者多种促销活动组合的实施，在未来能实现销售量的提升。例如，企业可以吸引更多的顾客试用产品，从而在未来实现扩大销售的目的。

2. 明确促销信息

促销信息实质上是企业在与目标市场沟通时用以吸引目标市场所采用的文字和形象设计。当企业与目标市场进行促销沟通时，必须在促销信息中以充足的理由向潜在客户展示，然后观察消费者对企业所传达的促销信息作出的反应。企业所提供的产品能够给用户带来的最大益处是促销信息中最关键的内容。由于消费者每天接触到海量的信息，因此，企业在确定促销信息时，要尽量将一些关键信息传递给消费者，提升消费者对企业促销活动的关注度。

3. 选择促销手段

在确定了促销信息之后，必须选择最有效的促销手段，以便准确传达促销信息。传统的促销手段有广告、营业推广、公共关系和人员推销等，将以上四种促销手段进行综合使用就形成了促销组合。

企业在选择最佳促销组合时，应考虑以下因素。

(1)产品类型。产品类型不同，购买差异很大。不同类型的产品应采用与之相应的促销策略。不同类别的产品的促销策略，如图 9-1 所示。

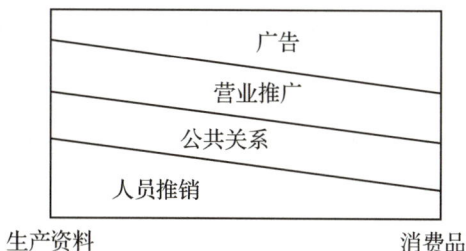

图 9-1　不同类别的产品的促销策略

(2)产品生命周期。处在生命周期不同阶段的产品，促销的重点目标不同，采用的促销方式也有所区别，如表 9-1 所示。在导入期和成熟期，促销活动十分重要；而在衰退期，则可降低促销费用支出，缩小促销规模，以保证足够的利润收入。

表 9-1   产品生命周期各阶段的促销方法

产品生命周期	促销的主要目的	促销的主要方法
导入期	使消费者认识商品，使中间商愿意经营商品	广告、人员推销、公共关系
成长期 成熟期	使消费者对商品感兴趣，扩大市场占有率，使消费者"偏爱"产品	广告、营业推广
衰退期	保持市场占有率，维护老顾客，推陈出新	营业推广

(3)市场状况。一般来说，市场范围小、潜在顾客较少、产品专用程度较高的市场，应以人员推销为主；而对于无差异市场，因其用户分散、范围广，则应以广告为主。

讨论

直播带货与传统人员推销有何不同？

(4)促销费用。促销费用的多少影响促销的效果。企业在选择促销组合时，要综合考虑促销目标、产品特性、企业财力及市场竞争状况等因素，在可能的预算情况下估算出必要的促销费用；然后综合分析比较各种促销手段的成本和效果，以尽可能低的促销费用取得尽可能高的促销效益。

4. 核定促销预算

核定促销预算的方法有很多，常用的做法就是企业在估算竞争对手促销预算的基础上来确定自己的促销预算。还有一种更为准确的方法是先将企业计划采用的促销手段列出一份清单，暂时不考虑费用问题，然后根据各个项目的费用标准计算出所有促销项目的总预算，并根据实际情况对方案进行调整，直到调整的预算方案被企业接受为止。

5. 实施促销总体方案

当促销总体方案确定下来以后，必须自始至终协调和整合总体方案中所采用的各种不同的促销手段。这一点对实现预期促销目标来说显得非常重要。制订详细的推广计划，是保证促销方案顺利实施的前提。

6. 评估促销绩效

对促销总体方案作出评估和调整，其目的不仅是调整那些效果不佳的促销手段，同时还包括确保促销总体方案能够更有效地为实现促销目标服务。

9.2.2   广告

广告是指广告主付出一定的费用，通过特定的媒体传播产品或服务的信息，以促进销售为主要目的的大众传播手段。广告的对象是广大消费者，广告的内容是有关产品和服务方面的信息。广告需要借助大众传播媒体，即广告媒体来进行传播。广告媒体的选择直接影响广告的效果。

扫描二维码，获取广告的微课视频。

微课视频	学习笔记
	_____ _____ _____ _____

1. 广告媒体

(1)广告媒体的种类。广告媒体的种类繁多，可以根据其不同的物质属性进行分类：①印刷媒体，如报纸、杂志、电话号码簿、画册、商品目录等；②电子媒体，如广播、电视、电影、互联网等；③邮寄媒体，如函件、订购单等；④交通工具媒体，如火车、汽车、轮船等；⑤店堂媒体，常称为 POP 媒体，即以商店营业现场为布置广告的媒体，如橱窗、柜台、模特、悬挂旗帜、招贴等；⑥户外媒体，如路牌、招贴、灯箱、气球、汽艇、充气物等；⑦其他，如包装袋、样本等。

讨论

除了以上提到的媒体形式，还有哪些新型的媒体形式？

知识链接

广告新媒体

户外新媒体：主要包括户外视频、户外投影、户外触摸屏等。这些户外新媒体都包含一些互动因素，以此来达到吸引注意、提升媒体价值的目的。

移动新媒体：以移动电视、车载电视、地铁电视等为主要表现形式，通过移动电视节目的包装设计，增加受众黏性，便于广告投放。

手机新媒体：随着 5G 手机的普及，手机媒体已经成为普通人在日常生活中获取信息的重要手段。手机媒体的形式极其多样，是最具普及性、最快捷、最为方便的一种新媒体形式。

(2)媒体选择。企业在选择媒体时要考虑以下几个因素。

①目标顾客的媒体习惯。人们在接收信息时，一般是根据自己的需要和喜好来选择媒体。比如，受教育程度高的人，接收信息的来源往往偏重互联网和印刷媒体；老年人则有更多的闲暇时间用于看电视和听广播；在校大学生偏爱上网。分析目标顾客的媒体习惯，能够使企业更有针对性地选择广告媒体，增强广告效果。

讨论

现阶段 20～30 岁的人群主要浏览哪些媒体？

②媒体特点。不同媒体的市场覆盖面、市场反应程度、可信性等均有不同的特点。传统四大媒体中的报纸、广播的影响力正在下降，同时互联网和移动互联网的影响力

持续上升，未来将超过电视媒体成为第一大媒体。

大数据技术已经深刻影响到互联网广告。互联网的技术性特征使得网络广告具备了实时投放、管理优化及针对海量数据挖掘的基础。精准广告营销正成为主流的促销手段。广告精准程度、受众覆盖规模和广告平台拥有的媒体资源是广告主考量广告媒体的三大关键要素，而广告精准程度以 69％的比例排在广告主选择广告媒体的首位。

③产品特性。不同产品在展示形象时对媒体有不同的要求。比如，性能较为复杂的技术产品，需要一定的文字说明，比较适合印刷媒体；服装之类的产品，最好通过有色彩的媒体做广告，如电视、杂志等。

讨论

(1)消费品适合采用哪些广告媒体？

(2)工业品适合采用哪些广告媒体？

(3)公共事业单位的广告应该投放在哪些广告媒体上？

④媒体费用。在不同媒体上做广告，其费用差异很大。考虑媒体费用不能只分析绝对费用(如电视媒体的费用高、报纸媒体的费用低等)，更要研究相对费用，即沟通对象的人数构成与费用之间的相对关系。

2. 广告费用预算

广告费用预算是指企业根据营销目标和广告目标，经过详细周密的策划，规划出未来一定时间内(通常是一年)开展广告促销活动的总费用和分类费用。一般情况下，广告费用由两部分组成：一是直接为开展广告活动而付出的费用，如广告调查费用、广告设计制作费用和广告媒体使用费用等，其中，广告媒体使用费用是主体，占80％左右；二是间接广告费用，包括企业广告人员的工资、办公费、管理费等。

确定广告预算总费用的常用方法有以下四种，企业应根据不同的情况进行选择。

(1)广告目标法。广告目标法又称任务法，就是先确定销售目标和广告目标，然后决定为了达到目标所必需的广告活动的规模和范围，据此估算出广告费用预算。采用这种方法的前提是必须清楚地知道各种媒体广告所能产生的效果。

(2)销售比例法。销售比例法是指根据往年销售额的实际值或本年销售额的预测值，从中提取一定比例作为广告总费用的方法。使用这种方法有助于确定价格、利润和广告费用之间的比例关系，保证企业利润的实现。这种方法计算简单、实用，故采用此法的企业很多。广告费用百分比的大小依行业不同而不同，相对而言，药品、化妆品、营养品等行业的广告费用百分比较高。

讨论

以销售比例法来确定广告预算存在什么问题？

(3)竞争对抗法。竞争对抗法是指根据竞争对手的广告费用预算决定本企业的广告预算，以保持企业有利的竞争地位。使用这种方法要考虑企业的竞争性目标、竞争对手的广告费用和本企业的财力及销售能力等因素。这种方法对抗性强、风险较大，极易引发广告大战，造成两败俱伤。

（4）尽力而为法。尽力而为法也称量力而行法，是指企业根据财务能力而决定广告预算的方法。这种"有多少钱就做多少广告"的方法最简单，但由于缺乏计划性，广告活动很难做长期安排，广告效果也不一定好。

广告费用总额确定以后，下一步的工作便是在广告费用总额的范围之内，将其按一定的目的、要求进行合理的分配。一般可以按广告活动的内容、广告媒介、广告的产品和服务、广告的地区、广告的时间、广告的对象等进行分配。

3. 广告效果

（1）广告传播效果评价。广告传播效果是用来测定广告的传播范围及有效性。衡量广告传播效果主要有以下两项指标。

①接收率。接收率是指接收某种媒体广告信息的人数占接触该媒体总人数的比率。

$$接收率 = \frac{接收广告信息的人数}{接触该媒体的总人数} \times 100\%$$

接收率往往只是指接收信息的广度，为了全面评价广告的传播效果，还应使用深度指标。

②认知率。认知率是指在注意到广告信息的人数中，真正理解广告内容的人所占的比率，这一指标能够反映广告传播效果的深度。

$$认知率 = \frac{理解广告内容的人数}{注意到此广告的人数} \times 100\%$$

📖 知识链接

接收率与认知率的比较

某广告公司计划通过选定的媒体，将产品信息传递给目标市场的 500 万人，而实际上只有 450 万人看了这则广告，则接收率就是 90%。在看到广告的 450 万人中真正理解广告内容的消费者只有 180 万，则此广告的认知率为 40%。

（2）广告促销效果评价。广告的促销效果比传播效果更难测量。因为除了广告因素外，销售还受到许多其他因素的影响，如产品特色、价格等。这些因素越少，广告对于销售的影响也就越容易测量。所以，采用邮寄广告方式时广告促销效果最容易测量，而品牌广告或企业形象广告的促销效果最难测量。人们一般利用以下方法来衡量广告的促销效果。

①广告增销率。广告增销率是指一定时期内广告费的增长幅度与同期销售额的增长幅度之比。其公式为：

$$广告增销率 = \frac{销售额的增长率}{广告费的增长率} \times 100\%$$

✏️ 讨论

如果广告增效率＞1，说明什么？如果广告增效率＜1，又说明什么？

②广告费占销率。广告费占销率是指一定时期内企业广告费的支出占该企业同期销售

额的比例。这也是一种通过广告费和销售额的比较来反映广告促销效果的方法。其公式为：

$$广告费占销率 = \frac{广告费支出}{同期销售额} \times 100\%$$

以上评价方法都有一个共同的前提，即测试期内其他影响销售额的因素无明显变化，否则会影响测试的精确性。一些常规因素的影响不可避免(如销售淡季、旺季变化)，这时可根据变化规律设置某些调整系数，当然也可以将具有周期性变化规律的时期作为一个测试期(如一年)来进行测试和比较。

(3)广告形象效果评价。广告形象效果评价是对广告所引起的企业或产品知名度和美誉度的变化情况所进行的检测与评价。广告效果并不仅仅反映在对产品销售的促进方面，因为有些消费者接触了广告后并不会马上产生对产品的购买欲望，但毕竟会给他们留下一定的印象，这种印象可能导致将来产生购买行为。

企业形象一般用知名度和美誉度两项指标来衡量。通过广告前后对固定对象的调查，了解企业形象的变化。

4. 广告创意

广告创意是介于广告策划与广告表现制作之间的艺术构思活动，即根据广告主题，经过精心的思考和策划，运用艺术手段，把所掌握的材料进行创造性的组合，以塑造一个意象的过程。简言之，广告创意就是广告主题意念的意象化。

(1)广告创意是广告的核心。曾有这么一首英文诗在广告界广为流传：If a stone dropped into the sea(石沉大海了)，could it be up again(能浮起来吗)？ Of course，it can(当然可以)！ The new idea，new idea only(只要有好的创意就可以)！

(2)广告创意的过程。广告创意的过程大致分为以下几个阶段。

①信息收集。收集对所要进行创意的当前问题的相关资料及将来会有变化的一般知识的资料；信息的收集是创意的基础，没有充分的信息，不可能产生好的创意。

②分析研究。将所收集的资料进行分析、整理，并研究出各个资料之间的内在关联，寻找共同点。

③酝酿加工。将分析、研究后的资料进行整理、合成。

④产生灵感。创意的产生没有任何的规律可循，可能在某一个瞬间，灵感就会出现。

⑤遴选验证。对所有产生的灵感进行遴选，选出最优秀的创意。

案例9-1

一年只逛两次海澜之家

在确定了"男人的衣柜"的定位之后，结合消费情境和重复购买等因素，海澜之家推出了"一年只逛两次海澜之家"的广告语。一方面，广告语自身带有冲突，"居然有一个品牌希望你一年只来我这里两次"，消费者觉得奇怪，所以记忆效果很好，传播性强。另一方面，迎合了男性消费者的生活习惯和生活态度——我非常"理性与睿智"，要买就买好的，要买就买有品质的，所以根本不用去那么多次。

9.2.3 营业推广

营业推广又称销售促进或狭义促销，是指企业运用折扣、有奖销售、优惠券等各种短期诱因，鼓励消费者购买企业产品或服务的促销活动。

1. 营业推广的形式

营业推广的形式多样，依据对象不同可以分为三种类型，即面向消费者的营业推广、面向中间商的营业推广、面向本企业推销员的营业推广，如表 9-2 所示。

表 9-2　营业推广的形式

对象	具体形式	方　法
消费者	赠送样品	上门赠送、邮局寄送、购物场所发放，或附在其他商品上赠送
	有奖销售	奖项设置可以是实物，也可以是现金
	现场示范	在销售现场进行商品操作表演，适用于新产品推出，也适用于使用起来比较复杂的商品
	特殊包装	减价包装、组合型减价包装，或在包装内附优惠券、抽奖券
	折扣券	邮寄、附在其他商品中，或在广告中附送，如今多采用电子折扣券的形式
中间商	销售津贴	广告津贴、展销津贴、陈列津贴、宣传津贴
	合作广告	按销售额比例提取或报销，赠送广告底片、录像或招贴、小册子等
	赠品	赠送陈列商品、销售商品、储存商品或计量商品所需要的设备(如货柜、冰柜、容器、电子秤等)、广告赠品(印有企业的品牌或标志的日常办公用品或生活用品)
	销售竞赛	中间商完成一定的推销任务可以获得现金或实物奖励
	培训和展销会	介绍商品知识，现场演示操作
	节日公关	节日或周年纪念等重要日子举办各种招待会
本企业推销员	销售提成	按事先约定，从销售额中提取
	销售竞赛	对销售业绩好的销售员进行奖励，奖励的形式包括物质奖励和精神奖励；对销售业绩持续不佳的销售员进行惩罚

讨论

数字经济时代，除了以上这些营业推广活动，还有哪些形式的营业推广活动？

📖 **案例9-2**

立马公司的国庆、中秋促销活动

一重礼：进店免费礼

无须购物，进店就有礼。活动期间所有顾客进店扫码并关注企业的微信公众号，均可免费领取精美礼品一份。

二重礼：中秋团圆礼(特价车除外)

月饼是中秋不可或缺的象征团圆的礼品，又因中秋在国庆之后，可以以月饼作为礼品。立马公司可与一些超市和商店协商，购车时以月饼为礼品送出，到活动结束后再结账，也可由公司自己视情况而定。月饼档次不能太低，在利润范围内尽量保证月饼的档次。

三重礼：红包礼

在活动期间，每天上午10时和下午4时准时在企业的微信公众号中派发红包礼，红包礼50元至200元不等，随机发放。

2. 营业推广方案

营业推广方案一般包括以下几个方面的内容。

(1)营业推广规模。根据费用与效果的最优比例，找出最佳的营业推广规模。最佳规模要依据费用最低、效率最高的原则来确定。一般来说，一定规模的激励足以使销售促进活动引起足够的注意；当超过一定规模时，激励规模与销售成反比关系。

(2)参与对象。营业推广活动是面向目标市场的每一个人还是有选择地针对某一部分人，营业推广范围的大小，会直接影响最终的效果。企业在选择对象时，要尽量限制那些不可能成为长期顾客的人参加。比如，发放以购物凭证为依据的奖券就是鼓励已经购买这种商品的顾客，限制没有买过此商品的人。当然，限制面不能太宽，否则将会导致只有大部分品牌忠诚者或喜好优惠的消费者才有可能参与，不利于目标顾客范围的扩大。

📖 **案例9-3**

利用促销活动，唤醒老客户

淘宝网上有一家经销塑身衣的网店，因为商品的特殊性，网店的主要客源来自参与淘宝平台各种活动的客户。可是成功参加过活动之后，就会有很多客户流失。如何让这些客户重复购买呢？

适逢该网店又有一款新品上市，店铺策划了以唤醒1 000名老客户为整体目标的促销活动，活动前店铺对两次活动期间的江浙沪地区、广东地区、山东地区的39 600名老客户进行了信息梳理，然后分阶段利用短信发出活动信息；活动过程中，还进行了老客户回访。

经过此次活动，实现了唤醒老客户"记忆"的目的，最后来自老客户的购买量有1 300多件。

(3)送达方式。选择最佳的送达方式让推广对象来参与，以达到理想的效果。企业要根据推广对象，以及每一种渠道的成本和效率来选择送达方式。比如，赠券这种促销工具就可以通过附在包装内、零售点、企业或产品公众号等途径发放。每一种途径的送达率和费用都不相同，各有其优缺点。企业应根据费用与效果的关系，仔细斟酌、反复权衡，选择最佳的送达方式。

讨论

你曾遇到过哪些特殊的促销活动送达方式？

（4）活动期限。任何营业推广方式在实行时都必须规定一定的期限，期限不宜过长或过短。如果营业推广活动的期限过短，可能使一些潜在顾客因错过机会而无法获得这项利益，达不到预期的效果。如果持续时间过长，会导致促销费用增加，并容易使企业产品在顾客心目中"降价"。具体的活动期限应综合考虑产品的特点、消费者的购买习惯、促销目标、竞争者策略及其他因素，按照实际需求确定。

想一想

我们有时会看到有的商店门口挂着"降价促销 10 天"的牌子。10 天后，牌子换成了"最后清仓 10 天"，但 1 个月后我们仍然看到该商店还挂着"最后清仓 10 天"的牌子在降价促销。消费者对这样的促销会有什么看法？

（5）时机选择。营业推广时机的选择应根据消费需求时间的特点并结合市场营销总体战略来定，日程的安排应注意与生产、分销、促销的时机和日程协调一致。在不同地区开展营业推广活动应与地区营销管理人员一起，根据整个地区的营销战略来研究与决定。

知识链接

常见的营业推广活动的时机

（1）结合季节开展活动，如春日踏青、夏日清凉等。

（2）结合节日开展活动，如元旦、端午节、中秋节、国庆节、春节、元宵节等。

（3）配合近期的热门话题，如纪录片《舌尖上的中国》很受欢迎，可以围绕该主题来策划活动。

（4）自身纪念日，如成立纪念日等。

不管采用何种形式的活动契机，最重要的是要合情合理。

（6）费用预算。营业推广活动费用支出较大，必须事先进行认真的筹划预算。营业推广费用预算既可以采取自下而上的方式，按照全年营业推广的各种方式及相应的成本来预算全年费用支出；也可以按照历年习惯比例，根据各项营业推广预算占总预算的比率来确定全年费用支出。

9.2.4　公共关系

公共关系是指企业在经营活动中，妥善处理企业与内外部公众的关系，以树立良好的企业形象的促销活动。公共关系活动的主要目的在于提高企业的知名度和美誉度。知名度是指公众对企业的知晓情况，美誉度是指公众对企业形象的正面支持情况。

讨论

　　知名度和美誉度之间是否存在着必然的联系？是不是知名度高的企业美誉度一定高？或者美誉度高的企业知名度一定高？

1. 公共关系活动的对象

公共关系的工作职能是正确处理企业内外公众的关系，其工作对象主要有以下几种。

(1)消费者。消费者需求是企业一切营销的出发点，也是企业生存和发展的前提。企业公关工作要树立"一切以消费者为中心"的思想。一方面，要主动加强与消费者的沟通，有计划地收集消费者的各种信息，切实把握消费需求动向，通过公关广告和宣传，帮助消费者充分了解企业的宗旨、政策，以及产品的性能、规格等信息；另一方面，要重视消费者投诉和消费者的困难，消除消费者对企业的误会和不满，增进相互了解，建立长期合作关系。

(2)中间商。企业与中间商的关系不是谁依靠谁的关系，而是相互合作、相互依存的伙伴关系。企业应向中间商提供质量好、价格优的产品及尽可能多的销售便利和服务，保持与中间商的信息交流，分享各自获得的有关市场、竞争等方面的信息资源。

(3)供应商。企业的正常生产和商品流通必须依靠供应商及时按质、按量供应原材料、零部件、工具、能源等各种物资。企业必须妥善处理与供应商的关系，以获得高质、高效、低成本的商品和服务。

(4)政府。企业要及时了解国家的方针、政策、法令和法规，服从政府有关部门的行政管理。在必要且可能的情况下，运用合法的公关手段，说服有关部门改进不利于企业的某些政策规定等。同时，企业要按时缴纳各项税费，主动与有关部门沟通信息，取得相关政府部门的信赖和支持。

(5)社区。社区是指与企业相关的周围工厂、机关、医院、学校等企事业单位和居民群体。

(6)新闻媒介。报纸、杂志、电视、网站等新闻媒介可以主导社会舆论，影响并引导民意，间接且有力地调控企业行为。因此，它是企业公共关系的重要渠道，是企业争取社会公众支持、实现自身目标的重要对象。企业应同新闻界保持经常的、广泛的联系，积极投送稿件，介绍企业的发展状况，重大活动时可召开发布会并邀请新闻媒介出席。

(7)企业内部公众。企业内部公众包括职工和股东等。企业内部员工之间、员工与高层管理人员之间、部门与部门之间的关系是否融洽，直接关系企业的经营方针能否得到彻底贯彻，正常的生产经营工作能否顺利开展。

企业内部关系的沟通可通过举办文娱体育活动、印刷企业报刊、建设企业内网等方式来进行。加强企业内部的信息交流，增进相互了解，协调各方利益，解决各种矛盾，倡导健康向上的企业文化，从而增强企业的凝聚力。

2. 公共关系活动的内容

通过开展公共关系活动来提高企业的知名度和美誉度。根据公共关系活动的对象及事先是否有安排，公共关系活动可分为常规公关活动和特殊公关活动（危机公关），具体如表9-3所示。

表 9-3　公共关系活动的内容

分类	活动名称	具体活动内容
常规公共关系活动	处理与新闻媒介的关系	与新闻媒介沟通，发布企业的信息，召开新闻发布会，邀请新闻媒介参加企业的活动并进行相关的新闻报道
	产品公共宣传	通过公关活动，向公关对象传递企业产品的信息，增加公关对象对企业产品的了解
	公司信息传播	通过社会公益活动、举办庆典、企业赞助等方式宣传企业
	处理与政府部门的关系	与政府职能部门进行沟通，争取政府部门的信赖与支持
	内部公关活动	通过举办文娱体育活动、印刷企业报刊等方式加强企业内部的信息交流，增强企业的凝聚力
特殊公共关系活动	危机公关	针对突发的危机事件进行处理，减少危机对企业生产经营活动产生的负面影响，重新赢得公关对象的信任

3. 公共关系活动的策划

（1）确定公共关系活动的目标。企业根据自己产品的特点及不同时期的宣传重点来确定企业的公关活动目标。比如，美国加州葡萄酒制造商曾委托一家公共关系公司为其进行公关宣传，以使美国人确信"喝葡萄酒是快乐生活的一部分"，同时提高加州葡萄酒的形象，增加其市场份额。

案例9-4

学林雅园新年业主联谊会

临近新年，学林雅园小区的物业公司打算开展一次针对业主的公关活动，具体的活动内容如下。

活动目的：加强业主之间和业主与物业之间的联系，培养小区文化。

目标对象：学林雅园的业主，高学历、高收入，具有现代生活观念。

挑战：突破常规联谊会模式，增加业主对小区物业公司的好感。

主题：亲子联谊会，童趣。

执行：现场自助餐，木偶戏，游戏。

（2）选择公共关系活动的宣传媒体。企业应根据宣传目标来选择合适的媒体。媒体的选择要切合实际，避免贪大、求高。

📖 **案例9-5**

安踏的体育营销

　　安踏是与中国体育联系最紧密、合作时间最长的运动品牌之一。安踏积极参与各大体育赛事的赞助，进一步提升了其品牌的知名度和影响力。安踏从2009年开始一直是中国奥委会的官方合作伙伴。自2019年与国际奥委会首次合作，安踏成为国际奥委会官方体育服装供应商。安踏同时保持着与中国国家队多个项目的装备赞助合作，数千名中国运动员将安踏的服装穿到国际赛场上。

　　(3)拟订公共关系活动的方案。企业在组织公关宣传活动时，必须拟订周密的公关宣传活动方案，确保公关宣传活动的顺利进行。

📖 **知识链接**

公共关系活动策划书的结构

　　在开展公关活动之前，必须完成活动策划书，有了周密的安排才有可能促成活动的成功。在公关活动策划书中不仅要表明活动的目的，同时也要列明公关活动的程序和经费预算。

　　公共关系活动策划书的具体内容包括：①市场背景；②产品分析；③活动传播对象；④活动目的；⑤活动主题；⑥活动现场规划；⑦活动执行流程；⑧活动信息传播计划；⑨活动预算；⑩活动效果评估。

　　(4)实施公共关系活动方案。在实施公关活动方案的过程中，一定要通过新闻媒体进行跟踪报道。由于新闻媒体工作的政策性很强，尽力争取媒体从业人员对企业公关活动的理解和重视，才能确保公关活动获得预期的宣传效果。

　　(5)评估公共关系活动的效果。测定公关活动的效果是一件比较困难的事情，因为公关活动通常与其他促销工具一起使用，很难分清哪些是公关的贡献。公关活动是根据某些沟通对象的反应目标而设计的，所以这些目标可以作为测量公关活动效果的基础。一般来说，企业可根据展露次数，公众在知晓、理解、态度方面的变化，以及销售额和利润额的变化等来测定公关活动的效果。

　　4. 公共关系活动策划的技巧

　　公共关系是一项技术和艺术相结合的工作。在实际活动中，要灵活运用各种公关技巧，使公关活动达到预期的目标。常用的公关技巧有制造"新闻"、公关广告等。

　　(1)制造"新闻"。制造"新闻"是指根据企业真实发生的事件制造出具有新闻价值的报道材料，通过新闻媒体进行发布。这种方式可以增加企业在公关活动对象前的曝光度，引起公关公众的注意力，其目的是提高企业的知名度和美誉度。

案例9-6

农夫山泉上国宴，成为 G20 会议用水

作为一个非常重要的国际经济合作论坛，2016 年 G20 杭州峰会吸引了世界的目光。在峰会上出现的任何一件物品，都会成为社会的热点。

农夫山泉作为 G20 杭州峰会唯一指定用水，频频出现在 G20 的各个场合。随着大会在国内外关注度的提升，农夫山泉也再一次吸引了消费者关注的目光。

(2)公关广告。公关广告是指以提升企业良好形象，提高企业的声誉，增进企业与社会公众之间的关系，提高公众对企业的信赖和支持为目的，从而促进企业实现其整体目标的一种广告方式。

公关广告可分为塑造广告、倡议广告、影响广告及激励广告。

①塑造广告。以企业整体形象的推出为内容。塑造广告的推出应当与企业的整体营销相结合，在营销定位战略的指导下制作，以求达到最佳的效果。

②倡议广告。以由企业率先提出的社会新风尚、新观念为宣传内容，通过各种方式进行传播。倡议广告的内容选择需要根据不同时期、不同地区进行调整。倡议广告的传播形式也可以是多样的，不一定要通过传统的媒体，也可以有一些新的形式。例如，施工建设中的国际大酒店在其施工工地的外墙广告牌上的"创建卫生城市，争做文明市民"标语就是一种比较好的倡议广告传播形式。

思政园地

支持新疆棉，支持国货

2021 年 3 月，国际品牌 H&M 发布了抵制中国新疆棉花的公告。随之而来的是全国人民对 H&M 这种歧视性做法的声讨，同时国货品牌纷纷发出倡议性广告，鸿星尔克在官方微博上发出了"坚持使用中国棉，用中国好棉花，造中国好产品"的倡议性广告，表明对新疆棉花的支持。GXG 品牌所在的慕尚集团也在官方微博中发布"慕尚集团坚持使用新疆长绒棉，每一朵棉花都是一份民族自信"的海报，不仅表达了对新疆棉花的支持，同时也体现了国货品牌的民族自信。

③影响广告。通过发布影响广告来取得政府或社会公众的支持。该类广告特别适合于产品性质较为特殊的企业(如烟酒企业)。企业不能通过发布产品广告来赢得消费者的信任，可以通过影响广告来获得公众的支持。例如，烟草企业在产品包装上标注"吸烟有害健康"，酿酒企业在酒瓶上标注"请适度饮酒"的告诫语。

讨论

低碳经济发展迅速，低碳生产和消费日趋流行，对企业生产和营销影响巨大。通过广告，可以更好地传播绿色发展理念，推动形成低碳生产、生活方式。你能举例说出哪些传播低碳生活的广告？

④激励广告。激励广告多用于内部公关活动，作用于企业内部员工，强调对内部员工的激励作用，增加员工对企业的归属感和对工作的责任感。常见的激励广告语有"时间就是金钱，时间就是效率，时间就是生命""高高兴兴上班，平平安安回家""今日我以企业为荣，明日企业以我为荣"等。

9.2.5　人员推销

人员推销是指企业通过派出销售人员，与一个或一个以上可能成为购买者的人交谈，通过陈述推销商品，促进和扩大产品的销售。它是商品交换出现后的一种最古老的推销方法。在现代市场经济条件下，人员推销仍具有十分重要的作用。

1. 人员推销的形式

(1)上门推销。由推销人员携带产品的样品、说明书和订单等有目的地走访顾客，推销产品。这是最常见的人员推销形式。这种推销形式可以针对顾客的需要，为其提供有效的服务，方便顾客，容易被顾客认可和接受。

(2)柜台推销。企业在适当的地点设置固定的门市或派出人员进驻经销商的网点，接待顾客，介绍和推销产品。柜台推销与上门推销正好相反，是等客上门式的推销方式。由于门市里的产品种类齐全，能满足顾客多方面的购买要求，为顾客提供较多的购买方便，并且可以保证商品品质，因此顾客比较乐于接受这种方式。柜台推销适合于零星小商品、贵重商品和容易损坏的商品的推销。

(3)会议推销。它是指利用各种会议向与会人员宣传和介绍产品，开展推销活动。在订货会、交易会、展览会、物资交流会等会议上推销产品的方式均属于会议推销。这种推销形式接触面广，推销集中，可以同时向多个推销对象推销产品，成交额较大，推销效果较好。

讨论

请分析直播带货是否属于人员推销？如果是，它属于哪种形式的推销？

2. 人员推销的基本策略

(1)试探性策略。这种策略是在不了解顾客的情况下，推销人员运用刺激性手段引发顾客产生购买行为。推销人员事先设计好能引起顾客兴趣、刺激顾客购买欲望的推销语言，通过渗透性交谈进行刺激，在交谈中观察顾客的反应，然后根据其反应采取相应的对策，并选用得体的语言，再对顾客进行刺激，进一步观察顾客的反应，以了解顾客的真实需要，诱发购买动机，引导顾客产生购买行为。

(2)针对性策略。推销人员在基本了解顾客某些情况的前提下，有针对性地对顾客进行宣传、介绍，以引起顾客的兴趣和好感，从而达到成交的目的。因为推销人员常常在事前已经根据顾客的有关情况设计好推销语言，既能主动出击，又能投其所好，容易为顾客所接受。

(3)诱导性策略。它是指推销人员运用能刺激顾客某种需求的说服方法，引导顾客产生购买行为。这是一种创造性推销策略，对推销人员要求较高，要求推销人员能因势利导，既能诱发、唤起顾客的需求，还能不失时机地宣传介绍和推荐产品，以满足顾客对产品的需求。

3. 人员推销的程序

人员推销是买卖双方互相沟通信息，实现买卖交易的过程。这一过程包括七个步骤，如图 9-2 所示。

推销准备 → 寻找顾客 → 访问顾客 → 介绍产品 → 处理异议 → 达成交易 → 购后活动

图 9-2　人员推销的步骤

（1）推销准备。推销是一项极具魅力、富有创造性和吸引力的工作，同时任务艰巨，推销人员必须做好知识准备和思想准备。

知识准备工作主要有企业知识、商品知识、竞争知识和市场知识四个方面，如表 9-4 所示。

表 9-4　推销的知识准备

知识准备	内　容
企业知识	企业的历史、规模、组织、人力、财务及销售政策等
商品知识	商品的构造原理、制造过程、使用方法、保养维护等
竞争知识	竞争对手在产品、价格、分销渠道和促销等方面的特点
市场知识	消费者需求、购买模式、购买能力、潜在顾客及消费者对本企业的态度

（2）寻找顾客。寻找具有一定购买欲望、购买能力及掌握购买决策权、有接近可能性的潜在消费者，是有效促销活动的基础。寻找顾客的方法如图 9-3 所示。

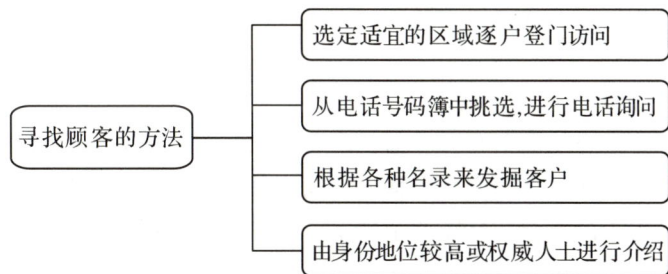

寻找顾客的方法
- 选定适宜的区域逐户登门访问
- 从电话号码簿中挑选，进行电话询问
- 根据各种名录来发掘客户
- 由身份地位较高或权威人士进行介绍

图 9-3　寻找顾客的方法

讨论

（1）你会选择以上哪种方法寻找顾客？为什么？

（2）除了上述方法外，还有哪些寻找顾客的方法？

（3）访问顾客。访问顾客是整个人员推销过程中重要的一个环节。

①拟订访问计划。在充分了解顾客的基础上，针对顾客的不同特点，拟订周密详细的

访问计划，包括拟订向顾客推销何种商品、该商品能满足顾客的何种需求；拟好洽谈内容或发言提纲；准备好洽谈中需要的企业产品等方面的资料、样品、照片等。

②约会面谈。根据具体情况、具体问题，事先与顾客约定面谈的时间和地点。

知识链接

约会时间和地点的选择

1. 根据约见对象的特点来选择最佳访问时间

销售人员要根据每位受访者的起居时间而作弹性的安排。只有客户最空闲的时间才是最理想的访问时间。

2. 根据约见事由来选择最佳访问时间

以正式销售为事由，应选择有利于达成交易的时间进行约见；以市场调查为事由，则选择市场行情变化较大或客户对商品有特别要求时进行约见；以提供服务为事由，则应选择客户需要服务的时间约见，以期达到"雪中送炭"的效果。

3. 根据会见地点来选择最佳拜访时间

一般来说，会见地点约定在家中，则销售人员就要考虑客户的工作时间表，最好让客户安排约见时间。而一旦确定了地点和时间，销售员就应该准时到达。

4. 选择合适的约见地点

约见地点一般可以选择在客户的工作单位、客户的家中、社交场所、公共场所等。同时也可利用招待会、座谈会、订货会、展销会、学术报告会等会议场所开展销售活动。在这种会议场所开展销售活动的目的在于联络感情、相互沟通，进而促成销售。

③开场的方法。推销人员常碰到态度冷淡的顾客，打破这种冷淡气氛是进一步切入推销内容的前提。开场的方法有提出问题法、趣事导入法、名片自荐法、熟人引入法、礼品赠送法、展示商品法等。

(4)介绍产品。开场以后，推销人员应尽快进入推销环节，推荐自己的产品或服务。在推荐过程中，要着重介绍以下几个方面：①为什么，包括你为什么来访问，顾客为什么要买你的产品；②是什么，介绍产品的特点，能给顾客带来的利益和好处；③谁说过，通过知名人士、权威人士的介绍，让顾客了解企业的情况、信用和声誉；④得到了什么，已购买该产品的老顾客在使用后得到了什么利益；⑤将得到什么，顾客购买该产品后将得到哪些好处。

在介绍具体情况时，应多从顾客的角度考虑问题，多用顾客熟悉的语言介绍产品，多聆听顾客的意见，多利用样品或其他手段来展示产品。最后，要注意多用一些态度坚定的措辞。

📖 案例9-7

三家水果店的不同推销技巧

王老太到集市买李子，她走到第一家水果店门口，问店员："这个李子怎么卖？"店员回答说："1.8元每斤。这李子又大又甜，很好吃的……"王老太没等店员把话说完，转身就走了。

王老太走到第二家水果店门口，问："你这李子怎么卖？"店员回答说："1.8元每斤。您要什么样的李子呢？"王老太说："我要酸的李子。"店员说："正好我这李子又大又酸，您尝尝……"王老太选了一个尝了尝，有一点酸，于是买了两斤。

王老太提着李子回家时路过第三家店，她想验证下她买的李子是不是贵了，于是她便问："你这李子多少钱一斤？"店员回答说："1.8元每斤。您要什么样的李子呢？"王老太说："我要酸的李子。"店员奇怪："您为什么要酸的呢？这年头大家都要甜的。"王老太说："我儿媳妇怀孕四个月了，想吃酸的。"店员说："原来是这样。那您为什么不买点猕猴桃呢？猕猴桃口味微酸，营养丰富，特别是含有丰富的维生素，同时这些维生素很容易被吸收。既可满足您儿媳妇的口味，也为小宝宝提供了丰富的维生素，一举多得。"王老太觉得有理，于是又买了两斤猕猴桃。

讨论：你认为三家水果店店员的推销技巧如何？请总结做好人员推销工作的方法。

（5）处理异议。顾客异议是指顾客对推销人员推销的产品或服务提出相反的观点和意见。常见的异议内容有价格偏高、质量不佳、对现有供应商已很满意、产品购自友人、预算用完、资金紧张等。

处理异议是推销面谈的重要内容，也最能显示推销人员的推销技巧和水平。妥善处理各种异议，要事先对各种可能的异议作出估计，设计好相应的对策。在推销过程中，面对反对意见，推销人员要镇定、冷静，展示出真诚、温和的态度。对意见涉及的问题，运用有关事实、数据、资料或证明，作出诚恳的、实事求是的解释，从而消除顾客的疑虑。如果顾客仍不能改变其观点，推销人员也要保持友善的态度，为今后继续商谈留下足够的余地。

💻 讨论

（1）针对顾客提出价格偏高的问题，你有什么处理办法？

（2）如果顾客提出产品质量不佳、预算用完、对现有产品很满意等问题，你有什么解决办法？

（6）达成交易。推销人员在排除顾客的主要异议后，要抓住适当的时机，促成购买交易。其中，时机掌握最为重要。如果推销人员过早提出成交意向，很可能会激起顾客的抗拒心理，两者的关系便会出现某种程度的倒退。如果推销人员错过这一机会，顾客的兴趣也许很快就会减退。

促成交易的常用方法有以下三种。

①假定成交法。假定顾客已经决定购买，突然询问一些包装、运输或是商品如何保养、使用的问题，以此促成成交。

②优惠成交法。在顾客犹豫彷徨之际，给予其进一步的优惠条件，促使顾客立即购买。

③惜失成交法。利用顾客担心不立即购买便会失去利益的惜失心理，促成顾客购买。

(7)购后活动。为了更好地满足消费者的要求，成交以后，推销人员还须进行售后服务与一系列的购后活动。

①加强售后服务。售后服务包括安排生产、组织包装、发货、运输和安装调试，以及重要设备操作人员的培训。在产品正常使用后，企业要定期安排人员与顾客联系，了解产品使用情况，提供零配件供应等。对消费者在使用过程中的问题和建议要及时妥善处理。

②保存记录，分析总结经验教训。推销人员要认真做好推销工作审计、制作客户卡片和撰写销售总结报告，保存好推销过程的原始资料，为售后服务提供信息和资料，为今后顾客重复购买做好准备。

4. 推销人员的组织

推销人员组织得好，既可以充分发挥推销人员的工作热情，又可使销售工作顺利进行，提高促销效率。

推销人员的组织分派方式有以下四种。

(1)按地区分派。当推销区域较广，产品较单一或市场较相似时，可以按地区委派推销人员或推销小组。这种方法的优点是推销人员职责明确，推销人员较熟悉本地情况，可以建立较稳定的人际关系，同时还可以降低促销费用。

(2)按产品线分派。有些企业产品线较多，产品线之间关联度较低，产品使用技术复杂，而且市场差异性也较大。一个推销人员不可能熟悉所有的产品，因而可以按产品线或相似的产品线分派推销人员或推销小组。这样便于推销人员熟悉产品，为顾客提供高质量的服务。

(3)按顾客分派。根据顾客的规模、行业和顾客的身份(如批发商、零售商等)来分派推销人员。这种做法便于推销人员熟悉顾客，满足不同顾客的不同要求，与顾客建立长期的联系。但若同一类别的顾客较分散时，推销线路必然变长，造成推销力量重叠，费用开支增加。

(4)复合式分派。一些大型企业的产品品种繁多、差别大，顾客类别多且分散，企业应采用地区、产品线和顾客复合式分派方式。常见方式有地区产品复合、地区顾客复合、产品顾客复合等。

9.2.6　四种促销方法的比较

1. 广告的特点

(1)广泛的广告对象。广告对象是广大消费者，有"广而告之"的意思。

(2)商业性的广告内容。广告的内容是有关产品或服务方面的信息。所以，营销中所讲的广告不包括寻人启事、征婚启事等社会广告和捐赠资助、倡导公益事业的公益广告。

(3)付费的广告手段。企业对租用的广告媒体要支付一定的费用。因此，广告区别于一般的新闻报道。

(4)明确的广告目的。广告的最终目的是促进产品或服务的销售。广告是通过传递产品或服务的信息，激发消费者的购买兴趣，最终达到使消费者购买的目的。

2. 营业推广的特点

(1)短期性、非连续性。营业推广是一种激励最终消费者购买和中间商经营积极性为主要目标的短暂性促销活动,只是用于解决一些短期的、具体的促销任务。在大多数情况下,品牌声誉不高的产品采用营业推广的较多,对于价格弹性较大的产品比较适用,而价格弹性小、品质要求高的产品不宜过多使用营业推广。

(2)辅助性促销活动。营业推广是协助人员推销和广告推销的有效促销方式,能使后者更好地发挥作用。

(3)效果明显。许多营业推广形式(如有奖销售等)颇具诱惑力,因此可以改变消费者原有的购买习惯,效果迅速、明显。

3. 公共关系的特点

(1)从公关目标看,带有战略性。公共关系的目标是树立企业良好的形象,实现这一目标需要较长的时间。公关的费用开支是一种长期的战略性投资。

(2)从公关对象看,强调双向沟通。公共关系的对象是企业内部和外部的公众。企业通过各种渠道和传播方式,建立与公众之间的信息交流和沟通,为企业构建一个良好的发展环境。

(3)从公关手段看,注重间接促销。公共关系不像广告和营业推广那样直接介绍推荐产品,而是通过积极参与各种社会活动,宣传企业的经营宗旨,联络各方感情,扩大企业的知名度和美誉度,加深社会各界对企业的了解和信任,从而实现促进销售的目的。

4. 人员推销的特点

(1)亲切感强。满足顾客需要是保证销售成功的关键。推销人员在许多方面为顾客提供服务,帮助他们解决问题。推销人员通过与顾客面对面交流,消除顾客的疑惑,加强沟通,双方在交流过程中建立信任和友谊。

(2)说服力强。推销人员通过现场示范,介绍商品功能,回答顾客问题,可以立即获知顾客的反应,并据此适时调整自己的推销策略和推销方法,容易使顾客信服。

(3)针对性强。广告所面对的范围广泛,其中有相当一部分受众根本不可能成为企业的顾客。而人员推销总是带有一定的倾向性访问顾客,目标明确,往往可以打动顾客。

(4)竞争性强。企业一般会采用物质奖励和精神奖励的方式激励推销人员。因此,相对于其他促销形式,推销人员之间有着较强的竞争性。这种竞争也促使推销人员更好地研究和满足消费者的需求。

四种促销方式的优点与缺点对比,如表 9-5 所示。

表 9-5 四种促销方式对比

促销方式	优　点	缺　点
广告	影响面广,形式多样,吸引力强	费用较高,难以在短期内促成购买
营业推广	吸引力大,效果迅速、明显,能改变消费者的购买习惯	可能引起消费者的种种顾虑,对产品和企业产生不信任感
公共关系	影响面广而深远,容易获得消费者的信任,费用相对较低	见效慢,难度大
人员推销	方式灵活,针对性强,利用面谈,容易激发消费者的兴趣,促成立即购买	费用较高,推销人才难觅

▶ 9.3 任务实施与心得

9.3.1 任务实施

沈建龙通过查阅资料并和同事讨论商量，最终确定了包含以下四个方面内容的促销组合方案。

1. 利用中秋节、国庆节进行促销活动

利用即将到来的中秋节、国庆节消费"黄金周"，在江苏省内开展一次针对新款手机的促销活动。通过前期的市场调查发现，江苏天一公司的新款手机在消费者中的认知率非常低，很多消费者都不知道有这样一款手机的存在，所以本次促销活动的促销目的是提高消费者对天一公司手机的认知率，扩大"天意"手机的知名度，提高市场占有率。具体促销目标如表9-6所示。

表 9-6 促销活动目标

促销内容	现 状	目 标
认知率	认知率低(8%)	认知率提高到25%
市场占有率(仅限江苏省内)	销量少，市场占有率极低	短期内提高2%的市场占有率

2. 确定选用广告和营业推广两种促销形式

根据促销目标、促销时间(中秋、国庆期间)及促销地区，选用短期内效果较好的广告和营业推广这两种促销方式。前期用广告进行宣传，提高消费者的认知度；后期结合营业推广活动，提高市场占有率。促销活动的时间和投放形式如表9-7所示。

表 9-7 促销活动的时间和投放形式

促销形式	时 间	投放形式
广告	中秋节、国庆节前一个月	投放企业主要销售官网、企业微博、微信公众号
	中秋节、国庆节前一周	营销活动开展地区地级电视台、省级报纸媒体、地区主要网站和论坛
营业推广	中秋节、国庆节假期	销售网点宣传海报、网络销售平台、企业微博、微信公众号

3. 确定整体方案及推广预算

根据选定的促销形式、促销活动的开展时间和地点，分别规划活动的内容。广告活动主要围绕宣传产品的品牌、功能及将要到来的营业推广活动主题等。营业推广活动更多地强调在短期内提升销售量，可以开展试用、购买奖励、抽奖、赠送话费等活动。在确定了整体方案后及时做好推广预算，向企业申请预算、开展活动。

在确定整体方案的过程中，既要充分考虑可能存在的环境变化，确定多个备选方案，又要做好突发情况的处理预案。

4. 推广活动实施

在实施的过程中，为了方便管理，要注意人员分配，确保所有工作都有相应的负责人进行统筹安排。同时，也要妥善处理活动过程中的突发事件。

9.3.2　实施心得

广告、营业推广、公共关系和人员推销是常见的四种促销方式，使用这些促销方式时要不断推陈出新。传统的促销形式对消费者缺乏吸引力，促销的效果也越来越差，只有不断推陈出新才能吸引消费者，才能保持企业促销策略的活力，保证良好的促销效果。

创新促销形式，可以从多个方面入手。比如，充分利用户外 LED 屏、出租车流动屏、手机等新型广告媒体，丰富广告的形式，在营业推广活动中可以通过改变活动的形式和方式进行创新。

▶ 9.4　知识拓展：危机公关

危机公关是指企业为避免或者减轻危机所带来的严重损害和威胁，有组织、有计划地学习、制定和实施一系列管理措施与应对策略，包括危机的规避、控制、解决及危机解决后的企业形象的恢复等动态过程。

1. 危机公关的特点

与其他类型的公关相比，危机公关具有以下几个特点。

（1）意外性。危机爆发的具体时间、实际规模、具体态势和影响深度是始料未及的。

（2）聚焦性。进入信息时代后，危机的信息传播比危机本身发展要快得多。

（3）破坏性。由于危机常具有"出其不意，攻其不备"的特点，不论什么性质和规模的危机，都必然不同程度地给企业造成破坏、混乱或恐慌，而且决策的时间及信息有限，往往会导致决策失误，从而带来不可估量的损失。

（4）紧迫性。对于企业来说，危机一旦爆发，其破坏性的能量就会被迅速释放，并呈快速蔓延之势。如果不能及时控制，危机会急剧恶化，使企业遭受更大的损失。

2. 危机公关的原则

（1）承担责任原则。危机发生后，公众最关心两方面的问题：一是利益的问题，利益是公众关注的焦点，因此无论孰是孰非，企业应该承担相应的责任；二是感情问题，公众很在意企业是否关心自己的感受，因此企业应该对受害者表示同情和安慰，并通过新闻媒体向公众致歉，赢得公众的谅解。实际上，在公众和媒体心中已经有了一杆秤，对企业有了心理上的预期，即"企业应该怎样处理，我才会感到满意"。因此，企业绝对不能选择对抗。此时，态度至关重要。

（2）真诚沟通原则。企业处于危机漩涡中，成为公众和媒体的焦点，一举一动都将受到质疑，因此千万不要有侥幸心理，企图蒙混过关，而应该主动与新闻媒体联系，尽快与公众沟通，说明事实真相，促使双方互相理解，消除疑虑与不安。

（3）速度第一原则。"好事不出门，恶事行千里。"在危机出现的最初 12～24 小时内，消息会像病毒一样，以裂变方式高速传播。而这时候，可靠的消息往往不多，社会上充斥着各种谣言和猜测。因此，企业必须当机立断，快速反应，果断行动，与媒体和公众进行沟通，从而迅速控制事态，否则会扩大危机的范围，甚至可能失去对全局的控制。

（4）系统运作原则。在逃避一种危险时，不要忽视另一种危险。在进行危机管理时必须同时进行系统运作，绝不可顾此失彼。危机公关的系统运作要做到：冷静对待，统一观点；果断决策，迅速实施；循序渐进，标本兼治。

（5）权威证实原则。自己称赞自己是没用的，没有权威的认可很难赢得消费者的信任。

邀请具有权威性的第三方，可以使消费者解除对企业的警戒心理，重新获得他们的信任。

📖 案例9-8

星巴克的种族歧视事件

2018年4月12日，两位非洲裔美国人在宾夕法尼亚州费城的一家星巴克咖啡店等待朋友，其间一直没有点餐。当他们欲借用店里的厕所时，遭到店内员工的拒绝，理由是其未在星巴克消费，所以不能"享用"，店员还要求他们离开星巴克。但这两位非洲裔美国人一直待在店里不肯离开，随后店员报警。警察闻讯赶来后，用手铐将两位非洲裔美国人带走。有在场顾客将事件经过拍摄成视频，随后上传到社交媒体上，引发社会广泛关注。许多人认为，"店员报警和警方逮捕只是因为肤色问题"。

2018年4月16日，数十名示威者冲进事发的那间星巴克咖啡店，手持标语，高呼"抵制星巴克的种族歧视行为"的口号。一时间"星巴克歧视黑人"的说法不胫而走，并在媒体上愈演愈烈。

2018年4月16日，星巴克CEO凯文·约翰逊亲自到费城向这两人道歉并就此事件公开发表道歉信。他在道歉信中表示，星巴克员工报警的做法是错误的，这不代表星巴克的理念和价值观。道歉信中还说，星巴克会认真对待此事并反思过往存在的不足，在未来更妥善地应对突发状况。

2018年4月27日，星巴克公司宣布5月29日下午全美约8 000家直营店面将停业，对17万名员工进行"反种族歧视"的相关培训。星巴克在声明中说，培训课程将参考外部专家意见制定，星巴克将吸取教训，并承诺营造一个对所有顾客安全、友好的环境。

2018年5月2日，星巴克宣布已与两人达成和解，并将资助两人上大学。此外，星巴克方面强调，今后无论顾客是否消费，都可使用咖啡店内的卫生间。

讨论：为什么该事件发展得如此迅速？你认为星巴克对该危机事件处理得如何？你是否有更好的处理办法？

▶ 9.5　思政案例

5亿元消费券为疫情后的武汉经济摁下"快进键"

面对突如其来的新冠疫情，我们坚持人民至上、生命至上，坚持外防输入、内防反弹，坚持动态清零不动摇，开展抗击疫情人民战争、总体战、阻击战，最大限度保护了人民生命安全和身体健康，统筹疫情防控和经济社会发展取得重大积极成果。但在抗疫的同时，经济发展也受到了一定的影响。在疫情得到控制后如何快速提升经济，成为各地政府工作的重中之重。武汉市政府携手各平台，通过发放消费券的形式唤醒消费潜力，重树消费信心，发挥消费的杠杆作用，很好地促进了市场复苏。

武汉自2020年4月19日发放的消费券，总价值达23亿元，其中武汉市政府出资5亿元，相关网络平台同时匹配18亿元。消费券从2020年4月19日发放至7月31日，可用在餐饮、商场、超市便利店和文体旅游方面，抵扣面值分为10元、20元、50元和80元。消费者在规定的时间内在指定的线上平台领券并在线下进行消费。

　　随着第一批消费券的发放，市民的消费热情被点燃。社交平台上，不少人晒出消费券截图、"买买买"列表，"明天去买两桶冰激凌，用券只需一桶的钱"，"这才是消费券该有的样子，已定好下周抢真金白银的闹铃!"武汉市民朋友圈的字里行间也流露着消费的积极性。疫情防控期间，不少企业遭遇重创，如今盼来了复产之日，居民的消费次数和额度，自然是其营销回暖、重获生机的关键。

　　试分析：

　　(1)武汉采用了发放消费券的形式来拉动地区的经济。消费券属于哪种促销方式?

　　(2)除了发放消费券，你还知道哪些加速疫情后经济复苏的促销方式?

▶ 9.6 业务技能训练

9.6.1 自测习题

1. 单选题

(1)消费品市场营销的最主要促销工具是(　　)。

　　A. 广告　　　　　　B. 人员推销　　　C. 营业推广　　　D. 公共关系

(2)工业产品的促销一般多采用(　　)的方法。

　　A. 营业推广　　　　B. 人员推销　　　C. 公共关系　　　D. 广告

(3)促销工作的核心是(　　)。

　　A. 出售商品　　　　B. 沟通信息　　　C. 寻找顾客　　　D. 建立良好关系

(4)陈列、演出、展览会、示范、表演等推销努力属于(　　)。

　　A. 人员推销　　　　B. 广告　　　　　C. 宣传　　　　　D. 营业推广

(5)公共关系与广告的不同之处是(　　)。

　　A. 非人员　　　　　B. 利用大众媒介　C. 非付费　　　　D. 宣传商品和企业

(6)(　　)是希望促使消费者能迅速产生购买行为的促销方式。

　　A. 公共关系　　　　B. 营业推广　　　C. 广告　　　　　D. 人员推销

2. 判断题

(1)企业在促销活动中，如果采取"推"的策略，则人员推销的作用最大；如果采用"拉"的策略，则广告的作用更大些。　　　　　　　　　　　　　　　　　　(　　)

(2)促销是市场营销管理中最复杂、最富技巧，也最具风险的一个环节。　(　　)

(3)广告比营业推广在销售上能产生更快的反应。　　　　　　　　　　　(　　)

(4)对于单价较低的日常生活必需品，应以广告为主进行推销。　　　　　(　　)

(5)促销的实质是信息沟通并扩大销售。　　　　　　　　　　　　　　　(　　)

9.6.2 课堂训练

1. 什么是促销组合? 如何选择促销组合?

2. 比较买赠活动和抽奖活动这两种营业推广形式的优缺点。

3. 阐述公共关系活动的对象，并比较针对不同公关对象开展公关活动的侧重点。

4. 比较公关广告中的塑造广告、倡议广告、影响广告和激励广告的不同点。

5. 在推销准备中需要做好哪些知识准备? 在推销活动中如何寻找到顾客?

9.6.3　实训操作

1. 根据以下要求，帮助江苏天地木业有限公司设计推广方案。

(1)广告策划：请查找其他木业广告公司的产品广告，通过欣赏这些广告，试着找出广告的创意点，模拟广告创意。

(2)人员推销：查找公司及产品资料，完成人员推销前的知识准备并撰写推销介绍词。

2. 由于现阶段市场竞争越来越激烈，无锡华林电缆公司打算进行广告推广，请根据以下要求完成广告策划书。

(1)制定广告战略：完成广告目标，要求有总的广告目标和分目标(可以按照时间划分，也可以按照地区划分)；确定广告投放的地区(包括各个分目标所投放的广告区域)；明确广告对象，根据不同的分目标，确定每个分目标的广告对象；广告实施的阶段，要求总的广告目标在一年之内完成，确定各个分目标完成的具体时间。

(2)完成广告创意：根据广告战略，给出每个阶段的广告创意(每个阶段的广告创意不少于两个)，形成一组广告创意，具体完成其中的两个广告创意。各个阶段的广告创意体现各个阶段的目标，尽量采用多种形式，避免形式单一化。

(3)广告媒体战略：分目标完成各阶段的媒体组合及各个媒体组合的投放时间、投放频率等(具体到每个媒体投放的平台、投放的整体时间和时段)。

(4)广告效果评估：评估在各个阶段的广告效果及在所有目标完成之后所能达到的总的广告效果。

3. 请为常州国林国际旅行社设计一个年底的营业推广活动，推广明年的各条旅游线路。

4. 社会培训机构间的竞争越来越激烈，请为苏州虎丘电脑培训学校设计招生宣传方案。

5. 为了倡导环保绿色的生活方式，××学院打算开展一次二手货交易活动，由同学将自己不用的物品拿出来进行交易。请设计本次二手货交易活动的具体内容，并完成本次活动的策划书。

情境 4　拓展营销市场

任务 10　国际市场营销

思维导图

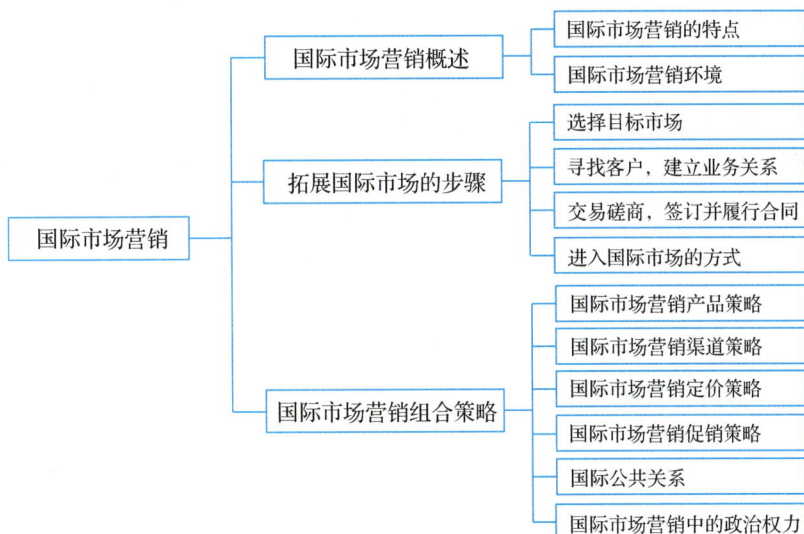

国际市场营销 —
- 国际市场营销概述
  - 国际市场营销的特点
  - 国际市场营销环境
- 拓展国际市场的步骤
  - 选择目标市场
  - 寻找客户，建立业务关系
  - 交易磋商，签订并履行合同
  - 进入国际市场的方式
- 国际市场营销组合策略
  - 国际市场营销产品策略
  - 国际市场营销渠道策略
  - 国际市场营销定价策略
  - 国际市场营销促销策略
  - 国际公共关系
  - 国际市场营销中的政治权力

知识目标

1. 了解国际市场营销的特点；
2. 熟悉国际目标市场的选择程序和标准；
3. 掌握国际市场营销组合策略的内容。

能力目标

1. 能分析国际市场营销环境；
2. 掌握寻找国外客户的方法。

素质目标

1. 具备强烈的社会责任感和大局意识、全球意识；
2. 拓展国际化视野，提高跨文化沟通的能力。

▶ 10.1　任务描述与分析

10.1.1　任务描述

当前,经济复苏成为世界各国的共同愿望。在加快推进国内、国际双循环相互促进的新发展格局的时代背景下,天一公司决定加快海外营销的步伐,大力开拓国际市场,实现新的经济增长点和利润源。

考虑到沈建龙的英语基础比较好,还选修过国际营销、国际贸易实务和跨境电商等课程,所以总经理把国际客户开发的任务交给他负责,希望他能够利用一段时间去熟悉国际营销与国内营销的不同,努力掌握国际营销的方式和方法,开拓天意手机的国际市场。

10.1.2　任务分析

随着世界经济、科技的飞速发展,经济全球化已成为现代世界经济发展的一种趋势。中国经济逐渐和世界经济融为一体,越来越多的中国企业进军国际市场。

互联网改变了全球营销的模式,技术、研发、生产、营销都具有全球性。全球竞争力的强弱成为企业获取可持续竞争优势的关键。国际化已经成为许多企业经营战略的核心。国际化不再可有可无,而成为企业必须面对、事关企业兴衰存亡的关键。

企业依据市场规模等不同标准对国际市场进行宏观细分和微观细分,进而确定国际目标市场,制定产品策略、渠道策略、价格策略、促销策略、公关策略等营销组合策略。

产品进入国际市场的途径有很多,企业应该根据自身的实际情况作出选择。因此,企业选择何种方式进入国际市场,对产品设计与品牌应做怎样的修改等,都应充分考虑进军国际市场任务的艰巨性和复杂性。

▶ 10.2　相关知识

10.2.1　国际市场营销概述

国际市场营销是国内市场营销的延伸和扩展,是指产品或服务进入其他国家(地区)的消费者或用户手中的过程。具体来说,国际市场营销是企业将产品或服务为满足国外消费者的需要,进行的市场调查、产品定价和促销等一系列跨越国界的市场营销活动。企业基于各个市场之间的相似性和差异性,对其营销活动进行跨国调整,制定国际营销战略,从而比竞争对手更好地发现并满足全球顾客的需求。

对大多数公司而言,国际营销的动机主要有:企业走向国际去寻找新客户,开拓市场;提高效率,降低成本;寻求在国内不容易获得的资源;获得战略资产,实现企业的长期战略。

扫描二维码，获取国际市场营销概述的微课视频。

微课视频	学习笔记
	_____
	_____
	_____

1. 国际市场营销的特点

国际市场营销涉及不同国家的政治制度、政策法规、经济水平、货币体系、社会文化、消费习惯、自然资源、竞争情况等，与传统营销有很大的差异，大大增加了其复杂性、多变性和不确定性。国际市场营销具有与国内市场营销不同的特点，具体表现在以下几个方面。

（1）国际市场营销面临更大的风险和更激烈的竞争。在国际市场营销中，比较常见的风险有信用风险、汇兑风险、运输风险、价格风险、政治风险和商业风险等。进入国际市场的企业多为各国实力强大的企业，竞争更加激烈。企业在国际市场承受的竞争压力比国内市场大得多。

（2）国际市场营销所涉及的问题复杂。在国际市场营销中，所涉及的货币制度与度量衡制度等与国内大都不一样，商业习惯复杂，海关制度和贸易法规差异很大，保险与运输等环节也不容易把握。

（3）国际市场营销工作的难度大。由于语言不通而沟通困难，法律、风俗习惯不同，导致贸易障碍多，市场调查困难，了解贸易对手资信情况困难，交易接洽不便，签约、履约更加复杂。

（4）国际市场营销手段及参与者更多。在国际市场营销中，除了产品、价格、分销渠道、促销这四种传统营销组合外，还有政治力量、公共关系及其他超经济手段等。除常规营销参与者外，立法人员、政府代理人、政党、有关团体及一般公众等也参与国际市场营销活动。

📖 案例10-1

中国手机进军印度市场和欧洲市场

印度属于发展中国家。20世纪90年代初实行经济改革至今，其经济迅速发展。但是在印度，智能手机的普及率不高，正处于市场成长期，市场进入门槛比较低，市场潜力巨大，所以众多中国手机厂商选择进军印度市场。

随着印度经济的复苏，其消费能力和消费水平被广泛看好。2018年，印度手机市场的出货量为1.423亿台。华为、小米、OPPO、vivo的市场份额总计已经超过50%。另外，"一加"手机拿下印度高端市场40%的份额，成为印度"高端手机之王"。

2020年开始，印度手机市场趋于饱和，市场增长放缓。我国国产手机小米、华为、vivo、OPPO、"一加"等加大拓展欧洲市场业务的力度，已然把欧洲市场作为下一个主攻目标市场。

讨论：

（1）中国手机为什么大举进军印度市场？

（2）查找资料，分析"一加"手机能够占据印度高端市场高份额的原因。

2. 国际市场营销环境

国际市场营销是在一个非常复杂且瞬息万变的国际环境中进行的，企业想在国际市场营销活动中取得成功，就必须深入了解各种特殊的国际市场营销环境因素，掌握各种经济信息，熟悉国际惯例，根据其变化不断调整营销策略。

影响国际市场营销决策的主要因素，如图 10-1 所示。

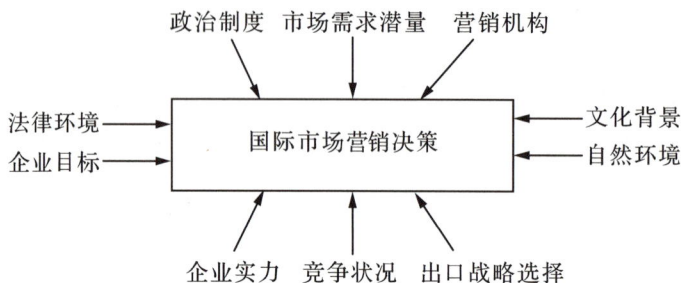

图 10-1　影响国际市场营销决策的主要因素

思政园地

中国坚持对外开放的基本国策，坚定奉行互利共赢的开放战略，不断以中国新发展为世界提供新机遇，推动建设开放型世界经济，更好惠及各国人民。中国坚持经济全球化正确方向，推动贸易和投资自由化便利化，推进双边、区域和多边合作，促进国际宏观经济政策协调，共同营造有利于发展的国际环境，共同培育全球发展新动能，反对保护主义，反对"筑墙设垒""脱钩断链"，反对单边制裁、极限施压。中国愿加大对全球发展合作的资源投入，致力于缩小南北差距，坚定支持和帮助广大发展中国家加快发展。

国际市场营销的环境因素仍然可以从政治法律、经济和社会文化等几个方面进行分类，只不过比国内环境要复杂得多，下面简单列举三个比国内环境复杂的环境因素。

(1)政治法律环境。政治法律环境除了考虑目标市场国的政治稳定性、双边国家关系的变化、国际公约、国际惯例和各国的涉外法律外，还要重视别国可能出现的政治干预。政治干预措施主要有以下几种。

①没收、征用和国有化。政府的没收、征用和国有化是跨国经营企业所面对的最严重的政治风险。一般而言，最容易被没收、征用和国有化的行业是公共事业，然后是自然资源开采业和大规模农业。

②外汇管制。这是一个国家对外汇买卖及外汇经营业务实行的管制。

③进口管制。各国政府实行的进口数量限制和其他各种直接或间接限制进口的措施，目的在于控制货物进口的类型和数量。

④税收管制和关税壁垒。税收管制是指对国内和国际企业实行不同的税收。关税壁垒是指通过关税控制货物进口的类型和数量。

⑤价格管制。有的国家对进口商品实行最高限价以减少进口商的利润，从而达到减少进口的目的；有的国家对进口商品实行最低限价以降低进口商品的市场竞争力，从而达到减少进口的目的。

知识链接

区域集团与去全球化思潮

区域集团主要是指区域内两个或两个以上的国家或地区，以联合自强和经济利益为根本，通过特惠贸易协定（Preferential Trade Agreement，PTA）、自由贸易区（Free Trade Area，FTA）、关税同盟（Customs Union，CU）、共同市场、共同体和经济同盟等方式，实现区域内贸易自由化，加强与规范经济技术合作。集团划分了内部成员和外部成员。在这种情况下，单个国家不再设置贸易壁垒，而在集团外部设置贸易壁垒。世界主要区域集团包括北美自由贸易区、欧盟、亚太经济合作组织、阿拉伯国家联盟、东盟等。

在当今的全球化进程中产生了许多严重的问题，尤其是社会问题。全球化不平衡发展给一些国家带来的问题越来越突出，其中最突出的是社会分配不公平与国家间发展不平衡。在此背景下，出现了去全球化的思潮，全球化发展进一步放缓或被扭曲的风险正日趋上升。

（2）经济环境。国际市场营销的经济环境分为两个层次：第一个层次是国际经济环境，影响与制约各国间的贸易和投资活动，影响国际企业的跨国经营；第二个层次是有关国家的经济环境，主要有各国的经济制度、经济发展水平、市场规模、经济基础结构等，要重视国际金融环境对营销的影响。

企业在国际市场开展营销活动，其资金流动不可避免地会受到国际金融市场的影响。企业在国际市场上的经营会因汇率变化、通货膨胀、货币兑换等产生风险。对我国绝大部分从事国际市场营销的企业来讲，最主要的风险是汇率风险。

案例10-2

汇率变动对企业利润的影响

银行间外汇市场人民币汇率中间价：2018 年 1 月 1 日为 1 美元＝ 6.506 3 元人民币，2018 年 10 月 18 日为 1 美元 ＝ 6.936 9 元人民币。如果 1 月 1 日某公司签订 100 万美元的进口合同，当时计算需要付出 650.63 万元人民币，而实际履行合同，付款时间为 10 月 18 日，则需要付出 693.69 万元人民币，比年初核算成本时多付出 43.06 万元人民币。

（3）社会文化环境。社会文化环境是国际市场营销实践中最富有挑战意义的环境要素。各国社会文化之间的差异很大且错综复杂，这些将直接或间接地影响产品的设计和包装、产品被接受的程度、信息的传递方式及分销渠道和推广措施等。

对社会文化环境进行分析，通常考虑语言文字、教育水平、社会组织、价值观念、商业习惯等方面的差异。

在有关广告、产品目录、产品说明书、品牌等方面内容的翻译中，经常会发现由于语言障碍而带来的麻烦。销售者不精通销售对象的语言，就无法进行宣传，也就不会激发消费者的购买欲望，营销就难以达到目标。所以，精通市场所在国的语言是很有必要的。国际市场营销人员还应尊重他国人民及文化，对语言、词汇的确切含义、内涵与外延、语言歧义现象、语言禁忌和习惯用法等进行广泛、深入的了解和研究，以避免不应有的失误。

案例10-3

亚洲的美白市场

相对于欧洲崇尚古铜色的肤色，亚洲人以皮肤白净为美。亚洲的美白市场迅速扩大。基于亚洲消费者在美白领域的执着，如今市场上涌现出了许多针对美白功效的品牌和产品。宝洁旗下的 OLAY 和 SK-Ⅱ 是较知名的美白产品品牌。产品研发时间长，安全性和效果显著是 OLAY 和 SK-Ⅱ 在美白界立于不败之地的法宝。

10.2.2　拓展国际市场的步骤

1. 选择目标市场

成功开拓国际市场，应先选择并确定恰当的目标市场。目标市场的选择需要借助必要的市场调研，在进行大量的信息整理、分析的基础上进行市场的宏观细分与微观细分，然后才能作出目标市场选择决策。

(1)国际市场营销调研。国际市场营销调研比国内市场调研可能更加困难、复杂。

一般情况下，调研信息的主要来源有：①一般性资料，如一国官方公布的国民经济总括性数据和资料，内容包括国内生产总值、国际收支状况、对外贸易总量、通货膨胀率和失业率等；②国内外综合刊物；③委托国外咨询公司进行行情调查；④通过我国外贸公司驻外分支公司和驻外使馆商务参赞处，在国外收集资料；⑤利用各种交易会、洽谈会和客户来华做生意的机会了解有关信息；⑥派遣专门的出口代表团、推销小组等进行直接的国际市场调研，获得第一手资料；⑦利用互联网获得信息。

大数据时代，跨境电商展现出更透明的一面，不仅更加直观地向买家展示出口企业的信息，海外市场的各类信息也能更直接地被国内出口企业所获取。出口企业利用数据分析，协助自己作出正确的市场决策。

(2)国际市场细分。在国际市场营销调研的基础上，企业必须对国际市场进行市场细分，才可以确定目标市场。

国际市场细分具有两个层次的含义，即宏观细分与微观细分。宏观细分是解决在世界市场上选择哪个国家(地区)作为自己进入的目标市场。微观细分类似于国内市场细分，即当企业决定进入某一国外市场后，将该国市场进一步细分成若干个市场。

(3)选择国际目标市场。国际市场营销中选择目标市场有两层含义：第一层含义是在宏观细分的基础上，在众多国家中选择一个或多个国家作为目标市场；第二层含义是在微观细分的基础上，在已确定目标市场国家选择一个或多个目标消费者群(消费品市场)或目标用户行业(工业品市场)作为目标市场，其选择策略包括无差异性营销策略、差异性营销策略和集中性营销策略。例如，可选择美国的西班牙裔族群或非洲裔族群作为目标市场。

知识链接

各国消费者习惯的差异

从消费习惯来看，对于我国企业来说，国外市场可大致分为美加(美国和加拿大)市场、西欧市场、日韩市场、东欧市场、中东市场、非洲市场这几类，每类市场的风格不同。一般日韩市场特别是日本市场，偏爱精致、小巧、美观的产品，喜好中国传统文化，一些具有民族特色的产品很受欢迎，也能接受高价格，但数量一般不会太大；美加与西欧等市场一般对品质要求适中，喜欢简洁流畅、新奇多变的产品风格，价格适中，量比较大；中东市场对品质要求不高，在产品的审美方面较为朴实，价格低，数量比较大；非洲市场弹性最大，跨度较大，奢侈品和品质极差的产品都有销路。

2. 寻找客户，建立业务关系

企业在国际市场调研的基础上，一般必须对自己的企业进行市场定位，然后使出浑身解数来寻找客户。寻找客户的方法很多，可以简单地概括为以下三类。

(1) 第三方介绍。企业通过我国驻外使领馆的商务参赞或国外驻华使领馆的商务参赞、国内外各种商会、银行及与我方有业务合作关系的其他企业介绍客户。由于公共信息平台提供的信息较粗略且存在信息滞后的现象，加之商业领域激烈的竞争态势，严重地阻碍了该种方式的有效使用。但其成本较低，简单易行，对于个别企业来说，仍不失为一种简单、有效的方法。

(2) 通过媒体寻找客户。一方面，企业通过网站、搜索引擎优化、广泛发布销售信息，让本企业的信息遍布网络的每个角落，以便第一时间被客户发现；另一方面，企业通过B2B平台、搜索引擎等搜索潜在客户的公司网页，特别是其联系方式，主动与客户取得联系。企业和外贸从业人员应该根据自身的行业情况，选择合适的网络平台。

(3) 主动出击。在我国现行的国际贸易实践中，企业主动参加各种展会以开拓业务是一种最为重要的建立业务联系的方法。其最大的障碍在于成本相对较高，特别是在国外举办的交易会。因此，许多企业倾向于选择参加中国进出口商品交易会(广州交易会，简称"广交会")、中国哈尔滨国际经济贸易洽谈会(简称"哈洽会")等国内举办的国际性展览会或交易会。

企业找到国外客户，调查客户资信情况后，选择客户并与之建立业务联系。往往是以向对方发传真或电子邮件等形式建立业务联系。

3. 交易磋商，签订并履行合同

找到客户后，双方主要就商品的质量、数量、包装、规格、装运和支付条件等主要合同条款进行磋商以达成一致。磋商的形式主要包括口头谈判和书面谈判两种。口头谈判主要是在谈判桌上的面对面谈判和双方通过语音通信手段进行的交易磋商。书面谈判主要是通过信件、电子邮件及电子数据交换(electronic data interchange，EDI)等方式来洽谈交易。由于现代通信技术的飞速发展，其费用相对低廉，书面谈判已成为企业间日常交易磋商最常用的方式之一。

交易磋商达成一致意见后，双方一般会签订书面合同。合同签订后，双方就进入履行合同的阶段。

4. 进入国际市场的方式

企业进入国际市场的方式十分重要，它不仅涉及企业产品如何打入国际市场，还涉及企业开展国际市场营销的各种手段的应用和对国际市场的把握程度。我国企业进入国际市场的主要方式，如图10-2所示。

```
                      ┌ 国际贸易公司
              ┌ 间接出口 ┤ 出口代理商
              │        └ 外企驻本国采购处
        ┌ 国内生产 ┤        ┌ 国外经销商
        │        │        │ 国外代理商
        │        └ 直接出口 ┤ 驻外分支机构
企业 ┤                     └ 最终用户
        │              ┌ 许可证贸易
        │        ┌ 契约模式 ┤ 合同制造
        └ 国外生产 ┤        └ 工程承包
                 └ 投资模式 ┤ 合资经营
                           └ 独资经营
```

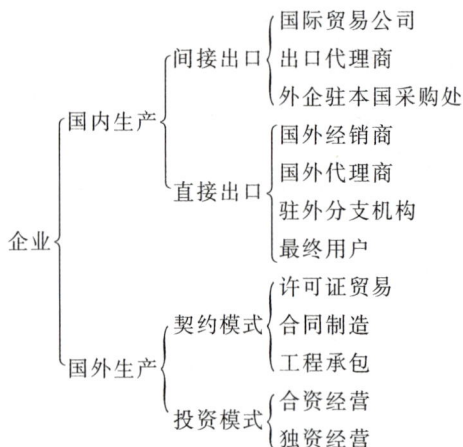

图 10-2　我国企业国际市场进入的方式

扫描二维码，获取国际市场进入方式的微课视频。

微课视频	学习笔记
	＿＿＿＿＿＿＿＿＿＿＿＿＿＿＿＿＿＿＿＿＿＿ ＿＿＿＿＿＿＿＿＿＿＿＿＿＿＿＿＿＿＿＿＿＿ ＿＿＿＿＿＿＿＿＿＿＿＿＿＿＿＿＿＿＿＿＿＿

　　一般而言，在企业进行国际营销的初期，出口是企业进入国际市场的重要方式，即产品在国内生产，然后通过适当的渠道销往国际市场；企业发展壮大以后，会把生产转移到生产成本低的国家或者消费者所在的国家生产；进入全球化阶段，会统筹考虑在全球范围内利用资源，在全球市场进行生产和销售。其基本思路是产品以质量取胜，出口先难后易，坚持本土化生产，形成海外营销网络。例如，海尔公司目前的生产和销售是三分之一国内生产、国内销售，三分之一国内生产、国外销售，三分之一国外生产、国外销售。

思政园地

海尔的国际化进程

　　海尔的国际化进程被张瑞敏先生归结为三个阶段：播种阶段、扎根阶段、结果阶段。这就是海尔走向世界的"三部曲"。

　　播种阶段就是使国际市场接受海尔产品的阶段，其市场进入方式是"产品出口"。产品出口的目的在于使国外消费者认同海尔的产品和品牌。

　　扎根阶段就是将"产品出口"变为在海外投资，将产品生产基地部分转移到国外。海尔在此阶段遵循的是"先有市场，后建工厂"的原则。1996 年 12 月，印尼海尔在雅加达成立，海尔首次实现了以投资为内容的跨国经营。2000 年，海尔的业务扩展到北非、东欧、南亚、拉美等区域。2001 年，海尔在全球已建立 13 个海外工厂，在欧洲也实现了当地设计、当地制造、当地销售。

结果阶段就是"三融一创"，即"当地融资、当地融智、当地融文化，创本土化的世界名牌"。利用当地资源，生产世界级的品牌和本土化的产品，即成为可以在当地上市、利用当地的人力资源并与当地文化紧密相融的本土化名牌企业。

10.2.3　国际市场营销组合策略

国际市场营销组合策略在传统的 4P 营销策略的基础上，把促销策略中的公共关系(public relation)独立出来，并增加政治权力(political power)，与原先的 4P 策略并列，形成新的 6P 营销策略组合。在国际市场营销中要运用政治力量和公共关系，打破国际市场上的贸易壁垒，为企业产品开拓国际市场保驾护航。

1. 国际市场营销产品策略

国际市场营销产品策略是国际市场营销组合中的核心，是价格策略、分销策略和促销策略的基础。企业面临着许多在国内市场产品策略中未曾遇到过的问题。

(1)产品进入国际市场策略。面对世界各国不同的市场环境，在国际市场上是销售与国内市场完全相同的产品，或部分改造现有产品以适应国际市场的需要，还是制造一种全新的产品推向国际市场，是出口企业所面临的首要问题之一。国际市场营销产品策略主要有以下三种，如表 10-1 所示。

表 10-1　国际市场营销产品策略

策略种类	含　义	优　点	缺　点	适用产品或企业
产品直接延伸策略	将国内销售的产品原封不动地销往国际市场，促销策略与国内相同，树立相同的产品形象	注重规模经济效益，开发和营销费用低。在全世界各地都是同样的产品，有助于树立企业及产品的国际形象	面对有差异性的市场，尤其是面临越来越激烈的竞争，效果不是很好	如可口可乐、金拱门(麦当劳)等少数标准化程度较高的产品
产品适应策略	对现有产品做修改，提供满足不同市场需求的不同产品	既能顾及各国不同的经济文化背景、不同的消费习惯，又能相对减少投资	需要很好地细分市场	如不同口味的雀巢咖啡，迎合世界各地消费者的偏好
产品发明策略	企业创造发明新产品，以适应国外市场的需求	高利润，能够在竞争中处于领先地位	高投入、高风险	适合于实力雄厚的大型跨国公司

由于各国在科技进步及经济发展水平等方面的差异，使同一产品在各国的开发、生产、销售和消费上存在时间差异，同一产品在不同国家市场上的生命周期的阶段是不一致的。

想一想

科技发展和全球竞争大大缩短了产品生命周期。原来我国和美国、日本的新产品上市要相差几年，后来逐渐缩短到几个月，现在很多产品几乎都是全球同步上市。这对我国企业生产的产品有哪些影响？

企业可以一方面实施全球化的产品生产，另一方面可以根据本地特色进行调整。企业可以在区域或全球范围内组织生产和营销。由于通信和物流网络在全球范围内的整合，许多国际市场都在趋同。同时，一些国际市场间的差异逐渐显现，企业面临经济与文化的异质性。这就需要企业在不同市场适应多样化的顾客需求时有所平衡。

(2)国际产品的包装。在不同的海外市场销售产品，包装是否需要改变取决于多方面的因素。从包装的保护和促销两个基本作用来看，如果运输距离长，运输条件差，装卸次数多，气候过冷、过热或过于潮湿，就会要求高质量的包装以达到保护产品的目的。如果目标市场国顾客由于文化、购买力、购买习惯的不同，对包装形状、图案、颜色、材料、质地有偏好，则企业应该改变包装以起到吸引与刺激顾客消费的作用。

知识链接

一些进口国对包装的有关规定

当今一些发达国家的消费者出于保护生态环境的目的，重新倾向使用纸质包装，而且对包装材料有严格的限制。

美国和加拿大禁止把稻草、报纸当作包装衬垫，如被海关发现，必须当场销毁，并支付由此产生的一切费用。

欧盟客户对环保一般有特殊的要求，纸箱一般要求用无钉纸箱，无金属打包，封口胶带为纸胶带，包装上一般有环保标志或回收标志。德国规定，纸箱表面不能上蜡、上油，也不能涂塑料。

日本拒绝竹片类包装入境，所有纸质和塑料包装材料必须有符合规定的标志并配以回收标签(回收标签有专门的印刷格式)。

(3)国际产品的品牌。品牌是企业无形的财富，一个国际品牌具有很强的号召力，所以大多数企业喜欢采用统一的国际品牌，如日本的"索尼""东芝"，我国的"小米"等。

采用单一的国际品牌和商标有时也会遇到许多意想不到的阻力。考虑各国的风俗习惯、宗教信仰、消费偏好等因素，同一产品在不同的国家和地区有时也采用不同的品牌和商标，以增加品牌和商标的促销效果，如宝洁公司在不同国家销售不同品牌的洗衣粉。

2. 国际市场营销渠道策略

选择分销渠道时，必须考虑国家政策和文化因素。全球化公司必须充分利用中间商在本地市场上的运作技巧，并善于利用互联网。互联网为全球营销商提供了独一无二的分销与传播渠道。

(1)国际销售渠道。国际销售渠道包括三大环节：一是商品在出口国国内所经过的流程，由出口国国内各种中间商组成；二是商品在进出口国之间的流程，由进出口商组成；三是商品在进口国的国内所经过的流程，由进口国国内各种中间商组成。

国际市场营销不仅要重视进出口的环节，更要加强进口国国内销售渠道的建设，必须熟悉不同国家的销售渠道之间的差异。

电子商务改变了消费者的购物习惯。跨境电子商务的低门槛、低成本、宽平台优势使国内企业，尤其是中小企业走向国际化的梦想成为可能，受到企业的欢迎。跨境电子商务的兴起也改变了国际市场营销渠道，因此营销者必须熟悉 M2C、B2B、B2C、C2C、B2B2C 等跨境电子商务模式。

（2）对国外中间商的选择。选择国外中间商时要充分评价每一个候选的中间商的基本条件，包括其市场范围、财务状况、管理水平、专业知识、地理位置和拥有的网点数量、信誉、预期合作程度等。

企业对已选定的国外中间商要经常进行监督和管理，定期评估，培养中间商的忠诚度。首先，不宜轻易更换中间商，只要中间商愿意继续经营本企业的产品，而且经营效果也不错，企业就应努力与之建立良好的长期关系；其次，对那些可能不再经营本企业产品的中间商，企业应预先作出估计，预先安排好潜在的接替者，以保持分销渠道的连续性；最后，企业应时刻关注竞争者的渠道策略、现代技术及消费者购买习惯和模式的变化，以保证渠道的不断优化。当然，随着情况和环境的变化，必要时企业应对分销渠道进行适当的调整，如终止分销协议、更新渠道和改变整个分销体系等。

想一想

营销人员在选择国际分销渠道时一般要考虑成本、财务、控制、市场覆盖面、适应性和连续性这六个因素。这些因素与选择国内分销渠道的因素有哪些差异？

3. 国际市场营销定价策略

国际市场产品价格构成比国内市场产品价格构成更复杂，除了成本和竞争加剧以外，还受到关税、货币汇率的影响。

（1）国际市场产品价格的构成。国际市场产品价格由生产成本、关税、运输成本与保险费用等构成。在具体的进出口业务中，出口企业承担的责任风险、费用不一样，出口价格也有很大的差异。为了便于操作，常用价格术语来说明商品价格构成和买卖双方的权利与义务。

目前，常用的价格术语主要有装运港船上交货价（FOB），成本加运费（CFR），成本、保险费加运费（CIF），货交承运人（FCA），运费付至（CPT），运费、保险费付至（CIP）六种。

（2）统一价格策略与差别价格策略。企业对其产品在国际市场上销售，是采取统一价格，还是针对不同国家市场制定差别价格，是一个非常值得研究的问题。

统一价格有助于国际企业及其产品在世界市场上建立统一形象，便于企业总部控制企业在全球范围内的营销活动。

各国的制造成本、竞争价格、税率都不尽相同，消费水平也存在差异，在环境差别明显的各国市场采取差别价格策略更切实际。

案例10-4

巨无霸指数

金拱门（麦当劳）在全球100多个国家都销售巨无霸汉堡，其在不同国家的价格差异很大。瑞士联合银行集团公布了2018年"巨无霸指数"的最新排名。其中，在中国香港，劳动者仅需工作10分钟左右，就可以买一个巨无霸汉堡；而在巴西圣保罗和里约热内卢，人们需要工作将近1小时的时间才买得起一个巨无霸汉堡。

（3）转移价格。跨国企业为了追求利润最大化，经常采用转移价格策略。这是一种在母公司与各国子公司之间，以及各子公司之间转移产品和劳务时所采用的价格。定价的出发点是避税、减少风险和增加利润，避免资金在高通胀率、高税收、外汇管制严格的国家滞留。当然，这种策略会损害某些国家的利益，有些国家政府已经针对跨国企业的这一策略，制定了相应的法律、法规，以要求跨国企业制定内部转移价格时能遵守公平交易的原则，挽回和保护其正当的国家利益。

4. 国际市场营销促销策略

国际市场营销的促销和国内促销一样，有广告、人员推销、营业推广等手段。

(1)国际广告。国际广告有广告标准化和广告差异化两种策略。

①广告标准化策略。广告标准化是指在不同国家使用相同主题的广告做宣传。广告标准化可以降低成本，使国际企业总部的专业人员得以充分利用优势资源进行广告制作，也有助于国际企业及其产品在各国市场上建立统一形象，有利于企业整体促销目标的制定、实施和控制。其主要弊端是针对性差，广告效果不佳。

②广告差异化策略。广告差异化是指针对不同国家市场的特点，向其传达不同的广告主题和广告信息。例如，日本精工钟表广告词在日本和马来西亚就有很大的差异。这种策略可以适应拥有不同文化背景的消费者，增强广告宣传的针对性。其主要弊端是广告成本高，企业总部的控制减弱，不同广告之间可能会出现相互矛盾的现象，进而影响企业形象。

知识链接

影响国际广告的因素

国际广告面临的环境不同，比国内广告受到更多的限制。

第一，语言问题。广告语言简洁明快，寓意较深，同样含义要用另外一种语言以同样方式准确表达实在是一件困难的事。只有当广告语言被当地顾客理解和接受时，才能使潜在消费者正确理解广告信息，达到广告的宣传目的。

第二，对广告媒介、广告代理商的限制。不同国家或地区的政府对广告媒介的限制、各国广告媒介普及率的高低、广告代理商的能力直接影响广告的效果。

第三，政府对广告活动的限制。有些国家规定了电视台每天播放广告的时间，还会限制香烟等产品的广告，有的还限制广告信息内容与广告开支。

第四，社会文化方面的限制。由于价值观与风俗习惯方面的差异，一些广告内容或形式不宜在目标市场国传播。比如，西方人不喜欢"13"这个数字。

(2)国际市场人员推销。国际推销人员可以从本国和第三国招聘，但一般最好是招聘目标市场当地人员来进行推销。因为当地人对该国的风俗习惯、消费行为和商业惯例更加了解，与当地政府、工商界人士、消费者或潜在客户有着各种各样的联系，其人力成本低于本国驻外人员。

在对国际推销人员推销业绩进行考核与评估的基础上，企业应综合运用物质奖励和精神鼓励等手段，调动推销人员的积极性，提高他们的推销业绩。企业在国际市场营销中使用人员推销，往往面临费用高、培训难等问题。

(3)国际市场营业推广。营业推广主要是企业针对国际目标市场上一定时期内为了某种目标而采取的短期的、特殊的推销方法和措施。比如，为了打开产品出口的销路，刺激国际市场消费者购买，促销新产品，处理滞销产品，提高销售量，击败竞争者等，企业经常采用营业推广来配合广告和人员推销，以期取得最佳效果。

除了国内营业推广常用的方法外，还有几种重要的国际营业推广手段可以帮助产品进入国际市场，如博览会、交易会、巡回展览、贸易代表团等。值得一提的是，这些活动往往因为有政府的参与而增强了其促销力量。事实上，许多国家的政府或半官方机构经常举办一系列的国际巡回展览，向世界各国的消费者介绍企业情况和产品信息，以此作为推动本国产品出口、开拓国际市场的重要方式。

必须注意的是，企业在国际市场上采用营业推广这一促销手段时，除了考虑市场供求和产品性质、消费者的购买动机和购买习惯、产品在国际市场上的生命周期以外，还应注意不同国家或地区对营业推广的限制、经销商的合作态度、当地市场经济水平及竞争程度等因素的影响。

5. 国际公共关系

国际公共关系的目的在于提高企业的国际声誉，从而提高产品的声誉，促进产品的销售。公共关系不仅要鼓励媒体对企业进行正面的报道，更要妥善处理不利的谣言和突发事件。

在国际市场营销中，企业面临陌生的海外市场环境，不仅要与当地顾客、供应商、中间商、竞争者打交道，还要与当地政府协调关系。如果在当地设有子公司，则企业的派出人员还要与文化背景迥异的当地员工共事。

在与目标市场国的所有公共关系中，企业与目标市场国政府的关系可能是最重要的，因为没有当地政府的支持，企业很难进入该国市场。政府对海外投资、进口产品的态度，往往直接决定企业在该国市场的发展前途。企业应当通过公共关系，加强与目标市场国政府官员的联系，遵守当地的法律，以求得企业在当地经营活动的长期发展。

企业开展国际公共关系时需要注意：①遵循国际交往的国际惯例、当地法律、法规和我国对外开放的总原则；②要尊重当地的文化和风俗习惯，力求实行本土化策略；③了解外国公众的态度及有关的经济、政治和社会情况，了解并善于运用外国公众经常接触的新闻传播媒介；④运用跨文化传播手段，使自己的信息符合外国公众的语言、文化、信仰、习惯，从而被他们所接受。国际公共关系的实质是跨文化传播。

知识链接

不同时期企业的国际公关重点

企业应该经常向目标市场国政府和社会组织介绍本企业对其公众和社会作出的贡献，可以多举办一些公益活动，如为公用事业捐款，扶持残疾人事业，赞助文化、教育、卫生、环保事业等。利用各种媒介加强对企业有利的信息的传播、扩大社会交往、不断调整企业行为，以获得当地政府和社会公众的信任与好感，树立为当地社会与经济发展积极作贡献的形象。

企业初始进入目标市场国阶段，问题多，公关任务繁重；进入经营阶段，就要关注目标市场国政局与政策动向，以及企业利润汇回母国的风险问题；在撤出阶段，也要注意与目标市场国保持良好关系，以维护其他方面的利益。

6. 国际市场营销中的政治权力

国家政治权力影响政治、经济、法律、社会文化等各领域。政治权力对国际市场营销的影响，主要是通过政府政策、法律法规和其他限制性措施而起作用的。

国际市场竞争日趋激烈，各国政府干预加强，贸易保护主义重新抬头。企业如何开拓政府干预、贸易保护主义、非关税壁垒广泛存在和影响巨大的市场，利用政治权力是一种很好的方法。

(1)制定与政府机构营销的原则和战略。了解目标国政治文化背景、法律法规体系和相关的行业标准，对执政党和主要党派的情况、政府官员有较好的认识和了解。企业处理好与政府官员特别是与政府要员的关系，将给企业的国际市场营销带来极大的便利；而一旦与政府官员的关系恶化，就可能会遭遇人为设置的障碍，使企业的营销行为受阻。

在对目标国的宏观环境分析与市场调研的基础上，企业应当制定处理与其政府及公职人员交往的原则和战略，做到双方合作愉快的同时，又不违反相关的法律法规。

(2)建立国际战略联盟，方便联盟方成员在对方国内对政治权力的运用。国际战略联盟是指在两个或两个以上国家中的两个或更多的企业，为实现某一战略目标而建立的合作性的利益共同体。它并不以追求短期利润最大化为首要目标，也不是一种为摆脱企业目前困境的权宜之计，而是与企业长期目标相一致的战略活动，旨在增强企业的长期国际竞争优势。

参加战略联盟的企业都是各国有实力的企业，对本国的政治权力都有较深的研究，与本国政府的关系都比较良好。因此，战略联盟方便了联盟方成员在对方国内对政治权力的运用。与此同时，战略联盟方便了企业进入国外市场，使得企业能够分摊新产品和新工艺开发的固定成本，实现企业技术和资产的互补。

(3)采用本土化战略，获得东道国政府的支持。企业聘用当地劳动力，为当地增加就业机会；采购当地产品，为当地产品提供销路；逐步转让技术，以提高东道国的技术水平。本土化的企业容易获得东道国政府的政治权力的支持，可以充分合理地利用本土化资源、市场、人员渠道等来壮大企业自身实力。

(4)借助本国的政治权力和政府的政治行为开展企业的营销活动。企业家树立政治营销意识，以敏锐的眼光捕捉政治营销机遇，为企业在国内外市场上大显身手创造条件，可以借助政府首脑或部长出访时的企业家随行机会，扩大企业的知名度和美誉度，借助两国经贸展览会、自由贸易洽谈和互惠条约签署等开拓国际市场；在遭遇国外的反倾销等贸易摩擦时，应该及时寻求本国政府的理解与支持，及时开展反倾销应诉或谈判解决。

📖 案例10-5

国内外企业的成功经验

海尔公司坚持"当地融资、当地融智、当地融文化，创本土化的世界名牌"的跨国经营战略，在洛杉矶设计、在南卡制造、在纽约销售，创造"本地化海尔"，与当地政府友好合作，成功开拓了美国市场。

新飞公司与美国通用电气公司结成战略联盟，按照通用电气提出的标准生产各种冰箱、冰柜，由通用电气通过其庞大的营销网络在欧美市场以美国通用电气的名义进行销售，也取得了成功。

德国大众、日本丰田、美国通用电气等企业在华的成功，主要有以下几条经验：首先，与中国政府或者中国地方政府达成深度共识，在与政府进行产业合作的框架下布局；其次，实行与本土产业利益进行捆绑的战略，大规模投资建立合资企业，实施本地化采购，推进管理层的本土化进程，确立比较良性的与政府、新闻媒体及公众的关系；最后，整合在华资源，制定更符合中国实际的策略，从全球化的角度出发，使其在中国的布局更为完整，并提出"做中国企业公民"的目标。

▶ 10.3　任务实施与心得

10.3.1　任务实施

1. 选择适合公司的目标市场

针对企业的实际能力和现有产品的质量、价格等因素，考虑到世界各国的消费习惯和购买能力，天一公司选择印度、越南的中端客户和非洲的中高端客户作为公司的目标市场。

2. 选择间接出口手机的模式

考虑到公司刚开展出口业务，精通国际贸易的人才还不多，在进出口的具体操作方面还有待完善和优化，因此公司决定采用代理出口的模式，选定无锡惠山进出口公司代理"天意"手机的出口，计划经过 3 年经验积累后，逐步自营出口手机。

3. 制定适当的国际市场营销组合策略

以中低价格的定位，将在国内销售的"天意"手机根据当地市场消费者的习惯和偏好，改变包装方式，通过与当地一些大经销商合作进行广告宣传。

10.3.2　实施心得

1. 正确选择计价货币很重要

企业的产品在进行出口定价时，还涉及货币选择问题。在国际贸易中的计价货币有出口国货币、进口国货币和第三国货币等。因为货币汇率变动，企业可能在不知不觉中遭受较大的损失，也可能获得额外的利润。企业选择用人民币定价和支付，可以有效规避汇率波动带来的风险。在出口时应尽量采用硬货币计价，在进口时尽量采用软货币计价。如因各种条件限制只能以软货币计价时，可以根据该货币币值疲软趋势适当加价，也可以在合同中订立保值条款，规定该货币贬值时，按贬值率加价。

常用的计价货币有：人民币(CNY)、美元(USD)、英镑(GBP)、欧元(EUR)、加拿大元(CAD)、港元(HKD)、日元(JPY)、瑞士法郎(CHF)等。

当一国货币贬值后，出口商品以外国货币表示的价格降低，提高了该商品的竞争能力。出口企业可以抓住本国货币贬值的机会，扩大其商品在国外市场的份额。

2. 了解各国的进出口贸易政策，通过网络开拓国际市场

及时了解各国政府对进出口贸易政策的调整，及早作出相应的企业营销决策。善于利用 B2B 国际商务平台，多渠道开拓国际市场。

▶ 10.4　知识拓展：非关税壁垒

在当前贸易自由化的总趋势下，一些国家的贸易保护主义有所抬头。除了对进口商品征收高额关税外，现在世界各国广泛采用非关税壁垒来限制进口。

非关税壁垒具有更大的灵活性、针对性、隐蔽性和歧视性，更能达到限制进口的目的。非关税壁垒措施名目繁多，主要有四种重要的措施。

1. 进口配额制

进口配额制又称进口限额，是一国政府在一定时期以内，对某些商品的进口数量或金额所采取的直接限制措施。在规定的期限内，配额以内的货物可以进口，超过配额不准进口，或者征收更高的关税、附加税或罚款后才能进口。

2. "自动"出口配额制

"自动"出口配额制是出口国家或地区在进口国的要求或压力下，自愿规定某一时期内某些商品对该国的出口限制，在限定的配额内自行控制出口，超过配额时禁止出口。

3. 进口许可证制

进口许可证制是进口国家规定某些商品进口必须领取许可证后才能进口，否则一律不准进口。通过发放进口许可证，进口国可以对进口商品的种类、数量、来源、价格和进口日期等加以直接的控制。

4. 新贸易壁垒

新贸易壁垒是指所有阻碍国际贸易自由进行的新型非关税壁垒。常见的新贸易壁垒有技术壁垒、环境壁垒和社会壁垒。

技术壁垒是指为了限制商品进口所规定的复杂苛刻的技术标准、卫生检疫规定，以及商品的包装和标签规定等。这些过于复杂、繁多的规定限制了商品的进口。

环境壁垒通常也称绿色贸易壁垒，是进口国为了保护生态环境、自然资源和人类健康，考虑本国可持续发展的需要，强制制定一些严格的、高要求的规定或标准，对不符合其规定或标准的产品限制或禁止进口。绿色贸易壁垒的合理性在于顺应了环境保护的世界发展潮流，容易在社会公众中获得广泛支持。国际贸易规则上没有禁止绿色贸易壁垒，一系列国际环境公约和国内环保法规可作为其理论上的依据。

社会壁垒是指一国以其他国家劳动者的劳动环境和生存权利为由而采取的贸易保护措施。目前，最主要的是社会责任管理体系 SA8000 标准，其主要内容有：禁止使用童工，为员工提供安全、健康的工作环境和生活环境，公司不得使用或支持使用强迫性劳动、不得有各种歧视行为，公司不得采取或支持体罚、精神或肉体胁迫及语言侮辱等惩罚性措施。

此外，还有外汇管制、海关估价制、进出口国家垄断、歧视性政府采购政策、进口最低限价和禁止进口、进口押金制等非关税壁垒。

▶ 10.5 思政案例

小米的国际化

中国智能手机市场的竞争越来越激烈。小米另辟蹊径，将目光投向海外，以期实现企业的可持续发展。印度凭借其人口红利、快速增长的经济总量、稳定的政治环境和良好的政策支持，成为小米国际化战略中不可或缺的一部分。

印度智能手机市场存在近 5 亿客户空白，小米紧抓这一契机，在进驻印度市场伊始，就将目标客户聚焦于低收入群体。印度客户对价格的敏感度与国内客户的相似性较高，这使小米的低价策略有了用武之地。小米将手机售价控制在 5 000～20 000 卢比（折合人民币为 470～1 880 元）。

印度年轻客户追求新鲜、时尚和社交成就感。小米以此为突破口，采用饥饿营销战略营造购买声势，并搭建社交媒体，实现客户高度参与，在年轻客户群体中树立了独特的品牌形象，赢得了广泛认可。

小米在印度市场推行的商业模式经历了从产品出口、直接投资再到战略合作的模式转变。2014 年 7 月，小米与印度最大的电商网站 Flipkart 合作，将出口至印度的手机在该电商网站售卖。

印度政府提出"印度制造""数字印度"战略，大力发展制造业和互联网行业。2018年 4 月，印度进行了税收制度改革，对进口智能手机组件征收 10％ 的基本关税，同时手机整机的关税提高至 20％，其核心目的在于推动印度手机的本土化生产。针对这一变化，小米果断调整发展战略，开始加大印度本土化生产力度，以便维持低成本的竞争优势。小米的本土化战略涉及生产、营销和管理多个方面。如小米在印度建立工厂，组装生产手机成品；在线下设立了 40 家小米之家、500 家小米服务中心、2 家呼叫中心及 3家专门的维修工厂，为客户购买小米产品及享受售后服务提供保障；雇用印度本地员工，保证印度本地员工在总员工中占据较大比例；成立本土人才设计团队，为本土化战略发展服务。

试分析：

(1)小米公司在印度市场上的目标消费者具有哪些特点？小米公司采用了哪种目标市场策略？

(2)小米公司在印度的国际化策略有哪些？

▶ 10.6 业务技能训练

10.6.1 自测习题

1. 单选题

(1)企业通过外贸公司向国外出口产品，但企业本身不从事实际出口业务的进入国际市场的方式是(　　)。

    A. 贸易公司出口　　　　　　　　B. 出口代理商

    C. 直接出口　　　　　　　　　　D. 外企驻本国采购出口

(2)企业不通过本国中间商，直接把产品卖给外国中间商或最终用户的进入国际市场的方式是(　　)。

    A. 契约模式出口　　　　　　　　B. 出口代理商

    C. 直接出口　　　　　　　　　　D. 外企驻本国采购出口

(3)企业在海外直接建立自己的生产基地，产品出口附近的国家，这种国际市场营销模式是(　　)。

    A. 契约模式出口　　B. 间接出口　　C. 直接出口　　D. 全球营销

(4)不需要对原有产品进行改进的国际产品营销战略是(　　)。

    A. 产品延伸　　B. 产品改良　　C. 产品适应　　D. 产品创新

(5)突破国别差异，从全球化角度考虑企业营销策略，通过整合的国际市场营销实现资源配置最优、利润最大的营销活动称为(　　)。

A. 出口市场营销　B. 国际市场营销　C. 国内市场营销　D. 全球市场营销

2. 判断题

(1)出口商品的市场导向定价是以外国市场零售价格为基础，扣除中间商利润、关税、运费、保险费等，反推算出来的出口净售价。　　　　　　　　　　　　　　　(　　)

(2)跨国公司国际转移定价一定比市场价格低。　　　　　　　　　　　　(　　)

(3)小米手机在海外市场的成功，主要依靠其海外市场的经销商地毯式的宣传销售模式。它所采用的渠道类型是间接销售渠道。　　　　　　　　　　　　　　(　　)

(4)企业进入国际市场最好的方法是海外投资。　　　　　　　　　　　(　　)

(5)企业在海外直接建立自己的渠道网络和生产基地的国际市场营销模式是全球营销。

(　　)

10.6.2　课堂训练

1. 与国内市场营销相比，国际市场营销具有哪些特点？

2. 企业进入国际市场的方式有哪些？影响企业选择进入国际市场方式的因素有哪些？

3. 简述国际市场营销产品策略的内容。

4. 企业在选择国际分销渠道时一般要考虑哪些因素？

5. 企业在做国际广告时应该注意哪些事项？

10.6.3　实训操作

1. 江苏天地木业有限公司准备开拓巴西和土耳其市场。请你帮助确定其产品的出口方式，并说明理由。

2. 无锡华林电缆公司正在投标印度尼西亚的电缆采购。你认为投标价格应该如何制定？需要考虑哪些因素？

3. 常州国林国际旅行社致力于开拓东南亚市场，希望吸引东南亚的华侨华人客户来中国华东地区旅游。你认为该旅行社应如何开展其在东南亚市场的促销活动？

4. 苏州虎丘电脑培训学校决定开拓泰国的华语培训市场。你认为该公司在泰国应如何选择广告媒体？广告主题从什么地方入手？

任务 11　新媒体营销

●●●● 思维导图

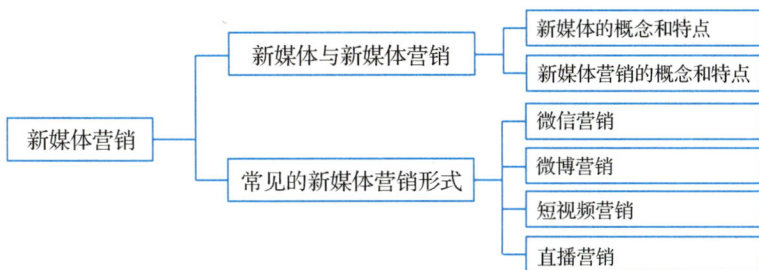

●●●● 知识目标

1. 熟悉新媒体营销的形式；
2. 掌握新媒体营销的特点。

●●●● 能力目标

1. 能利用微信和微博进行营销；
2. 能够进行短视频营销；
3. 能够团队配合进行直播营销。

●●●● 素质目标

1. 具备互联网思维和大数据思维；
2. 提升网络伦理道德水平，树立信息安全意识；
3. 具备良好的职业道德和职业素养，较强的创新创业能力与意识。

▶ 11.1　任务描述与分析

11.1.1　任务描述

　　长期以来，江苏天一信息股份有限公司一直采用传统的营销模式来销售企业的产品。2008 年至 2021 年，在国际金融危机和新零售营销的影响下，公司的销售额波动较大。但同行业中的甲公司却因为在此之前成功地开拓了网络销售业务，尤其是在应用新媒体平台进行推广后，手机销售额未减反增。

天一公司计划通过互联网来拓展业务，张总经理安排沈建龙、小王、小杨和小顾了解新媒体平台的特点和网络营销手段，并完成一份新媒体营销方案。公司需要对现有的营销策略作出一些调整，在综合分析各种新媒体平台的特点以后，结合公司自身的情况，制定新媒体营销活动的策略、具体方法等。

11.1.2　任务分析

菲利普·科特勒在《营销革命3.0：从产品到顾客，再到人文精神》一书中提到，营销1.0时代是以产品交易为中心的营销活动，强调如何实现销售；营销2.0时代是以消费者为中心，强调如何维护消费者和增加销售的营销活动；在营销3.0时代，营销活动开始演变为邀请消费者参与到产品的开发、信息沟通的过程中，强调的是合作营销。

随着互联网的发展，市场营销环境发生了巨大变化，越来越多的消费者接受了网上销售的模式。随着网民数量的不断增加，网民网上消费能力也快速提升。面向终端消费者的企业逐渐认识到想要更好地抓住消费者，就要创新营销战略，实施新媒体营销。

新媒体营销是在传统营销的基础上进行整合，充分利用互联网的优势，有着传播信息快、范围广、成本低、形式多样等优点。开展新媒体营销活动之前，应先对网络消费者和竞争对手的情况进行调研，合理选择企业产品、新媒体平台和合适的网络营销模式，制定企业的新媒体营销策略，具体实施企业产品的网络推广活动。

扫描二维码，获取新媒体营销发展基础的微课视频。

微课视频	学习笔记
	＿＿＿＿＿＿＿＿＿＿＿＿＿＿＿＿＿＿＿
	＿＿＿＿＿＿＿＿＿＿＿＿＿＿＿＿＿＿＿
	＿＿＿＿＿＿＿＿＿＿＿＿＿＿＿＿＿＿＿

▶ 11.2　相关知识

11.2.1　新媒体与新媒体营销

1. 新媒体的概念和特点

新媒体是一个不断发展变化的概念，人们在每个发展阶段对于新媒体的认识也不断改变。每一种新出现并取得大量用户的媒体，都可以称为新媒体。互联网是继报刊、广播、电视等传统大众传播媒体后的最新传播媒体。早期的互联网媒体偏向于新闻门户网站、电子邮件、搜索引擎。随着移动互联网的普及，新媒体则是指在以智能手机为代表的移动互联网终端上且拥有较多用户的各类应用。时至今日，以人工智能、大数据、云端、虚拟现实等为核心的新媒体不断涌现。

新媒体是与传统媒体相对的一个概念，结合互联网新媒体发展最新情况，依托互联网终端，具备互联网的数字化、即时性、互动性、海量性、多媒体性、便捷性、社交性和全球性的特点。

案例11-1

互联网为抗疫赋能赋智　助力通畅出行和居家学习

面对 2020 年突如其来的新型冠状病毒感染疫情，互联网尤其是移动终端的应用显示出强大的力量，对我国的疫情防控起到关键作用。疫情防控期间，政务服务平台推出"防疫健康码"，累计申领近 9 亿人，使用次数超过 400 亿人次，支撑全国绝大部分地区实现"一码通行"。

同时，各大在线教育平台面向学生群体推出各类免费直播课程，方便学生居家学习，用户规模迅速增长。截至 2020 年 12 月，我国在线教育用户规模达 3.42 亿，占网民整体的 34.6%。未来，互联网及新媒体应用将在促进经济复苏、保障社会运行、推动国际抗疫合作方面发挥重要的作用。

（数据来源：中国互联网络发展状况统计报告）

2. 新媒体营销的概念和特点

随着新媒体形态的不断涌现，新媒体营销也不断更新。基于网络营销的基础，新媒体营销是指利用各种互联网新媒体平台进行的营销活动。新媒体营销形成了线上、线下不断融合，用户以多资源、多价值观、多媒体形式参与互联网及智能终端的创新。企业利用新媒体平台可以实现市场调研、新闻发布、促销宣传、售前咨询、在线销售、售后服务、客户关系管理等多种功能。

越来越多的网民使用智能终端上网，新媒体开始逐渐取代传统企业网站，在企业的营销活动中扮演越来越重要的角色。新媒体营销通常具有个性化、互动性和创新性等特点。

（1）个性化。相比传统营销中内容与传播方式的相对单一，新媒体手段更加多样化。利用人工智能及大数据技术，企业可以更加准确地对目标用户进行定位，可以根据用户的兴趣爱好，有针对性把诸如网络广告等营销内容推送到用户的移动终端。

（2）互动性。在传统的营销推广过程中，企业从市场调研到开展营销活动的持续时间较长，传播媒体及内容以单向输出为主。新媒体的多样性让营销活动显得更具有趣味性，消费者不仅是内容的受众，同时也能把自己的观点、感受和行为表达出来。例如，在抖音账号上，用户可以对感兴趣的营销内容点赞、关注、转发和留言。这些互动行为能让企业的营销活动更加生动有趣。

（3）创新性。在当前的新媒体营销过程中，用户既是消费者（使用者），又是生产者，甚至还是营销资源的提供者。海量网络信息传播速度快，更新也快。企业不仅要使营销内容短小精练、富有趣味和创意，也要选择合适的新媒体平台对目标用户进行精准营销。

扫描二维码，获取关于对新媒体营销理解的微课视频。

微课视频	学习笔记
	_____ _____ _____

11.2.2 常见的新媒体营销形式

随着数字技术的发展，网络营销的媒体手段也在不断更新。早期的新媒体营销通过网络媒体平台展示广告来获取用户的注意，赞助、植入广告等方式在各大网络媒体平台上迅速发展。如今，企业往往会选择在多个不同平台上创建多个账号，开展多种新媒体营销活动。这些账号会围绕企业的营销目标同步发布营销信息，彼此之间相互支持，形成一个具有互动性的营销氛围。

常见的新媒体营销手段除了网络媒体平台的网络广告、搜索引擎营销、社会化媒体营销和电子邮件营销以外，还有目前应用广泛的微信营销、微博营销、短视频营销、直播营销等。

1. 微信营销

(1)微信。微信是一款支持发送语音、视频、图片和文字的多平台即时通信的智能手机应用。企业通过微信开展市场营销活动是移动互联网时代的一种主流营销模式。微信不受距离的限制，具有良好的互动性，能面向朋友圈精准推送信息，同时也有助于建立与维护关系。

(2)微信营销。微信营销是通过微信推送信息到智能手机或平板电脑中的移动客户端进行的区域定位营销。随着移动互联网日渐融入人们的日常生活，除了图文聊天、语音聊天、视频聊天、相册等，微信的功能也在不断地创新。其中，较为核心的功能有即时通信功能、朋友圈功能、公众号功能和支付功能。

微信不断创新的功能为用户实现了线上、线下的商业互动。常见的微信营销手段包括：企业官方微信公众号、微商城、自媒体公众号、微信广告、个人朋友圈、微信群等。微信公众号的类型及功能，如表11-1所示。

表 11-1 微信公众号的类型及功能

公众号类型	功能特点	适用人群
服务号	给企业和组织提供更强大的业务服务与用户管理功能，帮助企业快速实现全新的公众号服务平台，主要偏向服务类交互(如12315、114等)	媒体、企业、政府或其他组织
订阅号	为媒体和个人提供一种新的信息传播方式，构建与读者之间更好的沟通与管理模式，主要侧重于为用户传达资讯(类似报纸、杂志)	个人、媒体、企业、政府或其他组织
小程序	开发者可以快速地开发一个小程序。小程序可以在微信内被便捷地获取和传播，同时具有出色的用户使用体验	企业、政府、媒体、其他组织
企业微信	企业的专业办公管理工具，与微信一致的沟通体验，提供丰富、免费的办公应用，并与微信消息、小程序、微信支付等互通，助力企业高效办公和管理	企业

(3)微信营销的步骤。微信基于庞大的用户群，借助移动终端、天然的社交和位置定位等优势，能够让每个消费者都有机会接收到信息，继而帮助企业实现点对点的精准营销。

企业或个人商铺按照以下步骤开展微信营销：①注册微信公众号和订阅号，尽快获得微信官方认证；②根据自己的定位，建立知识库，可以把某个定向领域的信息通过专业的知识管理手段整合起来，建成一个方便用户使用的知识检索库，同时将知识点与最新的社会热点相结合，提供给目标客户，变成对目标客户的增值服务内容，提高目标客户的满意度；③加强互动，如竞猜送小礼物等；④吸收会员，开展优惠活动；⑤通过微网站和微商城，更节省流量，更快捷地打开网站，在微信上直接展示商家。

案例11-2

《疯狂动物城》72小时火爆朋友圈

《疯狂动物城》没有前期营销，也没有知名人士配音，似乎少有人关注它。从首映日 UBER 公众号推送了一篇"别逗了！长颈鹿也能开 UBER？还送电影票？!"的文章开始发力。在微信公众号的推荐下，原本没有关注该电影的人在朋友圈里发起了约看邀请。第二天，迪士尼顺势推出《疯狂动物城》性格大测试的 H5，测试结果在朋友圈刷屏。影片中树懒的各种动图也在微博走红。借助这一波新媒体营销，该影片的排片、票房迅速上升，话题热度居高不下。

2. 微博营销

(1)微博。微博是一个基于用户关系进行信息分享、传播及获取的平台。注册用户可以通过 Web、WAP 等各种客户端组建个人社区，发布文字、图片、视频等信息，实现即时分享，而无须考虑文章标题、格式等。

(2)微博营销。微博营销是指通过微博平台，为商家、个人等创造价值而执行的一种营销方式。微博的每一个用户都是潜在营销对象，企业通过更新微博向网友传播企业信息、产品信息，树立良好的企业形象和产品形象。更新微博内容的同时还可以跟大家交流互动，或者发布大家感兴趣的话题，从而达到营销的目的。

(3)微博营销的技巧。微博营销注重价值的传递、内容的互动、系统的布局、准确的定位。企业可以通过以下方式来提升微博营销的效果。

①把握微博营销的本质。微博营销的本质是人际营销，遵循营销的一般规律。

②清晰的定位。定位不清很难吸引固定的用户，甚至使已有的粉丝取消关注。因此，企业在微博注册和认证的过程中一定要有清晰的定位。官方微博可以用于发布企业即时信息和图片；企划微博可以进行网络销售活动推广、与消费者互动；企业文化微博重在企业文化的宣传等。

③组织培养粉丝。粉丝的数量很重要，但质量更重要。微博营销是一种基于信任的主动传播，只有信任才能产生裂变式的传播效应。企业在微博上发布营销信息时，要做到真诚、真实、热情、负责，这样才能有效地组织和培养高质量的粉丝。

④抓住自己的营销对象。在微博品牌没有建立之前，用户往往参与度低、忠诚度低、黏性弱。只有真正互动起来，微博的营销力量才有可能真正发挥出来。企业应当通过设计具有原创性、震撼性或者时机性的话题，真正抓住自己的营销对象。

⑤构建品牌效应。微博营销越来越受到企业的青睐，企业纷纷进驻微博，通过微博构建品牌效应，提升品牌竞争力。然而，对于初涉微博营销的企业而言，需要对微博内容进行系统科学的规划，以内容为王，传播有价值的、能够吸引用户的资讯和对用户有帮助的信息。

同时，企业微博需要注意身份，让用户产生信任感，这样才能构建企业的品牌效应。

📖 案例11-3

可口可乐的微博营销

2017年的夏天，可口可乐在全国掀起了一场"换装"热潮。可口可乐利用互联网上的热门词汇推出了一系列"昵称瓶"新装，诸如"文艺青年""小清新""学霸""闺蜜""喵星人"等几十个极具个性、符合特定人群定位的有趣昵称被印在可口可乐的瓶标上。

在活动上线之前，可口可乐通过众多"大V"账号发布消息，成功吸引了第一批想要购买定制瓶的粉丝。活动开始后，最先买到昵称瓶的网友主动在微博上分享，吸引了更多人的注意。随后几天，参与的人数如同滚雪球一样越来越多，抢购的速度也越来越快。而这种从线上微博定制瓶子到线下消费者收到定制瓶，继而通过消费者拍照分享又回到线上的O2O模式，让社交推广活动形成了一种长尾效应。这正是从消费者印象到消费者表达的最好实践。

3. 短视频营销

（1）短视频。短视频一般是在互联网新媒体上传播的短片视频，时长从几秒到几分钟不等，以幽默搞笑、时尚潮流、技能分享、社会热点、公益教育、广告创新、创意剪辑等为主题。由于内容较短，可以单独成片，也可以成为系列栏目。"短、平、快"的大流量传播内容，随着网络的提速逐渐获得各大平台、粉丝和资本的青睐。

短视频主要有以下三个特点：①生产成本低，短视频通常依托于移动智能设备，在一部手机上即可完成拍摄、剪辑、后期等多种功能，制作成本低，功能设置简单易懂，对使用人群基本无筛选，学习成本低；②传播速度快，社交属性强，短视频基于其天然时长属性，极易通过用户的社交关系进行多次转发；③生产者与消费者之间界限模糊，内容创作者与消费者存在较大程度的重合，受众逐步从被动接受转向积极参与，内容的吸引力也逐步由精致度向多样性倾斜。

⚙️ 数据链接

截至2020年12月，我国短视频用户规模为8.73亿，较2020年3月增长8540万，占我国网民整体的88.3%。

（2）短视频营销。短视频营销是"短视频"和"互联网"的结合，是指基于新媒体的网络视频平台展开的以内容为核心、创意为导向，实现产品营销与品牌传播为一体的一种新兴营销方式。在互联网技术的支持下，精心策划的短视频内容多样、感染力强，能与网络受众目标人群形成互动性强、传播速度快、成本低廉的营销优势。

短视频营销也为创业者提供了创业空间，在短视频领域涌现了一批优秀的内容创作者，进一步促进了短视频营销模式的发展。

（3）短视频营销的步骤。企业选择短视频营销时，需要在精细策划的营销内容中巧妙地渗透产品信息，有效地传播品牌理念，更要认真选择适合企业的短视频平台。

短视频营销策划有以下几个步骤。

①选择合适的短视频平台。目前，受到网民普遍喜爱的短视频平台有抖音、快手、西瓜视频和微视等。每类平台均有自己的产品定位和目标用户特征。因此，企业需要根据自身产品的特征、目标消费者的特征，合理选择短视频平台。当前主流的短视频平台的特征对比，如表 11-2 所示。

表 11-2　短视频平台的特征对比

项目	抖音	快手	西瓜视频	微视
成立时间	2016 年 9 月	2011 年 3 月	2017 年 6 月（前身：头条视频）	2013 年 9 月
产品定位	音乐、创意、社交	记录、分享、发现生活	视频创作、分享、综艺领域	年轻人的潮流分享社区
目标用户	一二线城市用户和年轻用户居多	三四线城市和农村用户居多	一二线城市中的男性居多	希望在短视频中获得乐趣的人（短视频达人）
所属企业	字节跳动	快手	字节跳动	腾讯

②策划企业官方短视频账号。企业在短视频平台上创建官方短视频账号，找准定位和视频宣传的核心诉求点。例如，一家花圃园艺工坊考虑到短视频内容将以宣传花木养殖技巧、花木品类介绍等为主，因而在注册账号时，将企业名称、品牌名称和主题相关的创意名称都进行注册。大多数的企业账号注册提交后不能修改，并需要企业提交相关材料认证。

③打造企业官方短视频内容。企业策划好的短视频需要依托定位，根据企业品牌传播诉求，推出和品牌相关的内容，扩大品牌影响力。

在平台上发布短视频前，要认真考虑短视频的标题和发布时间两个因素。短视频的标题可以从用户相关性、独特性、悬疑性等角度出发，吸引用户眼球。此外，短视频的发布时间一定程度上决定视频的观看量。一般可以选择平台用户最多、最活跃的 11：00—13：00 和 18：00—22：00 这两个时间段。当然，不同企业会根据产品和用户特征，有针对性地进行一段时间的测试来评估短视频发布的最佳时间。

4. 直播营销

(1)直播与网络直播。随着网络时代的到来，网络直播逐渐取代电视直播，成为"直播"的代名词。网络直播充分利用互联网的优势，采用视讯方式进行，可以将产品展示、相关会议、背景介绍、方案测评、网上调查、对话访谈、在线培训等内容现场发布到互联网上，利用互联网的直观、快速，表现形式好、内容丰富、交互性强、地域不受限制、受众人群可划分等特点，强化活动现场的推广效果。

扫描二维码，获取直播营销的教学动画。

教学动画	学习笔记

网络直播最核心的优势就是自主性。主播独立可控的音视频采集，完全不同于转播电视信号的单一。现场直播完成后，还可以提供重播、点播，有效延长了直播的时间和空间，发挥直播内容的最大价值。

(2)直播营销。直播营销是指在现场随着事件的发生、发展进程，同时制作和播出节目的营销方式。该营销活动以直播平台为载体，企业、商家、个人进行品牌推广、产品销售，形成"直播＋"模式，使企业获得品牌的提升或销量的增长。

①"直播＋内容营销"模式，主要表现在主播以品牌推广和产品宣传为目的，在直播过程中亲身试用产品或参与体验。

②"直播＋互动营销"模式，在用户参与互动的环节加入营销，起到信息的双向传递作用，加深用户对品牌的印象。

③"直播＋电商"模式，电商平台上商家为展示商品或在采购现场进行的直播，让用户对所售卖的商品有更加直观的了解。

在直播营销过程中，参与直播的主体包括企业和个人，直播的内容主要包括生活直播、才艺直播、电商直播、游戏直播等。

数据链接

据最新互联网络发展状况数据显示，以电商直播为代表的网络直播行业在2020年蓬勃发展。截至2020年12月，我国网络直播用户规模达6.17亿，电商直播用户规模为3.88亿，游戏直播用户1.91亿，真人秀直播用户规模为2.39亿，演唱会直播用户规模为1.90亿，体育直播用户为1.38亿。

(3)直播营销策划。企业开展"直播＋营销"时，需要考虑直播平台的选择、直播主题、直播环境、直播引流和直播内容等。

①合理选择直播平台。企业需要根据营销的产品类型选择合适的直播平台。当前的直播平台主要分为游戏直播平台、娱乐直播平台、电商直播平台和专业直播平台等，每类直播平台上聚集着不同的网络消费者。合理地选择直播平台能促进企业产品的推广与销售。

②明确直播目标和主题。企业在每一场直播之前，都需要确定该场直播的目标。例如，在淘宝直播中，由主播、助播和运营人员构成的直播团队在开播前会设置直播间的人气目标、产品销量、销售额、转化率、打赏收入的目标等，进而确认直播长期方向和内容。自媒体主播一般根据其特长确定长期主题，并根据社会热点、行业热点、观众心理需求进行调整；而企业直播的主题更加容易确定，是为了更好地销售产品和推广品牌。

③营造直播环境和引流。开播之前，企业和主播要选定直播场地，配备相关直播设

备，装饰直播间以营造符合主题的营销环境。直播设备如表 11-3 所示。

表 11-3 直播设备

直播设备类型	必备设备	推荐设备
手机直播	电容麦克风、外置声卡、耳机、智能手机、高速网络	防喷罩、补光灯、三脚架、小黑板、背景布
电脑直播	电容麦克风、美颜摄像头、耳机、高性能电脑、高速网络	外置声卡、防喷罩、补光灯、小黑板、背景布、单反相机、摄像机

在营造直播间氛围时，主播应该时刻关注直播间观众的需求和心理变化。直播语言既要风趣幽默，又要有较强的逻辑性，与直播间粉丝多进行互动交流，提高观众好感度。主播还要注重直播礼仪，表情、姿态、肢体动作等需要与直播内容匹配，文明用语，以引起观众的喜爱和共鸣。

思政园地

央视节目主持人直播带货 助力农特产品"出山"

2020 年受疫情影响，各产业均受到沉重打击。朱广权和欧阳夏丹两位央视主持人，因为直播带货有了新的网名"小朱配琦，欧阳下单"。朱广权与网红主播首次搭档，为央视新闻公益专场"谢谢你为湖北拼单"带货直播，2 小时完成 4 000 多万元的交易额。一周后第二场直播，欧阳夏丹再接再厉，与电影演员搭档，将交易额提升至 6 100 万元。央视主持人试水直播带货，为湖北吆喝，让广大网友真正领略了"卖货兼卖艺"的风采，也为疫情之后全国各行各业的复工、复产、复市，发挥导向引领示范作用，开创互联网平台助力营销新创举。

11.3 任务实施与心得

11.3.1 任务实施

天一公司根据网络发展现状及业务需求展开新的营销策略调整，在进行新媒体营销活动策划与实施之前，进行以下准备工作。

1. 调查网络消费者及竞争对手情况

自 2013 年起，我国已经连续八年成为全球最大的网络零售市场。截至 2020 年 12 月，我国网络购物用户规模达 7.82 亿，网络用户平台应用及使用率逐年上升。

天一公司在调研过程中发现其他品牌手机的销售不限于线下门店销售，这几年线上的销量稳中有升。例如，小米手机很好地利用了微信营销、微博营销、博客营销和微电影（短视频）营销等，对企业品牌推广起到了事半功倍的作用。

2. 调整产品策略，选择合适的产品进行网络推广

天一公司选择下面三类手机产品在网络上销售，以便在更好地满足网络消费者需求的同时，不对传统渠道的营销产生冲击。

第一类是新研制的 N 系列产品，该系列产品采用了最新的技术，是大屏幕的智能机，适用于 5G 网络；第二类是定制化的产品，可以根据顾客的要求，调整手机的基本功能及手机的外壳颜色；第三类是过季的 C 系列产品，多为前期市场中销售的库存产品，功能简单，价格便宜，实用性强。

3. 搭建本企业的新媒体营销平台

企业选择互联网服务供应商，设计与制作企业自己的网站，同时注册企业微信公众号、微博、抖音短视频等账号，吸引更多的人访问企业网站和企业官方宣传平台。

4. 选择合适的网络平台进行推广活动

消费者愿意选择主流的 B2C 网站购买手机，产品质量比较有保障。天一公司选择京东商城、天猫商城等主流的 B2C 网络购物平台进行推广活动。直播营销对手机消费群体的影响很大，因而计划考虑采用直播模式，通过主播带货形式进行产品销售与品牌推广。

11.3.2　实施心得

1. 重视网络调研，善于利用网络来收集资料

善于利用网络平台收集资料，可以通过政府、行业、企业及第三方平台网站收集资料。网络资料可以根据其时效和价值分为免费资料和付费资料。政府和行业网站提供的资料一般为免费资料，但由于不针对具体的行业和企业，因此需要对资料进行整理、分析和汇总后方能用于企业营销活动。企业和第三方平台提供的资料大多为付费资料，由于其具有时效性且价值高，企业可以根据自身情况购买付费资料。

通过网络收集行业、竞争者和消费者情况，了解最新的行业资讯，可以帮助企业把握行业的整体发展及行业中新媒体营销开展的情况；通过了解竞争者情况，掌握现阶段成功的主流新媒体营销活动；通过了解消费者情况，可以准确知晓消费者喜好的新媒体平台和工具。

通过多方面、多渠道的收集资料才能有效开展新媒体营销活动。

2. 选择合适的新媒体营销平台

首先，对企业产品有准确的认知。对产品的目标顾客、产品特点和功能、价格构成、能满足消费者的何种需求等有充分的认知。只有对产品有充分的了解，才能准确地找到新媒体营销的宣传点。

其次，需要对各个新媒体平台的特点及规则有所了解。微博、微信及抖音等平台的发布形式、内容和规则均不相同。企业只有充分了解不同新媒体平台的特点和规则，才能保证有效地开展新媒体营销。

最后，结合产品特点及新媒体平台的特点，选择最为适合企业产品的新媒体营销平台开展新媒体营销活动。当然，平台的选择并不是一成不变的，可以根据企业的实际情况及新媒体的发展变化不断调整。

▶ 11.4　知识拓展：新媒体营销人员和岗位

1. 新媒体营销人员的素养要求

（1）专业要求。一般要求从业人员是新闻、中文、营销、广告、设计、工商管理等相关专业的毕业生。根据企业规模和性质的不同，该岗位对学历的要求也有所差异，绝大多数企业都会要求从业人员的学历在大专或本科及以上，一些专业性较强的企业也会要求更高的学历。

（2）经验要求。一般来说，企业对实习生的经验要求较低，大多并不做硬性规定；对新媒体营销专员则要求具有一年及以上的工作经验；对新媒体营销主管更是要求具有三年或五年及以上的工作经验。

（3）知识要求。要求从业人员了解一定的互联网运用、数字化营销、新媒体平台、网络营销和营销策划等知识，如掌握图片的处理、排版工具的使用，熟悉各大新媒体平台，拥有新媒体账号并熟悉相关界面等。除此之外，还需要具备一定的营销心理学知识。

（4）能力要求。从事新媒体营销工作的人员，需要具备快速学习能力、创新能力、思维能力、沟通能力、承受压力的能力和团队协作能力等。

2. 新媒体营销的主要岗位与职责

企业根据自身营销活动规模的大小和管理决策层的重视程度，设置不同规模的新媒体营销团队。团队中一般包括新媒体运营主管、文案编辑、营销策划、视觉设计、视频编辑和主播六大主要岗位。

（1）新媒体运营主管岗位。制定企业的新媒体营销整体战略和策略，管理企业的营销工作和新媒体营销团队，协调与其他部门之间的工作。从事该岗位的人员需要具备敏锐的市场分析能力、扎实的文案功底；能对热点事件和新闻动态迅速作出反应，并结合事件展开品牌策划与推广；熟悉主流新媒体平台的运行机制和规范；具备数据分析能力，开展数据化评估工作并提出改进方案。

（2）文案编辑岗位。根据目标受众的需求，紧密结合社会热点话题、突发事件等及时撰写相关图文内容。从事该岗位的人员需要具有较好的文字功底；了解主流新媒体平台的运行机制和规范；掌握多种网络图文排版风格，具有一定的图片处理和视频剪辑能力；能结合最新的新闻动态和品牌营销目标，选择最优营销主题并迅速撰写相关文案。

（3）营销策划岗位。根据目标受众的需求，紧密联系社会热点话题、突发事件等及时策划相关的主题活动。从事该岗位的人员需要了解主流新媒体平台的运行机制和规范；熟悉网络流行语，并能驾驭不同种类文案的写作风格；能结合最新的新闻动态和品牌营销目标，策划最优营销主题。

（4）视觉设计岗位。围绕策划主题和内容，针对目标受众特点和不同的场景，配合文案编辑提供各类新媒体平台的配图，向视频编辑提供视频制作及发布所需的配图。从事该岗位的人员需要有美术功底，熟练使用各种图片设计及处理软件；善于收集和整理网络素材，对网络热点事件和新闻动态作出反应。

（5）视频编辑岗位。贯彻团队制定的新媒体营销策略，根据目标受众的需求、社会热点话题、突发事件等参与策划相关选题，结合选题内容，收集、拍摄、剪辑、制作具有吸引力的短视频作品。从事该岗位的人员需要能熟练使用手机、相机和摄像机拍摄短视频；擅长各类视频的剪辑与制作；对色彩、构图和镜头有清晰的认识，能产生独特、新颖的创意；熟悉各大新媒体平台短视频的拍摄与制作风格。

（6）主播岗位。根据团队制定的直播营销策略，配合策划人员策划直播的内容，能在各直播平台开展直播活动。从事该岗位的人员需要迅速掌握商品的卖点和直播营销的技巧，能根据商品的特点和观众的特征撰写直播方案；形象气质好，开朗自信，有良好的镜头感，善于通过网络直播与观众开展互动交流；随机应变，能够妥善处理突发事件。

11.5　思政案例

"新媒体＋扶贫"营销模式助力振兴乡村

由财政部办公厅、商务部办公厅、国务院扶贫办(现国家乡村振兴局)综合司联合发出的《关于开展2018年电子商务进农村综合示范工作的通知》中指出，鼓励贫困地区因地制宜发展多元化电商供应链，培育区域公共品牌，提升推广商业价值，释放电子商务对农村经济发展的放大、叠加作用。

为提升富平县区域公共品牌价值影响力，探索"新媒体＋扶贫"的精准扶贫新模式，2018年12月27日，在富平县商务局和中国社区扶贫联盟的指导下，富平县电商扶贫网红直播暨区域公共品牌社区巡展推介会在西安正式拉开序幕。

1. 区域公共品牌助推产业扶贫

易居乐农作为富平县国家电子商务进农村综合示范项目的主运营商，结合富平县域文化特色，打造区域公共品牌——"富语"，象征富平县物产富饶、经济快速发展。品牌由政府背书，冠名产品经严格的品控筛选、文创设计、营销推广，走向全国市场，走进城市社区。

目前，"富语"旗下产品已超过6款，包括十二柿、琼锅糖、匠柿、闺蜜、甜熟熟及创柿纪等。十二柿首次以新媒体"二更视频"为传播媒介，用短片讲述了传统富平柿饼制作的十二道手工工序，传递"柿人"匠心，视频点击播放量已超过222万。

2. "新媒体＋扶贫"，暖东公益进行时

富平电商公共服务中心推出"暖东公益计划"，将柿饼销售所得的部分收益作为"暖东公益计划"的扶贫资金，捐赠帮扶贫困户。对"新媒体＋扶贫"新模式进行探索实践，活动西安主会场由节目主持人和快手吃播网红直播现场扶贫专柜、试吃扶贫产品；活动分会场富平县电商扶贫示范基地现场直播"十二柿"生产加工全过程。网友对扶贫直播表示支持，并积极与主播互动、询问产品信息。直播期间，共有超10万人实时观看参与了直播互动，并取得了良好的销售成绩。

未来线下将在北京、上海、深圳等全国20个城市社区进行富平农特产品巡展，增加消费者与产品的互动体验，促进消费。此次活动的部分销售收益也将纳入"暖东公益计划"的扶贫资金中，为富平县的贫困户送去冬日年货物资，实现精准扶贫。

试分析：

(1)相较于传统的农产品销售，借助新媒体开展的农产品销售有何优点？

(2)与其他产品直播相比，农产品直播会面临哪些问题？应该如何解决？

▶ 11.6　业务技能训练

11.6.1　自测习题

1. 单选题

(1)属于新媒体形式发展趋势的是(　　)。

  A. 从视频化到直播化　　　　　　　B. 从移动社交到移动新闻

  C. 从个性化到多渠道　　　　　　　D. 从智能化到自动化

(2)以下属于新媒体的是(　　)。

  A. 电视　　　　　B. 广播　　　　　C. 报纸　　　　　D. 微信

(3)以下不属于新媒体特征的是(　　)。

  A. 原创性　　　　B. 个性化　　　　C. 实时性　　　　D. 直播性

(4)属于自媒体发展繁荣期的代表平台是(　　)。

  A. 博客　　　　　B. 微博　　　　　C. 微信　　　　　D. 直播平台

(5)新媒体对人们日常生活和社会的影响包括(　　)方面。

  A. 人际交往　　　B. 工作习惯　　　C. 社会安定　　　D. 以上都是

2. 判断题

(1)最直观的网络市场需求调研方法是利用搜索引擎,搜索与产品最相关的主关键词。被搜索的次数越多,说明市场需求越大、用户关注度越高。　　　　　　　　(　　)

(2)新媒体营销就是利用网络及平台进行各种商务活动的总和。　　　　　(　　)

(3)新媒体营销与传统营销都是企业的经营活动,都是为了实现企业的经营价值。

　　　　　　　　　　　　　　　　　　　　　　　　　　　　　　　　(　　)

(4)新媒体营销可以实现全程营销的互动性。　　　　　　　　　　　　　(　　)

(5)新媒体营销具有个性化、互动性、趣味性和创新性的特点。　　　　　(　　)

11.6.2　课堂训练

1. 与传统营销相比,新媒体营销有哪些优势?

2. 新媒体营销有哪些特点?

3. 微博营销与微信营销有哪些区别?

4. 短视频营销有哪些特点?

11.6.3　实训操作

1. 通过多渠道收集"小米盒子"的营销方式,对当前的产品营销手段进行归纳,总结"小米盒子"采用的新媒体营销手段。

2. 学生结合自身的微信体验,归纳自己关注的企业公众号及这些公众号的特征。

3. 学生组建团队,选择一个短视频平台注册账号,选定一个主题,进行原创视频的内容策划、拍摄、剪辑与发布。

参考文献

[1][美]菲利普·科特勒,加里·阿姆斯特朗. 市场营销原理与实践[M]. 楼尊,译. 16版. 北京:中国人民大学出版社,2015.

[2][美]菲利普·科特勒,[印度尼西亚]何麻温·卡塔加雅,[印度尼西亚]伊万·塞蒂亚万. 营销革命4.0:从传统到数字[M]. 王赛,译. 北京:机械工业出版社,2018.

[3]方玲玉. 网络营销实务:"学·用·做"一体化教程[M]. 3版. 北京:电子工业出版社,2016.

[4]赵永胜,刘自强. 国际市场营销[M]. 北京:北京师范大学出版社,2017.

[5]贾丽军. 智能营销:从4P时代到4E时代[M]. 北京:中国市场出版社,2017.

[6]陈葆华,任广新. 现代实用市场营销[M]. 北京:机械工业出版社,2016.

[7]姚群峰. 不营而销:好产品自己会说话[M]. 北京:电子工业出版社,2018.

[8]葛晓明,钟雪丽. 市场营销学[M]. 2版. 北京:北京师范大学出版社,2018.

[9]金星. 广告学实用教程[M]. 3版. 北京:北京师范大学出版社,2018.

[10]王煊. 新编市场营销理论与实例教程[M]. 武汉:华中科技大学出版社,2015.

[11]申纲领. 市场营销学[M]. 2版. 北京:电子工业出版社,2014.

[12]林小兰. 市场营销基础与实务——项目课程教材[M]. 北京:电子工业出版社,2020.

[13]王永贵. 市场营销[M]. 北京:中国人民大学出版社,2019.

[14]许春燕,王雪宜. 新编市场营销[M].3版. 北京:电子工业出版社,2020.

[15]吴勇,燕艳. 市场营销[M].6版. 北京:高等教育出版社,2020.

[16]张云起. 市场营销学[M]. 北京:高等教育出版社,2018.